COMO NOSSA SOCIEDADE REALMENTE FUNCIONA?

Como ela deveria funcionar?
Como fazer acontecer esse funcionamento ideal?

PROJETO SETE SIGMA

Organizador e Editor:
TARCISIO CARDIERI

COMO NOSSA SOCIEDADE REALMENTE FUNCIONA?

Como ela deveria funcionar?
Como fazer acontecer esse funcionamento ideal?

PROJETO SETE SIGMA

EDITORA CULTRIX
São Paulo

Copyright © 2007 Amana-Key Desenvolvimento e Educação Ltda.

A Editora Pensamento-Cultrix Ltda. não se responsabiliza por eventuais mudanças ocorridas nos endereços convencionais ou eletrônicos citados neste livro.

Este trabalho está licenciado sob a denominação Creative Commons Atribuição-Uso Não-comercial-Compartilhamento pela mesma Licença 2.5 Brasil. Para ver uma cópia desta licença, visite http://creativecommons.org/licenses/by-nc-sa/2.5/br/ ou envie uma carta para Creative Commons, 559 Nathan Abbott Way, Stanford, California 94305, USA.

Capa: Simone Candeias.

Revisão: Cristina de Lara Fagundes.

Dados Internacionais de Catalogação na Publicação (CIP)
(Câmara Brasileira do Livro, SP, Brasil)

Como nossa sociedade realmente funciona? : como ela deveria funcionar? : como fazer acontecer esse funcionamento ideal? / organizador e editor, Tarcisio Cardieri . -- São Paulo : Cultrix, 2007.

"Projeto Sete Sigma".
ISBN 978-85-316-0973-2

1. Administração pública 2. Ciências sociais 3. Projeto Sete Sigma 4. Sociedade I. Cardieri, Tarcisio.

07-2372   CDD-351

Índices para catálogo sistemático:
1. Gestão pública : Ciências sociais   351

O primeiro número à esquerda indica a edição, ou reedição, desta obra. A primeira dezena à direita indica o ano em que esta edição, ou reedição, foi publicada.

Edição	Ano
1-2-3-4-5-6-7-8-9-10-11-12	07-08-09-10-11-12-13-14-15

Direitos reservados
EDITORA PENSAMENTO-CULTRIX LTDA.
Rua Dr. Mário Vicente, 368 — 04270-000 — São Paulo, SP
Fone: 6166-9000 — Fax: 6166-9008
E-mail: pensamento@cultrix.com.br
http://www.pensamento-cultrix.com.br

PROJETO SETE SIGMA

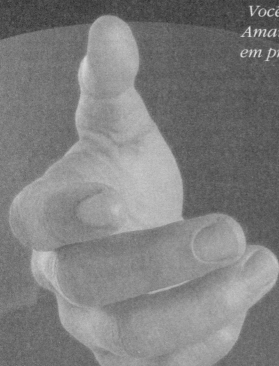

(Para pessoas de todas as idades e de todas as áreas de atividades)

Você gostaria de trabalhar[1] com a Amana-Key e sua rede de parceiros em projetos altamente desafiadores?

Se sim, vamos começar pensando juntos sobre três questões fundamentais:

1. COMO NOSSA SOCIEDADE[2] REALMENTE[3] FUNCIONA[4]?

2. COMO ELA DEVERIA FUNCIONAR?

3. COMO FAZER ACONTECER ESSE FUNCIONAMENTO IDEAL?

Como será esse "pensar junto"?

Primeiro, você monta um grupo de 3 a 7 pessoas (diversidade desejável) para conversar com regularidade sobre essas três questões.

A partir dessas conversações, o grupo cria uma obra, em papel ou em formato eletrônico, sobre a primeira questão e a envia para a Amana-Key até 28 de fevereiro de 2002.

De 1º de março a 31 de maio, o grupo produz e envia uma segunda obra (sobre as questões 2 e 3).

Com base nos dois trabalhos, a Amana-Key convidará grupos específicos para participar da parte final do processo, que acontecerá no período de 1º de junho a 31 de julho de 2002.

Os grupos que concluírem o processo todo com sucesso serão convidados a trabalhar com a Amana-Key e seus parceiros em projetos no Brasil e no exterior a partir de 1º de agosto de 2002.

Informações completas sobre esta oportunidade rara de evolução pessoal e profissional poderão ser obtidas em nosso site: **www.amana-key.com.br** ou se preferir escreva para a caixa postal 26.100, CEP 05513-970, São Paulo, SP.

AMANA-KEY
INOVAÇÕES EM GESTÃO POR UM
FUTURO MELHOR PARA TODOS

(1) **trabalhar** - como integrante da Amana-Key ou de suas organizações parceiras, como colaborador independente em tempo integral ou parcial, por tempo indeterminado ou por projeto, de forma física ou virtual. (2) **sociedade** - Brasil no contexto mundial. (3) **realmente** - não em teoria, não em tese, mas no dia-a-dia, com todos os paradoxos e distorções que se vê "na vida real". (4) **funciona/funcionamento** - aspectos políticos, sociais, produtivos, econômicos, ecológicos etc., que se interpenetram formal e informalmente e geram "a realidade em que vivemos".

APRESENTAÇÃO

Em 15 de novembro de 2001 a Amana-Key publicou na revista *Veja* um anúncio convidando pessoas interessadas em contribuir com a construção de uma sociedade ideal a exporem suas idéias. A proposta foi denominada "Projeto Sete Sigma", uma referência ao programa voltado para a elevação dos níveis de qualidade adotado principalmente por empresas de manufatura. Sigma, uma letra grega — Σ — é o nome que se dá em Estatística à medida chamada desvio-padrão. Na área da Qualidade, admite-se como aceitável o padrão quatro sigma (ou quatro desvios-padrão), o que representa 6210 erros em um milhão de ocorrências. No início dos anos 1990, a Motorola, empresa do ramo de eletrônicos, lançou o padrão Seis Sigma, que admite apenas 3,4 erros por milhão de ocorrências. Isto foi um salto enorme nos padrões de qualidade, mas ainda insuficiente em determinadas atividades, como a fabricação de válvulas cardíacas ou pousos e decolagens de aviões. Nestas, o padrão exigido é Sete Sigma, que corresponde a 0,43 erro por milhão, ou seja, quase a perfeição. Por analogia com estes conceitos da área da Qualidade, o Projeto Sete Sigma se refere a uma sociedade ideal, praticamente perfeita.

No anúncio, os leitores foram incentivados a comporem grupos de três a sete pessoas, procurando diversidade de formações e experiências, e escreverem um trabalho em três partes. Na primeira, os grupos deveriam descrever como a sociedade brasileira realmente funciona. Na segunda, como deveria funcionar uma sociedade ideal. Na terceira parte deveriam propor os passos necessários para evoluir da sociedade atual para a Sociedade Sete Sigma.

Cento e quinze grupos, compostos por 516 pessoas, participaram com trabalhos relativos à primeira parte. Setenta e nove grupos, com 361 pessoas, enviaram os trabalhos relativos à segunda e terceira partes. Destes, treze grupos (59 pessoas) foram selecionados por terem preenchido integralmente os requisitos de análise e proposição especificados na divulgação do Projeto Sete Sigma. Estas 59 pessoas foram convidadas para um encontro na sede da Amana-Key para definir os próximos passos do Projeto. Nessa ocasião, foi solicitado aos treze grupos que escrevessem como foi o processo de preparação do trabalho. Todos os integrantes destes grupos também foram convidados a participar do APG — Programa de Gestão Avançada da Amana-Key. No encontro, ficou definida a idéia de se lançar uma publicação baseada nos trabalhos selecionados. Este livro é a concretização desta idéia.

Os textos que o compõem têm como referência os originais apresentados pelos grupos, mas não são resumos ou edições deles. As formas utilizadas pelos participantes para apresentar os trabalhos foram bem diversas: textos, jogos, histórias, jornal, apresentação em *slides*. O desafio foi "traduzir" estas diferentes mídias em uma forma que pudesse ser publicada em formato de livro.

Levando em conta essa necessidade de "tradução", e também a de evitar repetições, optou-se por reescrever os trabalhos. Com isso, cada texto pôde conter volumes diferentes de elementos dos originais e também idéias retiradas de mais de um trabalho, nos casos em que houve complementaridade de percepções e propostas. Para marcar bem um foco de atenção, o caminho escolhido foi buscar uma referência conceitual importante para ser o "pano de fundo" de cada texto. Assim, nos primeiros parágrafos são apresentadas as linhas principais de um autor ou de uma corrente de pensamento que fornecem os balizadores para uma determinada forma de perceber como a sociedade funciona. Com base nessa referência, o texto procura retratar uma visão da sociedade a partir de tal prisma, observando a proposta original do grupo. O objetivo é apenas descrever formas de ver e não provar que esta ou aquela forma é mais adequada ou precisa. Não se pretende demonstrar verdades, apenas levantar perspectivas.

É importante destacar que os textos foram redigidos tendo os originais dos grupos apenas como fonte de referência. Assim, os autores dos trabalhos não devem ser responsabilizados por eventuais falhas, que são de exclusiva responsabilidade do redator.

O livro está organizado em quatro blocos. No primeiro estão as histórias contadas pelos grupos sobre o processo de geração dos trabalhos. São relatos que mostram os desafios enfrentados e as sensações proporcionadas pelas reflexões e pelo processo de criação. No segundo estão as descrições, de diferentes pontos de vista, de como a sociedade efetivamente funciona. Em todas elas buscou-se uma análise sistêmica, que demonstre as inter-relações e interdependências entre tudo o que acontece nos agrupamentos sociais. No terceiro bloco, na mesma seqüência do bloco anterior, estão as descrições de uma sociedade Sete Sigma e diferentes caminhos para "chegar lá". As várias visões de uma sociedade ideal contêm muitos elementos em comum e, por isto, elas são bastante breves. Destaque maior é dado às diferentes formas de evoluir da situação atual para a situação desejada. O último bloco contém uma série de provocações para diferentes grupos de leitores: como colocar em prática estas idéias e outras que possam ser imaginadas a partir da leitura do livro?

Esperamos que as reflexões contidas nesta obra possam estimular muitos movimentos visando à transformação efetiva de nossa realidade.

Observação: Os originais dos trabalhos podem ser vistos no *site* www.amana-key.com.br/7sigma

PREFÁCIO

A ousadia de pensar uma sociedade ideal, justa, equilibrada, com igualdade de oportunidades para todos, voltada para a evolução permanente do ser humano e em total sintonia com a natureza, pode estar no imaginário de muitas pessoas. São poucas, entretanto, as que dão atenção a tais pensamentos e dedicam tempo para "construir", ainda que mentalmente, uma tal sociedade. A explicação mais freqüente é de que este esforço não tem sentido, já que ninguém tem poder para fazer as mudanças que permitam alcançar um sonho, uma utopia (utopia sendo vista como algo absolutamente irrealizável). Estas limitações e censuras ao pensamento produzem acomodação e falta de iniciativas. Como conseqüência, os problemas e desequilíbrios existentes se acentuam, se agravam e cresce a desesperança em relação ao futuro.

No ano 2000, no prefácio à edição brasileira do livro *High Tech — High Touch**, de John Naisbitt, Oscar Motomura, Diretor Geral da Amana-Key, escreveu:

"... Achamos normal ver pessoas morrendo de fome. Achamos normal mentir, manipular pessoas, usar meias-verdades, fazer politicagem, dar propinas para conseguir vantagens. Achamos normal ver cada vez mais jovens só interessados em *status*, glória e muito dinheiro, atropelando suas vocações e seus valores. Achamos normal a violência ao nos-

---

* Publicado pela Ed. Cultrix, São Paulo, 2000.

so redor. Achamos normal nossos filhos usarem sofisticadíssimos jogos de guerra nas suas extensas horas à frente do computador. Achamos normal ver crianças traficando drogas, assaltando, matando ... Perdemos a sensibilidade. Mas, por outro lado, ficamos perplexos ao constatar o crescimento do crime organizado no mundo inteiro — talvez o maior ofertador de empregos para os 'excluídos' que nossa insensibilidade gera. Estamos fazendo de conta que esses fenômenos não são da 'realidade real' mas do mundo virtual dos jogos *high tech* de nossos filhos?"

Os noticiários de todos os tipos sobre os dias atuais nos fazem crer que pouco ou nada foi feito para reverter tal situação. A "realidade real" parece cada vez mais contundente. Essa percepção está baseada em premissas profundamente arraigadas na cabeça das pessoas. Algumas destas premissas são totalmente negativistas: "Não adianta fazer coisa alguma porque 'eles' (os políticos, os 'poderosos', a elite etc.) não permitem que seus interesses sejam contrariados"; "Uma andorinha só (ou um pequeno bando de andorinhas) não faz verão". Outras são profundamente egoístas: "Eu tenho é que cuidar de mim — e que cada um cuide de si"; "Farinha pouca, meu pirão primeiro". Assim como estas premissas contribuem para aprofundar os desequilíbrios, há aquelas que produzem mais ceticismo, embora pareçam positivas: "Se cada um individualmente fizer o melhor, o todo vai melhorar"; "Basta ter força de vontade para alcançar o que se deseja". São premissas francamente ingênuas, que não levam em conta a interdependência do todo, podendo gerar muita frustração e, pior, cinismo.

De outro lado, há premissas que podem favorecer a transformação. São aquelas que levam em conta o indivíduo como parte de um sistema maior e que reconhecem sua capacidade de mobilizar o todo para a mudança: "Somos produtos de uma cultura e criadores dessa mesma cultura"; "As mudanças começam dentro das pessoas e se efetivam através das relações significativas com outras pessoas"; "O propósito da vida, a razão de ser, é o que mobiliza nossas melhores energias". Foi entre pessoas com premissas como estas que o Projeto Sete Sigma floresceu. Aceitando o desafio lançado pela Amana-Key, mais de uma centena de grupos se dispôs a buscar um entendimento profundo do funcionamento da sociedade atual, a formulação de características essenciais de uma sociedade ideal e a definição dos passos necessários para torná-la realidade.

O Projeto foi concebido como uma corrida de obstáculos. Os prazos eram exíguos e as demandas muito amplas. Foram estipulados três meses para a primeira parte do trabalho. A descrição do funcionamento da sociedade brasileira atual deveria necessariamente ser abrangente, profunda e sem julgamentos, demandando muitos estudos, análises e a busca de sutilezas perceptíveis e também as invisíveis. Esta fase foi imprescindível para prover o entendimento das intrincadas relações de poder envolvidas em sociedades complexas e, com base neste entendimento, elaborar proposições. Para a fase seguinte foram alocados mais três meses para descrever uma sociedade que se aproxime da perfeição, aquela com a qual todos sonham, mas quase nunca conseguem articular e expressar. Mais do que isso, esta fase também demandou a descrição detalhada das ações concretas necessárias para a transição da situação atual para a "utopia possível".

A idéia foi propor um desafio que só seria superado por pessoas que realmente acreditassem na possibilidade de transcender obstáculos poderosos para ajudar a construir uma nova realidade, sabendo que o ponto de chegada é, também, o início de uma nova etapa. Ao mesmo tempo, a participação no Projeto Sete Sigma foi um desafio para que os grupos e as pessoas não ficassem apenas nos diagnósticos e proposições. A proposta, desde o início, foi de que as idéias geradas fossem colocadas imediatamente em prática, para produzir resultados independentemente dos desdobramentos do Projeto. E foi o que vários grupos fizeram, como pode ser visto no capítulo deste livro com os relatos dos grupos sobre o processo de elaboração dos trabalhos e suas conseqüências. As iniciativas destes grupos se juntaram à enorme quantidade de trabalhos que vêm sendo feitos em inúmeras comunidades e que, silenciosamente, estão produzindo transformações de essência em muitas realidades (e que a Amana-Key vem documentando há vários anos e mostrando nos cursos). Como são ações localizadas, não chamam a atenção da grande imprensa, não são notícia e, portanto, ficam ignoradas pela maior parte das pessoas. Com isso, fica a impressão de que nada está sendo feito, não há evolução. Mais uma ilusão que precisa ser superada com a multiplicação das ações voltadas para a criação de uma "nova realidade real".

A publicação deste livro é uma parte do processo de disseminação de uma postura de fazer acontecer as transformações necessárias para a evolução da sociedade. É um passo que visa a estimular mais e mais pessoas a praticar uma das propostas que permeia tudo o que a Amana-Key faz: equilibrar extrema profundidade conceitual com excepcional pragmatismo. Nesta linha, compreender as "regras do jogo" da sociedade atual em toda a sua abrangência e, a partir disto, agir com precisão estratégica para obter resultados extraordinários é o que se espera de cidadãos verdadeiramente comprometidos com a evolução sustentável da sociedade humana.

Boa leitura e boas ações!
Tarcisio Cardieri

SUMÁRIO

Apresentação 9
Prefácio 13
Histórias dos grupos 19

FORMAS DIFERENTES DE PERCEBER COMO A SOCIEDADE REALMENTE FUNCIONA

PERCEPÇÃO I — A Sociedade como um Sistema de
Condicionamentos 55

PERCEPÇÃO II — A Sociedade como uma Rede de Relações......... 65

PERCEPÇÃO III — A Sociedade como um Sistema Complexo
Adaptativo 77

PERCEPÇÃO IV — A Sociedade como um Sistema de Jogos
Interdependentes.. 87

PERCEPÇÃO V — A Sociedade como um Sistema de Crenças 105

PERCEPÇÃO VI — A Sociedade como um Sistema de Jogos de
Representações 115

PERCEPÇÃO VII — A Sociedade como um Sistema Vivo 121

PERCEPÇÃO VIII — A Sociedade como um Sistema de Paradoxos 131

PERCEPÇÃO IX — A Sociedade como um Sistema de Correlação
de Forças 139

PERCEPÇÃO X — A Sociedade como um Sistema de Satisfação
de Necessidades.. 145

PERCEPÇÃO XI — A Sociedade como um *Holon* Fragmentado 155

PERCEPÇÃO XII — A Sociedade como um Sistema de Identidades .. 161

COMO A SOCIEDADE DEVERIA FUNCIONAR E COMO CHEGAR LÁ

POSSIBILIDADE I — A Sociedade como um Sistema Ideal, Livre de Condicionamentos 173

POSSIBILIDADE II — A Sociedade Ideal como uma Teia de Relações Evolutivas 181

POSSIBILIDADE III — A Sociedade como um Sistema Complexo Adaptativo Ideal.. 195

POSSIBILIDADE IV — A Sociedade Ideal como um Sistema de Jogos Interdependentes 203

POSSIBILIDADE V — A Sociedade Ideal como um Sistema de Crenças 211

POSSIBILIDADE VI — A Sociedade Ideal como um Sistema de Histórias Contadas.. 219

POSSIBILIDADE VII — A Sociedade Ideal como um Sistema Vivo 229

POSSIBILIDADE VIII — A Sociedade Ideal como um Sistema que Supera Paradoxos 237

POSSIBILIDADE IX — A Sociedade Ideal como um Sistema de Equilíbrio de Forças 243

POSSIBILIDADE X — A Sociedade Ideal como um Sistema de Satisfação de Necessidades 249

POSSIBILIDADE XI — A Sociedade Ideal como um *Holon* Consciente 257

POSSIBILIDADE XII — A Sociedade Ideal como um Sistema de Auto-reconhecimento 265

Provocações 271

Bibliografia.. 275

HISTÓRIAS DOS GRUPOS

Como é o processo de pensar coletivamente sobre a realidade atual e propor uma sociedade ideal? Diante de tantas possibilidades e alternativas, como definir uma linha de argumentação? Como se desenvolvem os processos humanos durante a jornada? Quais são as atitudes fundamentais que ajudam a manter o foco e o pique, superando as dificuldades naturais numa atividade como esta? O que justifica o investimento de tempo, energia e esforço e, ao mesmo tempo, o abrir mão de coisas mais amenas do dia-a-dia para conversar, divergir, convergir ... e escrever?

Questões como estas estiveram presentes durante a elaboração dos trabalhos apresentados neste livro. Ao trazer as histórias contadas pelos grupos que chegaram até a última etapa do Projeto Sete Sigma, queremos dar uma idéia do esforço envolvido, o qual só se justifica se um ideal maior estiver presente: contribuir para a criação de uma sociedade melhor para todos. Os textos com as histórias são, em sua maioria, o que foi produzido pelo grupo e editado pelo redator. Em dois casos, eles foram compostos a partir de relatos individuais de alguns dos participantes dos grupos.

Esperamos que estes relatos estimulem outras pessoas e outros grupos a encarar desafios semelhantes. E que as idéias geradas através deste processo sejam efetivamente implementadas para que as futuras gerações encontrem um legado sólido sobre o qual possam ampliar ainda mais a evolução da natureza como um todo.

AGORA

ANDRÉ SAITO, CLÁUDIO RANGEL, EDNA CRISTINA MONFRIN
SIMÕES, EDWARD YANG, RAFAEL PEREIRA LEITE ZACHARIAS,
SANDRA AYAKO SAITO, SANDRA REGINA ZUANELLA

Caminhávamos e ainda não havíamos chegado ao fim deste "exercício", mas já era consenso que, se naquele momento resolvêssemos parar o trabalho, a jornada tinha valido a pena. A sensação — e concluímos que talvez fosse essa a intenção da Amana-Key — era a de que não apenas havíamos parado para refletir profundamente a respeito da sociedade como um todo e de suas peculiaridades, mas sobretudo a respeito de nós mesmos.

Esta reflexão foi preciosa. Nem sempre foi tranqüila, pois trouxe à tona coisas de cada membro do grupo que até então eram inconscientes E também demonstrou, às vezes de forma dura, como nos relacionamos com o mundo. Estamos certos de que o "exercício" não se perderá ao longo da caminhada de cada um de nós. A vontade é de continuar, pensar mais, conversar mais, criar.

O tempo de convívio nos pareceu pouco, tamanha a necessidade de trocarmos idéias — tantas idéias e visões que à primeira vista nos pareciam individuais demais e estranhamente diversas umas das outras. Mas elas foram se aproximando, embora, é claro, em alguns casos isto não tenha acontecido.

Formamos uma equipe de sete pessoas e percebemos, desde o início, alguns desafios fundamentais. Tínhamos experiências de vida diversas e, portanto, visões de mundo bem distintas. Como conciliá-las? O modo de trabalhar de cada um era diferente e isso ficou evidente ao longo das discussões. O momento de vida de cada um também era completamente diverso, fazendo com que as prioridades, a dedicação e o tempo de cada um fossem limitados.

A primeira grande questão com a qual nos deparamos ocorreu logo no início do trabalho. Tentamos seguir uma ordem a fim de obter um consenso em relação ao *modus operandi* da sociedade na qual estamos inseridos e tivemos a sensação de que a discussão, se ficasse presa a um formato rígido, seria limitada e vazia, não indo muito além do que já foi dito em relação ao tema. Nossas expressões faciais não nos deixavam mentir.

A segunda questão, embora os membros do grupo mostrassem interesse em algo mais profundo, que nos levasse a considerar a "essência" da sociedade, foi verificarmos que, se por um lado queríamos sair do lugar comum, das reclamações e indignações que nada propõem nem realizam, por outro lado percebemos que o caminho da busca do consenso não é de forma alguma uma tarefa simples, sendo preciso muito esforço para não acabar na resignação que nada agrega.

Após as primeiras conversas houve um crescimento da discussão, principalmente a partir da percepção de que a "sociedade ideal" não poderia ser algo utópico, sem limites, sem regras. Ela deveria considerar cada indivíduo com suas próprias características, limitações e, portanto, diversos níveis de evolução. Além disso, a sociedade ideal não seria perfeita no sentido da ausência de diferenças.

Na sociedade ideal que estávamos desenhando estariam integrados alguns elementos que atualmente já existem, como governo, família, instituições religiosas, organizações civis. Estes elementos se apresentariam com maior equilíbrio, através de indivíduos mais conscientes de seus próprios desígnios e, principalmente, de que lhes cabe um papel de grande importância em relação ao todo social e aos outros indivíduos.

A consciência desse papel viria a partir de ações em várias frentes: a disseminação dos valores presentes no funcionamento de uma sociedade ideal, tais como liberdade, amor, integridade e respeito, entre outros, e a afirmação da interdependência entre todos os atores sociais, feita através de demonstrações concretas. Uma fonte de demonstração é o estudo do "mistério da vida", como a vida acontece, e a importância de cada indivíduo nela, com suas características únicas, sua forma de evoluir e ampliar sua consciência sobre o mundo do qual é integrante.

O que havia se mostrado como problema, com a elevação da consciência transformou-se na oportunidade de vivenciarmos em um microuniverso: o grupo de sete pessoas com o seu processo de elaboração e construção de uma sociedade ideal. Ficou claro que, neste processo, é fundamental saber ouvir, respeitar as idéias dos outros, sair da rigidez e, principalmente, analisar muito conscientemente se o que estava no calor das discussões eram princípios e elementos que valiam a pena ser trabalhados ou se eram posições pessoais.

A fase final foi a mais desafiadora. Foi preciso conciliar as rotinas particulares de cada um para que a proposta de um novo modelo de sociedade pudesse avançar. Havia muitas dúvidas sobre como pôr as idéias em prática e fazer acontecer esta sociedade. Até o último encontro ainda permaneciam em aberto algumas questões relevantes, o que gerou uma certa frustração. O mais significativo, entretanto, foi que pudemos fazer profundos questionamentos pessoais através das contribuições individuais, do compartilhamento de impressões sobre a dinâmica dos trabalhos e do vivenciar intensamente esta experiência.

Para alguns ficou a sensação de que faltou tempo: mais um encontro, mais algumas idéias. Por outro lado, todos chegaram à convicção de que este foi apenas o início de um processo de reflexão e de mudança de atitudes que não tem prazo para acabar.

Agradecemos à Amana-Key e ao Universo, que sempre conspira, pela semente plantada.

ÁRVORE DA SINERGIA

AIÊSKA M. LACERDA SILVA, LUIZ CARLOS PALOMAR FERNANDEZ,
VANDA MARIA MINERVINO

"As grandes obras são a transformação dos sonhos em
realidade através de muito trabalho e determinação."

Há mais de três décadas a Aiêska foi estagiária da Vanda na Prefeitura de São Paulo. Desenvolveram trabalhos de formação rápida de mão-de-obra para inserção de migrantes no mercado de trabalho, em parceria com o SENAC e o SENAI. Além disso, fizeram acompanhamento, desenvolvimento de metodologias e supervisão da alfabetização de adultos, no antigo Mobral. Ambas são pedagogas. Aiêska morava e trabalhava também em Diadema, onde conheceu Palomar, que fazia trabalhos de Consultoria. Tornaram-se amigos há mais de 10 anos. Uma amizade enriquecida com muitos conflitos de idéias, pois Palomar é engenheiro e tem uma visão "digital" da vida. Quando Aiêska viu o anúncio na revista *Veja*, no qual a Amana-Key convocava grupos de pessoas para repensar a sociedade, o estalo foi imediato. Ligou para a dupla de amigos, explicou do que se tratava e assim nasceu um trio. O Projeto Sete Sigma fez com que Palomar e Vanda, que ainda não se conheciam, se encontrassem.

Foram necessárias oito reuniões apenas para definir o rumo para o início dos trabalhos! Muita discussão, muita energia, muito "toró de parpite", famílias sem entender o que acontecia, horas e horas de trabalho, muitos telefonemas, viagens e mais trabalho ... Finalmente, a primeira parte ficou pronta, como sempre na última hora. O nome do grupo surgiu quase de uma brincadeira. A Vanda, pela sua forma ponderada de apresentar as idéias, seria as raízes; o Palomar, pela altura física e das propostas que trazia, seria o tronco; a Aiêska, por ser meio espevitada e estar sempre buscando novas fontes de energia, seria as folhas. A sinergia era a junção de três perfis muito diferentes, mas complementares e potencializadores. Daí nasceu a Árvore da Sinergia.

A idéia de apresentar o trabalho contando uma história foi decidida a partir de um caso real. O estilo de romance, mais para folhetim, foi a forma encontrada para colocar em discussão os três tópicos: como funciona nossa sociedade, como deveria funcionar e o que tem de ser feito para isso acontecer.

O investimento de muitos finais de semana foi recompensado pelo envolvimento das famílias e dos amigos no desenvolvimento do trabalho. Com esse envolvimento foi possível colocar no papel a expressão das crenças, dos valores e princípios e da força sinérgica do grupo. A forte união entre todos se deu, principalmente, pelo processo de elaboração das idéias e do texto. Como conseqüência, o trio sentiu a necessidade de dar andamento concreto ao Projeto, de colocar as coisas na prática. Ainda durante a redação do trabalho para a Amana-Key, já estava nascendo uma organização não-governamental voltada para a recuperação e preservação do meio ambiente e desenvolvimento humano, que mais tarde foi certificada como Organização da Sociedade Civil de Interesse Público, OSCIP. Foi criado o Instituto BioMA (www.bioma.org.br).

BARBANTE INVISÍVEL

ALINE PEREZ DE OLIVEIRA, CAMILA M. C. MORENO, CRISTINA
VIANA DA FONSECA, HENRIQUE C. BUSSACOS, MARIANA T. U.
DOS SANTOS, RODRIGO C. P. MOURA, ROSANE SCHIKMANN

Os personagens desta história são pessoas que se relacionavam de maneira desconexa mas que, unidas por um barbante invisível, iriam se encontrar em torno de um propósito bem definido.

Em novembro de 2001, a Amana-Key lançou um desafio: descrever a sociedade brasileira atual, propor como seria a sociedade ideal e articular formas de promover a transição de um estado para outro. Na época, a Cami (Camila) e a Mari (Mariana), amigas e estudantes de administração, participavam de um curso na Amana-Key e se interessaram em constituir um grupo com pessoas bem diferentes umas das outras para enriquecer as discussões. A Cami convidou o Rique (Henrique), também estudante de administração. E cada um dos três ficou com a incumbência de convidar outras pessoas, buscando formar um grupo diversificado.

O Rique convidou um amigo seu, o Ro (Rodrigo), mais um estudante de administração. Ambos tinham recentemente participado de um programa de intercâmbio em outro país, e o grupo acreditava que as experiências de ambos seriam muito valiosas nas reflexões. Tanto o Ro quanto o Rique haviam trabalhado com a Rosane e sugeriram a participação dela por ter uma experiência de vida diferente: formada em biologia, mas trabalhando com administração; alguém que já era mãe, que podia enxergar a vida por outros ângulos.

Enquanto isso, a Aline e a Cris (Cristina) estavam participando de um grupo com pessoas que não se conheciam. A única coisa que as unia era a paixão pelo tema e a vontade de fazer um mundo melhor. Algo que, desde o primeiro encontro, ficou evidente nas discussões calorosas. Infelizmente, como os integrantes mostravam uma tendência ao perfeccionismo exagerado, o grupo não conseguiu chegar a um consenso em relação ao conteúdo e nem à forma do trabalho. Após a dissolução desse grupo, a Aline e a Cris pediram à Cami, que trabalhava com elas na mesma organização, para integrar o grupo dela. Portanto, nem sempre foi preciso chamar, convidar. Algumas pessoas chegaram na hora certa, como se tivessem mesmo que integrar o grupo. Apesar de o trabalho já estar avançado, todos consideraram que a Cris e a Aline poderiam contribuir com os pontos de vista adquiridos no grupo anterior.

Para aumentar a diversidade, o Eduardo, filho da empregada doméstica da Rosane, foi convidado para participar. Mas isso não foi possível em razão de seu momento especial de vida (e, por que não dizer, em função de uma realidade menos privilegiada, exatamente aquela que o grupo buscava captar a partir das percepções dele e incluir no trabalho). Também se pensou no Jabez Lobo, um amigo indiano do Rique, que participaria virtualmente do grupo. A idéia não foi adiante, pois a presença física dos integrantes foi considerada essencial nas discussões. Sendo assim, das "pontes" estabelecidas entre os relacionamentos resultou um grupo pouco heterogêneo, mas enriquecido por experiências diversas dos membros e por sua vontade de pensar e fazer diferente.

E o trabalho do Barbante Invisível começou afinal... Não foi fácil conciliar dia e hora para reunir sete pessoas, que a princípio pouco (ou nada) se conheciam. Um dos motivos para que o trabalho em equipe tenha funcionado, preservando a autenticidade de cada integrante, foi o próprio tema das conversas e reflexões. Ao elevar o nível do diálogo, discutindo assuntos complexos e profundos, que incitavam mais perguntas do que respostas, e que por isso mesmo uniam todos em torno de inquietações comuns, cada um foi ficando mais à vontade com os outros e pôde estreitar vínculos. As discussões naturalmente levaram todos a não somente refletir sobre o tema, a sociedade ideal, mas também a rever posicionamentos pessoais e pragmáticos em relação ao trabalho, à família, à sociedade etc. Todos os integrantes do Barbante Invisível, cada um a seu tempo, podem até hoje beneficiar-se do que foi produzido em conjunto, desde pequenas mudanças no dia-a-dia até alterações mais estruturais em relação à vida (adoção de um propósito claro de vida, por exemplo).

Também é fascinante saber que outros barbantes estão por aí, já constituídos ou à espera de uma oportunidade para se "corporificar". Desejamos que este livro estimule a interligação dos relacionamentos, levando à formação de grupos que aceitem o desafio de pensar e criar um mundo melhor.

CASSINO PYXIS*

ALESSANDRA BORIN, CAROLINA VERÍSSIMO BARBIERI,
GIOVANA MARIA ROVERE, MÁRCIA REGINA BUTIN,
MARIANA LOMBARDO DE LIMA

O processo de elaboração do trabalho foi muito interessante, pois nos forçou a realizar reuniões semanais para refletir sobre os problemas da sociedade. Na primeira fase enfrentamos dificuldade logo no início: qual seria o formato do trabalho? Depois de muita discussão decidimos por uma peça de teatro, na qual um robô, enviado pela NASA a Marte, caía por engano no quintal de uma família brasileira e passava a aprender o funcionamento da sociedade local. No entanto, durante a montagem da peça as dificuldades foram crescendo até chegar a um ponto em que o trabalho deixou de ser interessante e didático. Decidimos mudar o formato e adotar um modelo mais simples, no qual pudéssemos incluir todas as idéias já discutidas. Surgiu então o Cassino Pyxis, um espaço físico no qual se jogavam vários jogos interligados. A idéia foi criar um manual para que um jogador vindo de fora pudesse entender o funcionamento do cassino.

Na segunda fase tivemos de superar a saída de duas integrantes do grupo, que não puderam mais freqüentar nossas reuniões. No entanto, uma nova participante entrou, trazendo mais ânimo para continuar a jornada. Nesta etapa as discussões ficaram mais filosóficas, até encontrarmos a sociedade considerada por nós como ideal. Definida esta sociedade, passamos a buscar os meios para alcançá-la. Procuramos focar a mudança do ser humano para melhor, através de uma sociedade mais

_____

* Texto composto a partir de depoimentos individuais.

digna e justa. Acreditamos que pequenas mudanças individuais podem fazer grande diferença.

A concepção do trabalho foi extremamente gratificante e elucidativa. Pensar sobre causas muitas vezes distantes do nosso cotidiano fez com que hoje possamos encarar a vida de outra forma. Foi muito importante buscar a harmonização de idéias e opiniões, assim como o esforço para colocar no papel tudo o que estava sendo discutido. Às vezes resvalamos para o pragmatismo excessivo, buscando o "como fazer" com muitos detalhes. Uma preocupação permanente era como evoluir sem cair nos mesmos problemas de hoje, sem deixar que a corrupção e as fraquezas dos indivíduos suplantassem o objetivo maior de alcançar o bemestar coletivo. Com isso, evitamos que o grupo divagasse em questões abstratas demais e pudesse deixar o trabalho mais didático.

Houve momentos de euforia e alguns momentos de desânimo. Nestas ocasiões, respirávamos fundo e permitíamos que surgissem "estalos" que indicavam como expressar por escrito o que havíamos discutido. No final, embora com a sensação de que se tivéssemos mais tempo teríamos possibilidade de fazer um trabalho mais profundo, ficamos com a sensação de que nossa obra foi produto de muita autenticidade, muito carinho e que expressou muitos de nossos talentos.

Aprendemos muito com este trabalho. Aprendemos principalmente que sonhar é fundamental e, se buscarmos com persistência, visualizaremos os caminhos que levam a uma sociedade melhor.

KWAHU*

JOSÉ CARLOS R. LIMA, LEANDRO LEME DOS SANTOS,
PAULO RICARDO S. FERRER

A noite havia caído e as estrelas cobriam um céu negro. A luz e o calor presentes naquele encontro provinham de uma fogueira. O chão era de terra seca e batida. Uma música indígena ao fundo aquietava o coração e inspirava uma busca pelas raízes ancestrais. Os três homens sentados ao redor do fogo contavam e ouviam histórias solenemente, e um vento franco selava uma cumplicidade entre eles e aquilo que respeitosamente chamavam de "O Grande Mistério".

O que os levara para aquele momento?

Tudo começou quando se encontraram e se reconheceram amigos no início de suas vidas universitárias. Já haviam tido seus próprios ritos de transformação, já possuíam, cada um, uma rica mitologia pessoal. A percepção do encontro de jornadas pessoais tão singulares e que, no entanto, magicamente se fundiam num contexto mais amplo, trazia um elemento de validação das próprias histórias. Eram três caminhantes pela vida, que percebiam seus caminhos muito parecidos. Assim nascia KWAHU. Juntos, os três iniciavam a construção de uma mitologia nova, agora compartilhada. Como bardos, teciam histórias e tocavam pessoas; viajavam por cidades, campos e praias; conheciam coisas, lugares, pessoas e idéias novas, que imediatamente alimentavam o caldeirão do grupo.

---

*Kwahu é o nome entoado pelos índios Hopi para o Espírito da Terra.

A cada passo, a cada dia, a cada erro, frustração, acerto, validação, ciclo cumprido, a amizade dos caminhantes transcendia. E assim passou o tempo até o encerramento do período universitário. Fim de uma época. Cumpre-se socialmente a transição para a fase adulta, embora na realidade os processos não sejam tão lineares e previsíveis como as elaborações das teorias e as racionalizações postuladas pelo conhecimento oficial.

Como jovens águias que acabam de aprender a voar e abandonam o ninho, largando-se afoitas pelo mundo, os três passaram a agir, no período posterior à formação universitária, marcados pelo impulso em busca de realizações. Avidamente lançaram-se em empreitadas incertas, mal calculadas e impulsivas, cometendo os erros naturais ao processo de maturação. Emaranhados no tempo, com objetivos pouco claros, associações inadequadas, ignorância de aspectos sutis, de convenções.

Certo dia, numa busca por referências, chegaram ao prefácio da edição brasileira do livro *A Teia da Vida**, de Fritjof Capra, assinado por Oscar Motomura. Pela primeira vez se deparam com uma visão e um propósito similar ao deles e que ia além da elucubração e do questionamento, pois estava fundada em realizações concretas. Eles acompanharam a Amana-Key silenciosamente por mais de um ano, tentando apreender como "fazer acontecer" o propósito que os impulsionava. Repentinamente, a barreira que parecia intransponível entre uma empresa de sucesso e três aventureiros sem currículo, mas pretensos a ousar pelo mundo, desmoronou. Eles descobriram que o pai de um dos integrantes do grupo havia trabalhado muitos anos com um Diretor da Amana-Key. Um contato por telefone e então foram muito bem recebidos e apresentados. A idéia era uma aproximação inicial e a possibilidade de uma parceria num projeto de mudança cultural de uma empresa que havia aparecido para os três jovens naquele momento profissional. Este projeto não aconteceu, mas o contato se manteve e, depois de algum tempo, surge o Projeto Sete Sigma. O que de início era a oportunidade de integrar a Amana-Key, mostrou-se muito mais que isso, sendo a circunstância catalisadora de uma série de processos que fez o grupo KWAHU amarrar suas próprias idéias, clarificar as próprias visões, organizar a sua prática coletiva, consolidar

---

* Publicado pela Ed. Cultrix, São Paulo, 1997.

princípios, descartar miopias e excessos. Estavam, os três aventureiros, finalmente iniciando os primeiros passos no "fazer acontecer".

E sentados na beira da fogueira, acompanhados por um
vento franco e com a disposição de guerreiros, iniciaram a jornada
e gargalharam com os espíritos.

Em torno do fogo
Sob um trono de fogo
Longe de racionalizações
Longe de sentimentalismos
Longe de tudo
Nos fundimos ao mundo dos instintos
Para emergirmos numa fênix incandescente.
De homens, tornamo-nos fogueira.
De bardos, dissolvemo-nos no tempo e na história contada.
Hoje fluímos.
Como sombras em meio a uma floresta.
Aparecemos e desaparecemos
Como deve ser. Inefável. Inabalável.
Adaptáveis como a árvore do bambu
Vazios como um jarro deve ser.

MANGA ROSA

ALEXANDRA E. DA CUNHA PIMENTEL DE MEIRA,
JULIANA DE M. BRITO, LEONARDO BARROS JIANOTI,
MARIA FERNANDA B. CORDEIRO,
RODRIGO DE MELLO BRITO, RODRIGO LUIZ BINI

O grupo Manga Rosa, de Curitiba, foi formado em sua maioria por jovens, alguns universitários e outros já formados, envolvidos no circuito de ONGs, pesquisas e projetos de fomento e desenvolvimento do Paraná. Todos conheceram o Projeto Sete Sigma e seus desafios a partir de uma apresentação e um convite para participar feitos pela própria Amana-Key na Universidade em que estudavam/estudaram.

A idéia do grupo foi trabalhar as equações do Projeto Sete Sigma de forma a replicá-las na prática para um grande número de pessoas. Em vez de falar sobre a sociedade e como ela funciona, queríamos proporcionar uma experiência viva, na qual as pessoas experimentassem o que é participar do jogo social. No lugar de escrever sobre a sociedade, preferimos montar uma miniatura dela. O *insight* de como fazer isso veio por intermédio de um jogo de RPG (*Role Playing Game*), no qual não há respostas prontas nem receitas. Nele, são as pessoas que, interagindo e jogando, descobrem, cada uma do seu jeito, como a sociedade realmente funciona, como pode funcionar e como fazer acontecer a mudança nos diversos âmbitos (local, regional, nacional etc.). Para que o RPG não deixe de fora toda a riqueza e especificidade cultural brasileiras, sugerimos jogá-lo tendo como fundo uma ampla variedade de músicas genuinamente brasileiras que trazem em seu ritmo e sua letra a cultura, o jeito e as impressões desta sociedade tão rica e diversificada.

Na segunda fase do projeto, como forma de inspirar um cenário futuro dos resultados de um dos jogos vividos no RPG, buscamos trazer reflexões através de "memórias do futuro". Nesta etapa chamamos Dias de Aguiar, um habitante do Brasil do futuro, para contar como ele viveu e, a partir de sua vivência, como enxerga todas as mudanças e transformações que aconteceram no Brasil, um país ainda não ideal, mas já com grandes avanços e no caminho de um desenvolvimento mais maduro, sustentável e responsável.

MISSÃO POSSÍVEL

EDUARDO W. MARTINEZ, JOSÉ ROBERTO A. DOS SANTOS,
LUIZ JOSÉ M. IRIAS, MARIA REGINA JATOBÁ GOMES,
MARIÂNGELA ABREU LIMA, SÔNIA APARECIDA R. DOS SANTOS

Três pares que não se conheciam, engajados nos mesmos ideais, desejosos de compartilhar experiências e interagir de forma criativa para dar, cada um, a sua contribuição para fazer acontecer na prática um mundo melhor. Uma festa de confraternização proporcionou o encontro. A busca latente por um modelo de sociedade ideal, impulsionada por um projeto catalisador — Sete Sigma — produziu movimento. Assim, organicamente, nasceu o Missão Possível, junção de células pares dispostas a se multiplicar.

Cientes de que uma grande jornada começa com um primeiro passo, começamos a trabalhar no dia 7 de janeiro de 2002. Tínhamos a convicção de que, independentemente do resultado final — termos ou não nosso trabalho selecionado pela Amana-Key —, passar pelas várias fases do projeto seria um grande aprendizado, que por si só já traria transformações em nós e em outras pessoas significativas com as quais convivemos na nossa vida profissional e pessoal.

Para a realização da primeira etapa do trabalho nos reunimos sistematicamente duas vezes por semana, e no final até três vezes na semana. Estabelecemos um caminho para nossas reflexões: pensar a sociedade como um conjunto de relações. Começamos a analisar as relações entre duas pessoas, depois as relações numa família, relações família-escola, escola-comunidade, comunidade-cidade, cidade-estado, estado-país, país-mundo. Eram "conversas interdisciplinares" (visto que cada integrante do grupo tem formação acadêmica, experiência profissional e pessoal diferente), construídas por meio da vivência, da percepção, da troca e de um profundo trabalho de ação-reflexão sobre como a sociedade funcionou no passado e funciona no presente.

Tivemos que colocar muita atenção e transpiração para não fazer julgamentos, nos manter no essencial, descartando o periférico, identificar os jogos que estamos vivendo, as regras explícitas e implícitas destes jogos. Tivemos que cuidar da qualidade dos nossos diálogos, da narrativa (a primeira fase era descritiva) e de outras formas criativas de comunicação e questionamentos.

Nossos encontros aconteciam num ambiente agradável, num clima de descontração e motivação. Não fugimos de alguns conflitos, pois eles são parte natural da vida em grupo. As melhores decisões resultaram não do consenso superficial, mas de muita conversa, às vezes acaloradas, sobre diferentes pontos de vista e da busca de soluções criativas. Com o tempo, entretanto, o gostoso das discussões e reflexões foi sendo substituído pela tensão da necessidade de cumprir prazos e passar do abstrato das idéias para a concretude de um produto final.

Após entrega da primeira parte do trabalho — Como a nossa sociedade realmente funciona? — fizemos um balanço do trajeto e fomos para a segunda parte — Como a sociedade deveria funcionar?/Como fazer acontecer esse funcionamento ideal?

Esta foi uma etapa mais criativa, voltada para construir o futuro. Passamos a sonhar com a sociedade ideal, pois sonhar é o primeiro passo para se criar uma nova realidade. Mas como fazer para que esta sociedade sonhada, idealizada, se concretize na prática? Adotamos uma dinâmica diferente da primeira etapa e um arranjo diferente do espaço de trabalho. Começamos a sonhar de forma totalmente livre, sem censuras, críticas ou julgamento do que era possível ou não. Depois, lapidamos este sonho, examinando-o de maneira realista, levando em conta tempo e recursos necessários para a sua efetivação. Tínhamos sempre uma pergunta em mente: como fazer?

No decorrer desta fase, tivemos que lidar com ritmos diferentes de trabalho, conflitos de idéias, muitos momentos criativos, alegres, divertidos, mas também momentos de desânimo, decepção; enfim, éramos uma pequena célula da sociedade em funcionamento.

| 37

Começamos com um sonho de um mundo melhor. Arregaçamos as mangas, mobilizamos nossas energias e, num trabalho sistêmico, disciplinado, criativo, perseverante e constante, ao longo de cinco meses concluímos a reflexão sobre as três questões fundamentais propostas pela Amana-Key. Celebramos cada vitória conseguida ao longo de nosso percurso. Quando recebemos a notícia de que nosso grupo estava entre os selecionados, a satisfação foi imensa.

Nunca pensamos que a proposta trazida pelo Projeto Sete Sigma fosse fácil, embora em nossa trajetória sempre acreditássemos que "a missão é possível". Também não pensamos na real extensão do contínuo desafio e nem sempre estivemos preparados para ele. Mas intuímos seu fascínio... E aqui estamos! Felizes por termos aceitado o desafio, por termos escrito uma história e por podermos compartilhá-la com vocês.

Amanhã
Será um lindo dia
da mais louca alegria

(Guilherme Arantes)

Amanhã
O sonho apenas começou....

PEROÁ

BRUNO NOGUEIRA SILVA, CARLOS ALBERTO GIACOMIM PEREIRA,
CARLOS PEDROSO JUNIOR, LILIAN MARIA LOUZADA SOUCIN,
MÁRCIO FÉLIX C. BEZERRA, MARIA TEREZA
MAGALHÃES GARCIA, ROBERTO LOSCHIAVO

O Peroá é um peixe típico da costa do Espírito Santo, bastante consumido pela população local e também pelos turistas que visitam o litoral desse Estado. Praticamente só tem esse nome no ES, já que em outros locais é conhecido como peixe-porco ou porquinho.

Em função dessas características (popularidade e concentração geográfica), a Petrobras, como uma forma de homenagear o povo capixaba, batizou com este nome um campo de gás natural, descoberto em 1996, nas proximidades da foz do Rio Doce. Por conta do desenvolvimento do projeto para colocar em produção esse campo, ora em andamento, o nome "Peroá" tem tido presença constante na mídia local. O grupo Peroá foi composto por sete pessoas que trabalhavam em uma mesma equipe da Petrobras no Espírito Santo que, entre outras atividades, atuou no desenvolvimento do campo de Peroá.

A participação do grupo no Projeto Sete Sigma foi decorrente de discussões estimuladas por um artigo, veiculado em jornal local, que analisava o processo — oficial e aberto à participação popular — de escolha de um símbolo para o Espírito Santo. Diversas propostas foram apresentadas pelos capixabas na tentativa de expressar as qualidades do Estado e de seu povo. Um dos símbolos, no entanto, teve maior destaque, o Márlin Azul (com pronúncia inglesa), um peixe que existe na costa do Espírito Santo e é capturado em campeonatos anuais de pesca esportiva. Em decorrência dessa escolha, o artigo colocou a pergunta: por que não o peroá? O peroá é um peixe típico do litoral do ES, bastante apreciado na cozinha capixaba e, ainda assim, escolheram o Márlin, que não faz parte nem da cultura popular nem da culinária local. A escolha do nome Peroá para nosso grupo foi, assim, uma decorrência natural, pois se trata do nome do campo de gás natural em que trabalhamos como equipe da Petrobras. Da mesma forma, foi estimulada pela discussão sugerida no artigo — "Peroá, um legítimo representante capixaba".

As reflexões trazidas pelo Projeto Sete Sigma se manifestaram no desenvolvimento do texto e, também, na realização de nossos trabalhos na empresa. Muitas discussões e exemplos interessantes surgiram dessa oportunidade de conectar nossas descobertas sobre o funcionamento da sociedade com o nosso microcosmo (a equipe e a empresa).

Hoje os sete integrantes do grupo Peroá não estão na mesma equipe. Por razões diversas, mudaram de gerência e até de área de atuação. E levaram consigo as idéias e reflexões Sete Sigma que, muito mais do que um trabalho teórico, proporcionaram um novo olhar — mais criativo, inovador e verdadeiro — sobre nossos processos e relações de trabalho.

RAÍZES E ASAS*

CYNTHIA MENDES FIOR, ESTER INÊS SCHEFFER,
IVETE BARBOSA, MÚCIO F. RIBAS

— Por que vocês não participam deste concurso?

Essa pergunta, feita pelo Altevir, um empresário de destaque em Mato Grosso, acenando com uma página da revista *Veja*, nos colocou em contato direto com a proposta do Projeto Sete Sigma. Era janeiro de 2002 e estávamos fazendo uma apresentação sobre Reinvenção do Estado para um fórum de empresários de Cuiabá. De início, custamos a entender o que ele queria dizer. Porém, ao verificarmos as três perguntas em destaque naquele anúncio, nos lembramos de já tê-las visto no mês de novembro de 2001 e questionamos: — Por que essa história veio parar nas nossas mãos, novamente? E desta forma? Ao refletirmos sobre aquelas perguntas e sua possível relação com a proposta do grupo sobre Reinvenção do Estado, entendemos que aquele era um outro modo de perguntar sobre aquilo que o nosso trabalho respondia!

Os acontecimentos para o nosso grupo sempre foram assim, quase por acaso. E também sempre nos apresentaram questionamentos para os quais queríamos encontrar respostas.

Nossa história foi uma seqüência encadeada de encontros de pessoas que estavam em uma busca comum — descobrir o peso que o Esta-

---

* Este nome foi adotado pelo grupo para apresentar seu trabalho no Projeto Sete Sigma da Amana-Key. O grupo não tem relação com o projeto "Raízes e Asas" desenvolvido pelo CENPEC — Centro de Estudos e Pesquisas em Educação, Cultura e Ação Comunitária (www.cenpec.org.br).

do tem na promoção do equilíbrio, ou do desequilíbrio, nas relações sociais. O primeiro, em 1992, foi entre a Ester e a Ivete, que passaram a trabalhar juntas e a compartilhar idéias e sonhos comuns. O embrião de um trabalho sobre o papel do Estado e da compreensão da importância do orçamento público, tanto na geração como na solução de problemas enfrentados pela sociedade brasileira, começou a ser exteriorizado e formatado a partir daí. O segundo foi entre a Cynthia e a Ivete, em 1996, no desenvolvimento de um projeto de modernização da administração fiscal do Estado, já com o aproveitamento das idéias elaboradas no encontro anterior. O terceiro foi entre Ester, Ivete e Cynthia, também em 1996, para a implementação do mesmo projeto e experimentação das idéias no ambiente real. O quarto encontro, em 1999, foi entre as três e o Múcio que, com sua experiência na área tributária, ajudou a consolidar as idéias em elaboração.

A partir daí, vários eventos ocorreram. Entre eles, houve a criação do INBRACO — Instituto Brasileiro de Pesquisas, Participação Social e Acompanhamento do Orçamento Público (inbraco@terra.com.br) —, uma ONG que incentiva a participação social na elaboração e fiscalização da execução do orçamento público. A atuação através dela permitiu parcerias com diversos segmentos do setor produtivo de Mato Grosso. Em 2000, a proposta do grupo foi apresentada para os candidatos ao governo do Estado. Mesmo não sendo incorporada por nenhum deles, permitiu criar um formato de apresentação que foi usado em todas as oportunidades que surgiram desde então: reuniões de trabalho, fóruns, seminários e audiências públicas. Foi em um desses eventos que o já citado empresário nos despertou para a proposta da Amana-Key. Era o "toque" que precisávamos. Surgiu então o grupo "Raízes e Asas", que continuou atuando como antes, porém com mais confiança nas suas idéias e na importância do trabalho.

Em 2002, o grupo participou ativamente da criação do Pacto de Cooperação por Mato Grosso e "botou o bloco na rua" com a criação de uma rede de conversação entre Estado, mercado e terceiro setor. O objetivo: devolver o poder às pessoas, com base no nosso próprio aprendizado de que toda mudança é, antes de mais nada, uma mudança pessoal. No ano de 2003 aconteceram tantas ações resultantes do nosso trabalho que já não conseguimos mais controlar o seu fluxo. Estamos seguindo o que está sendo possível, conscientes de que criamos um trabalho para a sociedade e não para nós mesmos.

Raízes e Asas:
"...Mandei plantar folhas de sonhos no jardim do solar...
As folhas sabem procurar pelo sol e as raízes procurar, procurar...
Mas as pessoas da sala de jantar... Essas pessoas da sala de jantar...
São ocupadas em nascer e morrer..."

(*Panis Et Circensis* — Gil e Caetano)

SINAPSE*

MARIA EUGÊNIA B. COSTA, NELI VIEIRA BRAGANÇA CAMPOS,
NILDA VIEIRA BRAGANÇA, REGINA CÉLI BARREIROS NUNES

A Regina viu o anúncio na revista *Veja*, decidiu aceitar o desafio, fez o convite para as demais, que também aceitaram. Logo no primeiro encontro foi avaliado o porquê e o para que cada uma queria participar do projeto. Como todas trabalham em desenvolvimento humano, as respostas foram muito parecidas: era uma maneira de fundamentar melhor e organizar formas de ação visando a transformação da realidade. Esta definição foi fundamental para a manutenção da energia até o fim do trabalho.

A maior dificuldade foi conciliar as agendas para que todas pudessem se dedicar ao trabalho. A Regina, mais uma vez, teve papel importante para fazer as conexões. O método de trabalho também ajudou muito. Cada uma realizava a pesquisa básica e levava para o encontro para que a integração das idéias fosse feita e se compusesse um texto gerado após as discussões. Com isso, pudemos dar grande ênfase ao aprendizado e à construção de algo comum, pois os textos foram integradores das diversas experiências pessoais.

Este foi um momento para fazermos uma reflexão sobre a sociedade e nossos papéis nela. E avaliarmos se o nosso discurso está sintonizado com nossos comportamentos. Não basta criticar, é preciso mudar de atitude e passar para a ação.

Este trabalho nos proporcionou grande crescimento pessoal e profissional. E deixou bem claro que, juntando forças, todos podemos fazer diferença.

---

* Texto composto a partir de depoimentos individuais.

SKILL

DANIELA DINIZ DE CAMARGO NEVES,
EDUARDO CAMARGO NEVES, MARCELO DINIZ

Nosso Grupo é uma ação em família. O Marcelo é um publicitário especializado em planejamento. Já esteve envolvido com os mais diversos produtos e serviços do setor privado e planeja, costumeiramente, estratégias de comunicação para ministérios, órgãos e empresas públicas. Sua atividade envolve pesquisa, análise e criatividade, com a aplicação de conhecimentos de história, filosofia, sociologia, psicologia social e economia, sobretudo.

Quando leu o anúncio do Concurso Sete-Sigma na revista *Veja*, chegou a convidar um intelectual amigo para fazer parte do Grupo. Mandou para ele o que poderia ser o índice de um trabalho sobre "como funciona a sociedade brasileira, como deveria funcionar e como fazer acontecer". O sujeito telefonou de volta: "eu não tenho tempo; imagina, um único tópico deste trabalho pode ser uma tese de mestrado..."

A solução foi completar o conhecimento com a prata da casa. Para tecnologia da informação havia um genro, o Eduardo, que trabalha com segurança de sistemas na Philip Morris. Para ecologia, biologia e mobilização social havia uma filha, Daniela, que trabalha na Fundação Roberto Marinho e se graduou em biologia.

Como o Marcelo mora no Rio e o casal em Curitiba, trocamos idéias pela internet. Pronto, a gente fez.

E o maior prêmio foi cursar o APG, conhecer a Amana-Key e o que ela ensina.

VILA HUMANA

BEATRIZ BATTISTELLA NADAS, CHRISTIAN NADAS,
CINTIA MARA S. DE LIMA, MARIA DE FÁTIMA A. FLORIANO

Raul Seixas cantou: "Um sonho que se sonha só, é só um sonho que se sonha só. Um sonho que se sonha junto, é realidade". Estes versos motivaram a união de um grupo de pessoas, desafiadas pela proposta do Projeto Sete Sigma. Elas resolveram compartilhar seus sonhos de uma Sociedade Ideal, com a certeza de que tais sonhos poderiam se tornar realidade. Um grupo heterogêneo, com grande afinidade de idéias, vontade de trabalhar junto e força para superar desafios.

Três integrantes do grupo já se conheciam. A Maria de Fátima, assistente social, no setor público havia 18 anos, atuando na área de gerenciamento de equipes e operacionalização de ações sociais, especialmente no desenvolvimento comunitário, inquieta, buscando mais sentido para o seu trabalho; esposa de Luiz Américo e mãe de dois filhos, Felipe e Luana. A Bia, dentista, sanitarista, trabalhando em gerenciamento do serviço público municipal, levantou da cadeira e virou o refletor para melhor compreender o mundo; casada com Christian e mãe de dois filhos, João Pedro e Rafael. A Cíntia, casada com Renato e mãe do Pedro, outra dentista que resolveu ampliar seu universo de atuação e que já há algum tempo deixou de transitar só pelo "céu das bocas", pois atuava também em projetos comunitários e com desenvolvimento de pessoas. Estas três mulheres participavam, desde 1999, da construção de uma metodologia de desenvolvimento comunitário na Regional Cajuru, em Curitiba, que levava em conta os seguintes princípios: o cidadão é o centro de qualquer processo de desenvolvimento comunitário; todos, pessoas e organizações, possuem habilidades e potenciais a serem desenvolvidos; a construção de uma sociedade melhor é fortemente baseada nos relacionamentos entre as pessoas e as organizações.

O Christian, analista de sistemas, formado em Filosofia e quase Teologia, professor de ensino médio e marido da Bia, junto com ela partilhava a necessidade de deixar para si e para os filhos um mundo melhor. Buscava dar sua contribuição através da formação de líderes na comunidade paroquial que freqüentava. A Jussara, formada em Artes Plásticas, chefe de cozinha, com grande sensibilidade artística, amiga e vizinha da Bia e do Christian, mãe do Percy e do Ricardo, era outra mente inquieta. Christian e Jussara completaram o grupo.

Uma vez reunidos (ainda não tão unidos), investimos tempo e disposição para confirmar a visão que tínhamos do futuro e nos aprofundar no conhecimento do Projeto Sete Sigma. Para que a jornada fosse frutífera e prazerosa, criamos um código de princípios: convencer e se deixar convencer; manter o compromisso com o grupo e com a tarefa; assumir responsabilidades; manter honestidade; investir o tempo necessário; decidir por consenso; aprender e produzir divertindo-se sempre; celebrar as pequenas e grandes conquistas. Um capítulo à parte: precisávamos de um nome para este grupo tão especial. Após longa discussão, sempre tendo em mente os princípios, nasceu o Grupo Vila Humana. Vila, porque no mundo futuro estaremos tão próximos, nos comunicaremos tão rapidamente e tenderemos a cuidar uns dos outros como se todos morássemos em uma Vila. Humana, no sentido de humanidade e humanitária.

Começou a tempestade de idéias. Várias foram as tentativas de iniciar o trabalho. Várias foram as formas dos primeiros escritos. Vários foram os temas que se apresentaram e foram descartados. Mas... voltávamos sempre às diretrizes do Projeto Sete Sigma, onde líamos: "Primeiro tentar entender a realidade pelo que se vive. E só mais tarde pesquisar o que achar necessário..." e reiniciávamos a caminhada, buscando em nossas experiências e vivências aqueles fatores marcantes da vida em sociedade. Percebemos que a forma de apresentação do trabalho era um fator que dificultava o desenrolar das idéias. Optamos pela forma de um jornal. Um jornal diferente, que traria as notícias "descritas de forma neutra, sem julgamentos, sem filtros... combinando simplicidade e profundidade, incluindo todos os aspectos da realidade... com linguagem clara, objetiva, precisa, elegante, acessível a qualquer pessoa" conforme a proposta da Amana-Key. Foi então fundada a "Gazeta da Vila Humana", que em seu primeiro número — Ano I (2002) — apresenta a sociedade como ela é. Na seqüência, dá um salto para o número 18.350 — Ano 50 (2052) — em que apresenta a sociedade ideal e traz um encarte chamado "O Caminho da Transição", um projeto de reestruturação da sociedade baseado na vivência da colaboração e que auxilia a sociedade a caminhar na direção do sonho. Em ambas as edições, o editorial resume de forma sistêmica o conteúdo dos artigos.

O processo vivido e o retorno constante aos princípios estabelecidos pelo grupo criaram um ambiente favorável, tornando as reuniões produtivas e motivadoras. Cada participante pôde contribuir de acordo com suas habilidades e competências. A distribuição das tarefas, que incluíam pesquisa e trabalho fora do período das reuniões, respeitou o tempo disponível de cada um e as facilidades e dificuldades pessoais. Além disso, adaptamos horários e locais dos nossos encontros para possibilitar a participação efetiva de todos.

O respeito às opiniões de cada um, a liberdade de expressão e a ausência de julgamentos permitiram o fortalecimento dos vínculos e da confiança. O apoio mútuo e dos familiares foi fundamental, pois trabalhamos muitas vezes sob pressão, tendo que "criar um tempo", que julgávamos inexistente em nosso dia-a-dia, para buscar novos conhecimentos, refletir e também para cumprir os prazos que teimavam em se esgotar.

Nosso grupo, heterogêneo sim, mas com tantas afinidades, também viveu dificuldades durante a elaboração do trabalho. Ao percebermos que tínhamos ritmos diferentes, surgiram conflitos de idéias e de formas de fazer. E viva a diferença! Avaliamos que saímos fortalecidos, que aprendemos muito com cada impasse e que isso nos tornou muito mais amigos. Embora tenhamos feito uma divisão dos temas a serem abordados entre os integrantes do grupo, sempre a redação final de cada artigo foi analisada por todos, ora completando, ora alterando ou mesmo criando a dez mãos um único texto. Isto possibilitou a visão sistêmica do trabalho.

Gostamos muito do nosso produto. Ele é a nossa cara e, exatamente por isso, talvez outros sintam falta de temas que considerem relevantes. Mas o nosso jornal traduz nossa visão do mundo, baseada em nossas experiências e percepções. Houve momentos de desânimo de um ou de outro, houve também problemas pessoais, mas nos apoiamos mutuamente de forma a que os conflitos internos pudessem ser resolvidos. Infelizmente, uma de nossas colegas precisou se retirar do grupo entre o primeiro e o segundo jornal. No entanto, manteve tal contato que no segundo trabalho auxiliou nas ilustrações e fotomontagens (obrigado, Jussara!).

> "Não tenho caminho novo
> O que tenho de novo
> É o jeito de caminhar...
> Aprendi,
> O Caminho me ensinou,
> A caminhar cantando,
> Como convém a mim
> E aos que vão comigo,
> Pois já não vou mais sozinho."

> (Thiago de Mello)

YEKANAMA

BEATRICE BOECHAT D'ELIA , DANIEL MATTOS T. V. DOS REIS,
LUCIANA LEITE, MILTON JONATHAN

A gente nasce folha em branco e aprende a reconhecer o mundo espelhando-se nele. A criança observa e reproduz gestos e reações, até que se descobre indivíduo, individual, único. E a pessoa se enamora do seu poder criativo, da sua capacidade de transformar o que existe em algo novo, como alguém capaz de contribuir com valor para a sociedade que o cerca.

E então?

Beatrice, Daniel, Luciana e Milton: quatro amigos de longa data, três engenheiros e uma publicitária, com uma profunda curiosidade comum a respeito do sentido da vida, resolveram responder ao desafio veiculado em novembro de 2001 na revista *Veja*, movidos por uma preciosa e inquietante vontade de discutir e entender o ser humano e sua organização em sociedade. Uma vontade que existia há anos em cada um, uma chama que queimava há tempos, mas que encontrou no Projeto Sete Sigma o seu ponto de convergência. E, mesmo sem nunca terem ouvido falar da Amana-Key — a instituição que idealizou e lançou o projeto — mergulharam no mistério do desafio com imensa garra, como quem quer trazer à tona, dividir, compartilhar tudo que é importante e existe dentro do ser humano.

A cada passo do processo, nos encantávamos com o material instigante e questionador, com a coerência das questões colocadas. Participar do Projeto Sete Sigma, mais do que escrever um trabalho, era, para os quatro amigos, um convite à reinterpretação da nossa trajetória. Era uma porta para olhar para o passado e, num outro nível de consciência, reacreditar no futuro. Brotavam questões como: E se tudo que a gente viveu até aqui — ano 2001 — tiver sido um grande ensaio da humanidade? E um ensaio cruel, sem relações ganha-ganha? E um ensaio mal-orquestrado? Será que tudo que a gente viveu não passa de uma humanidade em sua adolescência? Será que não está na hora de passar de uma Era da Informação para uma Era da Consciência? Será que não está na hora de pegar todos os resíduos do estilhaçamento de valores e de referenciais que fazem com que não saibamos mais definir o que é Amor e o que é Justiça — questionamentos típicos da nossa era — enfim, pegar esses caquinhos e montar um mosaico novo, muito mais colorido, muito mais bonito e muito mais humano? Se os peixes são os últimos a reconhecer a água, o que é que nós — crianças, adolescentes, adultos e idosos — não estamos reconhecendo nos jogos em que vivemos? E desses questionamentos Sete Sigma fomos cada vez mais recheados. Imbuídos. Alimentados.

Foram vários meses de encontros engrandecedores, bate-papos de altas temperaturas, enfim, verdadeiros "microcosmos" desses jogos de poder que existem na sociedade. As reuniões eram momentos de pensar em conjunto, rebater, analisar, expor-se, argumentar, refletir, criar, compreender a ótica do outro e unir pontos de vista em um objetivo comum. Percebemos, impressionados, como desconhecíamos a forma de pensar de amigos de tantos anos sobre vários aspectos da realidade que vivemos. O Projeto Sete Sigma foi abrindo os cofres e revelando detalhes das personalidades, muitas vezes desconhecidos por nós mesmos. As reuniões acabaram servindo como "a hora da verdade" deste algo melhor que almejamos e queremos construir! No trabalho, quando aconteciam disputas de poder do tipo "qual idéia a respeito do todo vai prevalecer?", "quem tem autoridade para falar a respeito de determinado assunto?", tínhamos que chegar a algo perene, que realmente dissesse respeito às raízes ou aos princípios das coisas — e que, portanto, ganhava a concordância fácil e intuitiva de todos — para realmente produzirmos algo com significado, que não sucumbisse ao tempo e que ressonasse no coração de um ser humano de qualquer parte do mundo.

Na dinâmica de confecção do trabalho, tornou-se inevitável dirigir perguntas para nossos próprios "eus": "Nos jogos dentro de jogos que existem, que nos circundam, eu estou neste mundo para fazer diferença ou para agradar? Eu quero ter cara de sabonete, que só faz espuma mas tem pouca consistência? Como eu sou quando há dificuldades e barreiras? Quanto vale para mim buscar a convergência entre valor e ação? O quanto de disposição interna existe em mim para 'fazer acontecer' do modo mais global e holístico possível? Que sucesso eu estou buscando a cada segundo?" Nas reuniões, percebemos que, a despeito de toda a limitação humana, existe a pedra mais preciosa do mundo que é a potencialidade. Mais do que isso, e mais gratificante ainda, imaginamos muitas vezes quantas pessoas estariam reunidas em inúmeros finais de semana, participando do processo seletivo da Amana-Key para responder a essas perguntas. O que elas estariam pensando? Como elas estariam confeccionando o trabalho? Crescia a curiosidade: quem seriam essas pessoas, distribuídas pelo país inteiro, que pensam a sociedade de forma tão encadeada e conseqüente? Quantos grupos de "polvos sensitivos", cheios de receptáculos, ou quantas antenas estariam conectadas ao Projeto, tornando o Projeto Sete Sigma uma realidade?

Apesar das curiosidades, das dúvidas e da corrida contra o tempo, o sentimento unânime era que, independentemente do resultado, todo o processo valeria a pena. Porque escrever um Projeto Sete Sigma havia se tornado uma revisão dos nossos valores, do papel que queríamos ter na sociedade. Acima disso, do que queremos SER. Com o Projeto Sete Sigma, tornou-se impossível voltarmos a ser os mesmos. Mais do que um concurso em que estruturamos oceanos e vulcões de pensamentos e vivências, o Projeto Sete Sigma foi um instrumento de autoconhecimento e de autotransformação. Hoje, da leitura de jornais ao olhar sobre nossos pais, nosso país, nossas profissões, tudo mudou, tudo se solidificou, porque a lente sobre os jogos ficou mais transparente. Deu para ver como a gente deve se preparar quando quer realizar o impossível.

O espírito Sete Sigma tornou-se parte de nós.

E a assim surgiu o Yekanama.
Do início ao fim.
Do fim ao recomeço.

FORMAS DIFERENTES DE PERCEBER COMO A SOCIEDADE REALMENTE FUNCIONA

A leitura atenta dos trabalhos selecionados indica pelo menos doze formas diferentes de perceber como a sociedade realmente funciona. Estas formas, sempre observadas do ponto de vista dos sistemas, não são excludentes entre si; ao contrário, podem ser compostas para permitir o entendimento mais amplo das inúmeras interdependências existentes a às quais estamos expostos e, em alguns casos, condicionados sem nos darmos conta. Ter esta percepção pode ser um elemento-chave em nossa decisão de sermos autores da história ou apenas coadjuvantes da história escrita por outros.

Os próximos capítulos trazem a descrição de uma das formas identificadas e a indicação de qual grupo foi a fonte de referência para o texto apresentado.

A SOCIEDADE COMO UM SISTEMA
DE CONDICIONAMENTOS

Referência: Grupo Agora

A criança nasce e precisa se ajustar a um novo mundo: de que se alimentar, como se proteger das variações de temperatura, como comunicar desconforto, como reagir a tantos e inusitados estímulos. Muitas destas coisas já estão decididas pelos adultos. Ela, então, deverá se desenvolver através da *assimilação* de coisas preexistentes e definidas e, ao mesmo tempo, da *acomodação* de sua "sabedoria intrínseca" (sugar o alimento, chorar nas situações de desconforto etc.) às regras estabelecidas pelo mundo adulto. Até o momento do nascimento a criança era apenas um ser físico/fisiológico, com poucas interações sociais. A partir do nascimento, estas *interações* vão ocorrer simultaneamente com a evolução física e, mais tarde, serão predominantes no seu desenvolvimento.

A epistemologia genética, ciência da aquisição e do desenvolvimento do conhecimento e sua evolução ao longo da vida, tem uma forma peculiar de demonstrar como isso ocorre. Em sua obra *A Criação da Realidade na Criança*, Jean Piaget, um dos expoentes dessa ciência, descreve as fases de evolução através de sucessivos estágios de assimilação e acomodação.

TRÊS ESTÁGIOS

De acordo com ele, nos primeiros meses de vida a criança se relaciona com o mundo apenas nos níveis de sensações e movimentos (nível sensório-motor). Assim, a criança *assimila* as novidades do ambiente e *acomoda* seus padrões de comportamento (genéticos ou adquiridos) de forma a satisfazer suas necessidades. É um período em que a criança não se diferencia do ambiente. O mundo é ela. Esta forma de a criança lidar com o ambiente vai até aproximadamente os 2 anos de idade. Depois disso, e até cerca de 4 anos, vem o período simbólico, no qual a criança vai percebendo, com detalhes cada vez mais claros, que o ambiente é diferente dela. Mas ainda assim ela permanece centrada em si mesma. Tudo o que ela percebe é que o mundo existe e ela está no mundo. Mas ela acredita que o mundo existe porque ela existe e que todas as coisas existem para satisfazê-la. Os pais e as outras pessoas existem para atender às suas necessidades. O alimento existe para satisfazer sua fome. Os brinquedos existem para satisfazer sua vontade de brincar. Enfim, ela é a razão de ser do mundo. As interações com o ambiente são comandadas por razões absolutamente práticas: adaptar-se para usufruir. Este também é o período do desenvolvimento da linguagem e da formação de imagens mentais dissociadas de seu significado "real". Quaisquer objetos podem ser o que a criança quer que sejam, desde que satisfaçam o seu prazer. Um sapato pode ser um carrinho, uma garrafa pode ser um instrumento sonoro, uma colher pode ser um avião. Embora a linguagem seja um meio de comunicação, ela é usada quase que exclusivamente para demandar. Quando crianças dessa idade estão "conversando", não existem diálogos, mas monólogos coletivos, pois cada uma fala o que lhe vem à mente, não importa o que as outras estejam dizendo.

Na etapa seguinte, dos 4 aos 7 anos aproximadamente, a criança começa a desenvolver o pensamento conceitual. É a época dos porquês. Neste estágio o foco está em conhecer a realidade objetiva (dos objetos fora da criança) e descobrir a verdade. Este é o momento em que a criança começa a perceber que há diferentes pontos de vista, embora ainda na perspectiva física (perceber que é possível ver as coisas de diferentes ângulos, sem que as coisas mudem por causa disso). Estes diferentes pontos de vista não são apenas da própria criança, mas das outras pessoas também. Assim, ela começa a admitir que outras pessoas possam estar vendo o mesmo que ela vê de forma diferente, por estarem em posições diferentes. A linguagem passa a ser usada na conversação, ainda que apenas para adaptar suas respostas às palavras das outras pessoas. O mecanismo básico de aprendizagem nesta etapa é a imitação. A criança observa o que outras pessoas fazem e procura fazer o mesmo e perceber o que acontece. A descoberta do mundo acontece pelo modo como as outras pessoas à sua volta se comportam.

Numa terceira etapa de seu desenvolvimento, a criança começa a representar mentalmente o mundo. As noções de espaço e a existência dos objetos dentro dele e também a de causalidade dentro do tempo (as causas estão antes dos acontecimentos) vão se desenvolvendo. Dos 7 aos 11 anos, aproximadamente, a linguagem se torna instrumento de socialização, embora a criança ainda não consiga dialogar sobre pontos de vista diferentes para chegar a uma conclusão. Nesta etapa surge a formação de bandos, a aceitação de uma chefia e a aceitação de regras de convivência. Depois dos 11 anos é que, junto com estas noções, vem a socialização genuína, a capacidade de ajustar seu próprio pensamento ao pensamento dos outros e de estabelecer as relações de cooperação e reciprocidade. De outro lado, o desenvolvimento da racionalidade vai se firmando através da experiência real e da capacidade de dedução: se algo aconteceu de certa maneira, repetindo-se as mesmas condições, o fato deverá se repetir. É a capacidade de calcular probabilidades, a formulação de hipóteses e a busca de sua comprovação, a dialética (analisar teses e antíteses para chegar a conclusões). A partir deste momento a criança/o jovem admite a existência de múltiplas possibilidades.

Ao analisar desse modo o desenvolvimento da percepção da realidade na criança, podemos destacar alguns elementos do processo de aprendizagem que podem estabelecer condicionamentos profundos na maneira de perceber o mundo. Nos estágios iniciais de seu desenvolvimento, a criança se relaciona com o mundo através da *assimilação* do que já existe, da *acomodação* de seus esquemas de ação ao que recebe/capta do ambiente, da *imitação* do comportamento de outras pessoas e da *aceitação* de condições estabelecidas pelos outros. Se, quando alcança o estágio mais elevado do pensamento, quando deve ser capaz de desenvolver suas próprias teorias sobre como o mundo funciona, ela não for estimulada a isto, poderá se tornar inconsciente em relação ao contexto em que vive. Na sociedade atual estes estímulos não existem, caracterizando um sistema de *condicionamentos para não pensar*. Vamos ver como este sistema está presente no dia-a-dia das pessoas.

A FAMÍLIA

O primeiro ambiente da criança é a família, que pode estar estruturada, com papéis definidos e praticados, ou não. Seja dos pais biológicos ou adotivos, seja de outros parentes ou pessoas encarregadas de cuidar dela, ela recebe incontáveis estímulos. Embora ainda não seja capaz de distinguir o que é o mundo e o que ela própria é, a criança capta manifestações de sentimentos (carinho, desprezo, alegria, medo), julgamentos (está chorando porque tem fome ou está suja, algo está doendo, não gosta disto), pensamentos (isto vai dar certo, não sei o que fazer nesta situação, e amanhã, como vai ser?), premissas ("é de pequenino que se torce o pepino", "as crianças crescem na direção dos elogios que recebem", "criança não tem vontade, tem é que obedecer") e as ações decorrentes. Nos primeiros anos de vida, a resposta da criança é simplesmente assimilar as "regras" do mundo e acomodar seu jeito de ser a elas. Se isto lhe proporciona conforto, tudo bem. O pragmatismo domina. A aquisição, a capacidade de representar comportamentos, como forma de se relacionar. Assim, a criança observa como os adultos falam uns com os outros (palavras que usam, tom de voz, gesticulação e outras expressões não-verbais) e as discriminações que fazem: como se relacionam com pessoas próximas (familiares, amigos), com desconhecidos, com as pessoas que as servem ou empregadas, com autoridades, como reagem a situações inesperadas, como se comportam quando algo lhes agrada ou desagrada. Estas observações, feitas em casa, nas ruas, na escola e em todos os ambientes, se refletem no comportamento da criança, que passa a imitar tudo o que nota. Se forem muito consistentes, podem se tornar comportamentos arraigados. Também por meio de suas interações com os adultos, a criança começa a perceber as noções de autoridade e de "certo e errado". Pode ainda não compreendê-las, mas vai assimilando-as.

A ESCOLA

Outro ambiente de convivência intensa da criança é a escola. Nesse ambiente o processo de condicionamentos continua. Na pré-escola a criança encontra atividades que visam proporcionar-lhe satisfação, que é o que a criança também busca. Sua curiosidade natural em geral é estimulada mas, como esta é uma fase ainda muito egocentrada, há pouca interação genuína da criança com o ambiente e com as outras pessoas. Mais adiante ela começa a desenvolver a busca da "verdade", o conhecimento de como o mundo funciona, pois já se percebe como alguém diferente do ambiente e separado dele. É quando começa a participar de bandos (não grupos) em que a ordem é determinada de fora para dentro. Nesta fase, a figura dos professores é muito importante, pois são os chefes naturais a serem imitados. A criança tem agora a capacidade de organizar o mundo de forma lógica, estabelecendo as relações de causa e efeito e sua relação com o tempo e o espaço. Os condicionamentos provocados pela escola, dessa maneira, podem se solidificar se a proposta didática for de fragmentar o conhecimento em partes isoladas, em especialidades, e se as relações de autoridade forem despóticas. Além disso, o foco dos conhecimentos apresentados na escola tem conteúdo técnico e não filosófico. É bom lembrar que a escola é um ambiente que pode favorecer o desenvolvimento da socialização, se as atividades forem centradas na descoberta do conhecimento em grupos e não em explanações do professor. Também é necessário destacar que a educação, especialmente a educação em relacionamento, não acontece apenas na sala de aula, mas também no recreio, que não costuma ser monitorado pelos educadores. Assim, se o conhecimento for definido como a busca do que é certo ou errado, do que é verdadeiro ou falso do ponto de vista do professor (postura esta reforçada pelo sistema de avaliação e promoção), sem qualquer incentivo ao pensamento autônomo, a escola estará formando reprodutores do sistema estabelecido e não criadores de novos conhecimentos e sistemas. Esta estrutura de ensino permanece mesmo quando a criança, agora já um/uma jovem se capacita para desenvolver o pensamento abstrato, adquirindo condições de formular hipóteses e buscar demonstrá-las. Os sistemas de recompensas e punições se mantêm, buscando conformar as mentes a modelos preestabelecidos e a conquistar promoções através da capacidade de recitar o que outros desenvolveram. E isto pode se dar até na universidade. Aliás, para ingressar nelas procura-se incentivar o espírito competitivo ao máximo, através dos vestibulares. Este espírito vai ser exacerbado mais tarde nos ambientes de trabalho.

O TRABALHO

Um terceiro ambiente de condicionamento das pessoas é o do trabalho, que pode acontecer numa relação de emprego, de funcionários públicos ou de autônomos. Nesse ambiente, no qual em geral as pessoas ingressam quando já têm a capacidade de desenvolver o raciocínio abstrato, elas vão reforçar os conceitos de poder e autoridade, hierarquia, observância a regras, conformidade a padrões estabelecidos, busca de resultados imediatos. Como as organizações que constituem o mundo do trabalho foram concebidas a partir dos referenciais da ciência tradicional, elas buscam previsibilidade e o mínimo de variação. Como conseqüência, costumam exigir daqueles que com elas se relacionam comportamentos padronizados dentro de especificações estabelecidas *a priori*. Em outras palavras, adaptação e conformismo. Isto se revela nas manifestações da cultura organizacional (aquilo que as pessoas acreditam que é a forma certa de fazer as coisas na organização), tais como o modo de se vestir, se comunicar, os sistemas de avaliação de desempenho, reconhecimento e recompensa, os critérios usados para promoção, os objetivos e as metas e a forma como são decididos, entre tantos outros. Os relacionamentos entre as pessoas dentro da organização são encarados apenas do ponto de vista utilitário ("Só me relaciono com quem possa me ser útil, me proporcionar algum benefício"). Aqueles que se ajustam/conformam aos critérios existentes alcançam posições de mais destaque e assumem parcelas maiores de poder, poder este que será utilizado para manter as coisas como estão e não para provocar transformações. Mudanças até são aceitas (às vezes até estimuladas), mas apenas quando se referem a questões superficiais, não essenciais. Nada de pensar em rever as razões para as quais a organização existe, redefinir seu propósito. Os esforços das pessoas são direcionados para a obtenção de resultados tangíveis e, de preferência, financeiros, como aumento dos lucros e diminuição dos custos. Nas organizações governamentais, os indicadores de desempenho são vinculados à execução do orçamento, à conformidade entre o previsto e o realizado, também em termos numéricos. Nos trabalhos autônomos, o desempenho também é financeiro, com a entrega do maior volume de produtos ou serviços pelo menor custo. Estes indicadores de desempenho fazem com que a vida no âmbito das organizações, e o comportamento das pessoas por conseqüência, seja focada apenas na obtenção de satisfações de curto prazo, pouco importando as conseqüências no médio e longo prazos. Como as pessoas que trabalham nas ou para as organizações também são consumidoras/usuárias dos produtos e serviços por elas fornecidos, e nesta relação elas buscam o máximo de satisfação pelo mínimo de custo, fica implícito que esta é a regra prevalente em todos os relacionamentos. Esta é mais uma forma de condicionar as pessoas a aceitar o que é dado.

A MÍDIA

Outra forma de condicionamento das pessoas na sua vida em sociedade é a praticada pela mídia. Em tese, a mídia é um instrumento com que as pessoas contam para obter informações, as mais amplas e isentas possíveis, para tomar decisões conscientes sobre todos os aspectos de sua vida em sociedade. A mídia, entretanto, também atua dentro de condicionantes. Ao mesmo tempo que deve ser imparcial ao noticiar os acontecimentos, deve fazê-lo de modo a garantir um grande número de pessoas sintonizadas nas notícias, veiculadas através de meios impressos (jornais e revistas), auditivos (rádios) ou audiovisuais (televisão, Internet, celulares). Para garantir audiência, aliam aos noticiários programas de entretenimento e cultura. Quando são de propriedade privada, os meios de comunicação devem vender espaços publicitários para garantir receitas suficientes para manter equipes de jornalistas e técnicos. Além, é claro, de garantir o retorno aos acionistas que investem o capital na organização. Levando em conta estes múltiplos interesses envolvidos, o que é veiculado pela mídia pode ser contaminado por eles, fazendo com que as pessoas recebam informações filtradas. É interessante destacar o princípio de que apenas o que não é usual, costumeiro, normal é que é notícia. Por exemplo, se um cachorro morde uma pessoa, isto não é notícia, mas se uma pessoa morde um cachorro, isto é notícia. Isso produz desvios, fazendo com que as pessoas acreditem que só coisas "anormais", negativas acontecem. Dependendo da confiança que depositam nos meios de comunicação, as pessoas podem passar a "pensar com a cabeça da mídia", deixando de exercer a crítica daquilo que recebem. Além disso, ao veicular anúncios que garantem suas receitas, os meios de comunicação passam mensagens que incentivam a compra dos produtos e serviços veiculados, incentivando o consumismo nem sempre responsável. E essas mensagens nem sempre são veiculadas de forma clara, como no caso do *merchandising*, em que elas estão "embutidas" nos programas de entretenimento. A mídia, portanto, pode ser instrumento de condicionamento para pensar com a cabeça dos outros e de consumir sem crítica o que é apresentado.

O GOVERNO

Na vida adulta as pessoas também se relacionam conscientemente com outra instituição, o governo. É um relacionamento de certo modo simples: pagar impostos para ter atendidas as necessidades que devem ser satisfeitas tipicamente pelo Estado, tais como segurança e justiça, ou nas quais o Estado deve garantir sua universalidade, como educação, saúde, transportes, habitação, alimentação, saneamento etc. No exercício de suas funções, o Estado também condiciona as pessoas, pois estabelece obrigações e penalidades para o seu descumprimento. Apesar de o Estado Moderno ser baseado na idéia da democracia (governo do povo, pelo povo e para o povo), esta proposta foi se distanciando de seu propósito inicial com a crescente complexidade das sociedades. Da democracia direta, na qual os cidadãos se reuniam em praça pública para deliberar sobre os destinos da "cidade", caminhou-se para a democracia representativa, na qual grupos de pessoas elegem seus representantes para, em seu nome, deliberar, decidir e executar o que é melhor para a sociedade. Nos casos de conflitos de entendimento das regras sociais, há um outro poder, este baseado no conhecimento das leis, que julga e decide quem tem razão e, se algum dano foi provocado, estabelece as sanções cabíveis que devem estar previstas nas próprias leis definidas pelos representantes do povo. Acontece que os chamados representantes, depois de eleitos, acabam por estabelecer leis que garantem seus próprios interesses, mesmo que em detrimento da maioria da população. Estas leis são tão complexas e abrangentes que estabelecem até mesmo o processo através do qual as pessoas podem se candidatar a serem representantes. Como são pouco divulgadas, seu conhecimento fica restrito a pequenos grupos de interesse que se revezam no poder de decidir os destinos da sociedade. Deixando de divulgar os meios através dos quais a população pode participar da formulação de suas próprias leis, o Estado acaba por condicionar as pessoas a serem meras referendadoras das decisões de grupos organizados.

AS ONGS

Além dessas instituições sociais (família, escola, organizações, mídia e governo), há ainda as organizações que prestam serviços e/ou disseminam idéias e práticas mas que não estão vinculadas a nenhuma delas. São as chamadas organizações não-governamentais, mas que também não se configuram como empresas privadas. São instituições que reúnem pessoas com interesses comuns, tais como profissionais de uma especialidade, organizações que atuam em determinado ramo, pessoas interessadas em uma questão específica etc. Estas organizações, através de sua atuação em prol dos interesses de seus integrantes, procuram veicular informações que levem mais e mais pessoas a acreditarem nos seus objetivos e, com isto, angariar mais simpatizantes e associados. Constituem-se, assim, em mais um instrumento de condicionamento das pessoas em determinada direção.

A AÇÃO DO SISTEMA

É necessário destacar que todas as instituições sociais não são entidades isoladas. Todas atuam simultaneamente sobre as pessoas, produzindo seus efeitos de condicionamento cumulativamente. Assim, uma pessoa é filho de alguém, pai ou mãe (e/ou tia/tio), funcionário de uma organização ou empresário ou agente autônomo, eleitor, "audiência" de meios de comunicação, dirigente ou participante de uma sociedade de algum tipo de interesse (vizinhança, profissão, atividade esportiva ou de lazer, preservação de algo). Os condicionamentos adquiridos na infância, adolescência e juventude vão estar presentes durante toda a vida adulta e, cumulativamente, vão se constituir em filtros para a percepção do mundo. Desse modo, o sistema atua para manter as regras vigentes e a forma como as pessoas atuam em relação a elas. Pessoas que foram condicionadas a se considerar superiores às demais percebem que o mundo é formado por superiores e inferiores. O mesmo acontece com os que foram condicionados a se perceberem como inferiores, só que de modo inverso.

O condicionamento mais amplo, provavelmente, é o que define a sociedade como um agrupamento de segmentos independentes, como se a família, a escola, o trabalho, o governo, as entidades sociais fossem peças isoladas de uma máquina. Quando há problemas em alguma das peças, a atuação deve ser especificamente sobre ela. Problemas de educação devem ser tratados por educadores e com a reformulação da forma de atuar das escolas. Problemas do trabalho devem tratados no âmbito das organizações. Deficiências do sistema de governo devem merecer a reformulação deste sistema. Esta visão fragmentada da realidade acaba por produzir distorções e desequilíbrios tão sérios que ameaçam a própria existência da vida. Alguns paradoxos do sistema, produzidos pelos condicionamentos e que ficam invisíveis por estarem dentro dele, são marcantes: tantas coisas a serem feitas e tanta gente sem trabalho; acúmulo e desperdício de alimentos e gente morrendo de inanição; a busca da paz imposta através da guerra; mercados consumidores considerados "maduros" e milhões de excluídos do "mercado"; privilégios imensos e pessoas sobrevivendo em condições indignas. Este sistema de condicionamentos se auto-alimenta e, como conseqüência, poderá gerar a sua própria destruição.

A SOCIEDADE COMO UMA REDE DE RELAÇÕES

Referência: Grupo Árvore da Sinergia

Nenhuma pessoa é um ser isolado. Cada indivíduo é um ponto de uma rede de relações que compõe a sociedade. Este conceito, o de rede social, foi desenvolvido originalmente por J. A. Barnes em 1954, quando estudou a paróquia de uma ilha na Noruega. Nos anos 1960 a Manchester School, em trabalhos coordenados por Max Gluckman, utilizou o conceito em estudos sobre a urbanização em Zâmbia. Mais recentemente, Malcolm Gladwell deu notoriedade ao conceito através de sua obra *O Ponto de Desequilíbrio*.

Nas redes sociais, as conexões entre as pessoas são as linhas que interligam os pontos. A quantidade e a qualidade das conexões de cada pessoa podem determinar seu "capital social". Em geral, redes pequenas e fechadas são de pouca utilidade para as pessoas (e, por extensão, para as organizações de que elas participam). Redes abertas, com ligações amplas, são mais propícias à incorporação de novas idéias e identificação de oportunidades.

Nos estudos sociológicos tradicionais, os atributos pessoais de cada indivíduo têm grande peso no grupo de que ele participa. De certa forma, esses atributos são associados à capacidade de liderança das pessoas. No conceito de redes sociais, tais atributos são menos importantes do que as relações significativas que as pessoas mantêm com outras. Assim, muitos estudos são feitos para determinar, por exemplo, a capacidade de influenciar decisões dentro das organizações, que estão mais diretamente vinculadas às redes das quais a pessoa participa do que ao título que ostenta. Também são muito freqüentes os trabalhos voltados para a disseminação de novas idéias, contando com as redes sociais de que os chamados "líderes de opinião" participam. No campo acadêmico, são famosos os estudos sobre a "regra dos 150", apresentada pelo antropólogo britânico Robin Dunbar em 1993. Esta regra define que cada ser humano tem a capacidade de manter relações significativas (que vão além de saber o nome e algumas características pessoais e englobam também o compartilhamento de sentimentos e emoções) com no máximo 150 pessoas. Este número é definido pela proporção entre o tamanho do neocórtex cerebral em relação ao córtex total. Dunbar estudou esta proporção em 36 espécies de primatas e chegou ao número de 147,8 nos seres humanos. Posteriormente comprovou este número através de estudos de diversos grupos sociais. Mais recentemente, com a disseminação da Internet, as redes sociais tiveram grande impulso e há inúmeras iniciativas focando o estudo deste fenômeno.

REDES DENTRO DE REDES

Como demonstrar que a sociedade como um todo pode ser um conjunto de redes dentro de redes? Uma possibilidade é, partindo da premissa de que a sociedade tem características de fractais*, considerar que pequenas comunidades, como um condomínio, contêm as mesmas características da sociedade como um todo, apenas que em menor escala. Nessa direção podemos imaginar uma rede de relações entre os habitantes do condomínio como demonstrativo da sociedade como um todo. Vamos a isto.

Em geral, a vida em condomínio leva as pessoas a se conhecerem muito superficialmente. As informações sobre cada morador são fragmentadas, como se retalhos da vida de cada um fossem sendo colecionados, mas sem a perspectiva de montar um painel integrado. Estes retalhos são, em grande parte, produto de como cada um percebe o outro através das lentes de suas premissas e preconceitos, potencializados pe-

---

* Fractal: estrutura geométrica complexa cujas propriedades, em geral, repetem-se em qualquer escala (Dicionário Houaiss).

lo não-questionamento deles. Nesta linha, podemos olhar para alguns moradores de um condomínio hipotético e compor os seguintes retalhos:

Ana: 65 anos, mora sozinha, amiga de Zulmira e de Marilena.

Zulmira: está sempre com a Ana e a Marilena.

Marilena: freqüenta a missa diariamente com Ana.

Ivete: separada do marido, cria três filhos.

Filhos da Ivete: duas crianças e um adolescente roqueiro, envolvido com drogas.

Mazé: professora de catecismo, dá aulas no salão de festas do prédio para crianças da favela que fica ao lado.

Hilário: síndico.

Alice: esposa do síndico, sofreu derrame recentemente.

Neto do síndico: traz amigos "da rua" para bater papo e jogar futebol; os pais dele morreram em acidente de carro.

Zé: zelador, era porteiro anteriormente, foi "promovido" pelo atual síndico.

Roberto: biólogo, envolvido com projetos de gestão e educação ambiental.

Dr. Marcos: descendente de alemães, médico e professor.

Cleusa: massagista, negra, casada com o Dr. Marcos.

Adriana: comissária de bordo, mora com Elizabeth e Marina.

Elizabeth: comissária de bordo desempregada, lésbica, 40 anos.

Marina: comissária de bordo, companheira de Elizabeth.

Joana: nova moradora, professora.

Crianças da favela: freqüentam aulas de catecismo no salão de festas do condomínio.

Pessoas que não moram ou não circulam pelo condomínio:

O cunhado do síndico: comerciante de equipamentos de segurança, forneceu os equipamentos para o prédio por ocasião da última reforma.

Lúcia: moradora da favela, diarista, viúva, três filhos (a mais velha com 9 anos) que não freqüentam escolas.

Francisco: marido de Lúcia, morto com uma bala perdida, trabalhador informal.

Estas informações são muito poucas, mas provavelmente suficientes para despertar algumas premissas e preconceitos e levar a imaginação a vislumbrar como deve ser a vida neste condomínio. Um acontecimento grave pode precipitar inúmeras conclusões e, provavelmente, trazer à tona ainda mais elementos escondidos no fundo das mentes.

UM DRAMA EM ANDAMENTO

O apartamento de Ana foi assaltado. Os ladrões entraram pela cobertura da garagem, que fica ao lado de um terreno baldio, e arrombaram uma janela. Ela não estava em casa no momento, mas o morador do apartamento ao lado percebeu e chamou a polícia. Houve demora no atendimento. Quando os policiais chegaram, os ladrões, dois jovens em torno dos 20 anos, já haviam fugido. Levaram poucas coisas, alguns aparelhos eletrônicos apenas. Pela forma como entraram, deviam conhecer razoavelmente as dependências.

Quem seriam os assaltantes? Por que escolheram o apartamento de Ana, já que há outros na mesma situação? Será que algum morador do prédio está envolvido? Por que o sistema de vigilância não funcionou? De quem é a responsabilidade no caso? Estas perguntas fazem com que se desenhem nas mentes das pessoas inúmeras redes possíveis de relacionamentos, a partir da imagem que cada um tem das pessoas que moram no condomínio ou que, de alguma forma, interagem com ele.

Estabelecer redes de relações que proporcionem significado aos acontecimentos é uma necessidade humana. Embora muito tenha sido feito no campo da educação para fragmentar o conhecimento em parcelas mínimas, visando conhecer as partes para entender o todo, a mente humana persiste em buscar o significado através das relações. Certamente não apenas os moradores daquele condomínio hipotético fazem correlações entre os acontecimentos e a eventual participação das pessoas descritas. Você, leitor ou leitora, também deve estar fazendo o mesmo. Algumas dessas associações podem ser:

"O neto do síndico é um dos responsáveis, pois traz crianças de rua para jogar bola na quadra do condomínio, permitindo que essa gente conheça as características do prédio e os costumes das pessoas. Depois, passam as informações para adultos que praticam o assalto. Se for este o caso, o avô também tem de ser responsabilizado."

"O filho adolescente da Ivete, viciado, pode ter praticado o assalto para vender os produtos e com isso comprar drogas. Deve ter sido ajudado por algum traficante."

"A Marilena, que fica trazendo os favelados para cá, deve ser a responsável. Sabe como são essas crianças, desde pequenas já estão a serviço de ladrões e traficantes de drogas."

"O síndico deve ter levado algum dinheiro do cunhado para colocar os equipamentos que não funcionaram. Ele é o responsável direto."

Comentários como estes começam a circular e vão se avolumando. Mas nada é feito para entender em profundidade as causas do acontecimento, decidir e implantar as medidas preventivas necessárias. Enquanto isso, outras coisas graves acontecem e podem forçar tomada de decisões.

Na noite seguinte as três comissárias promovem uma festa no salão do prédio. Muitos convidados, muita bebida, música alta, comportamentos desinibidos. A festa vai até altas horas, perturbando o sono dos moradores. Vários gritos ressoam das janelas, muitas reclamações com o síndico, que tenta acabar com a bagunça, sem sucesso. É necessário chamar a polícia. Na manhã seguinte, na limpeza do local, são encontradas roupas íntimas e algumas seringas. Parece que as coisas foram longe demais. O síndico é pressionado para marcar uma reunião extraordinária visando tomar medidas drásticas para devolver o sossego e a segurança aos moradores.

PRECONCEITOS

Em momentos como este os preconceitos vêm à tona. As premissas sobre o comportamento moral de quem atua em determinadas profissões e pessoas que fazem opções sexuais diferentes da maioria se revelam nas conversas de corredor e, dependendo da forma como se espalham, podem gerar atitudes agressivas, verbais ou até mesmo físicas. As reações são baseadas na forma de enxergar as relações entre as pessoas: elas são percebidas apenas em fragmentos que, de alguma forma, se ajustam aos preconceitos e os validam. A indisposição com pessoas de comportamento diferente do considerado "normal" faz com que elas sejam excluídas das redes das quais os outros moradores do condomínio fazem parte. Outras pessoas são vistas como "eles" que se contrapõem a "nós". Nenhuma possibilidade de harmonização é vislumbrada. Os dramas pessoais, desconhecidos por quase todos, entretanto, continuam se desenrolando.

Hilário, o síndico, precisa levar a esposa a uma consulta médica. Ela não pode se movimentar sozinha e ele não consegue carregá-la. Procura um vizinho para ajudar e é recebido com extrema grosseria. Aos gritos, o vizinho não apenas se recusa a ajudar como o acusa de ser corrupto ao favorecer o cunhado e instalar equipamentos de segurança que, além de ineficazes, devem ter custado muito mais do que seu valor real para o condomínio. E cobra medidas enérgicas contra as comissárias. Ele, o síndico, já tinha ouvido insinuações deste tipo também da Cleusa. Justo dela, que apesar de saber que o prédio é exclusivamente residencial, tem recebido em seu apartamento clientes para suas massagens. Com isto, fica extremamente aborrecido e até desiste de levar a esposa ao médico.

Dr. Marcos está de mau humor. Não bastassem os constantes comentários que fazem à sua mulher, tem de passar noites maldormidas antes de enfrentar dias tão cansativos com as consultas, nas quais atende quase que exclusivamente clientes de planos de saúde, e as aulas à noite. Sabe que só vai voltar muito tarde, extenuado. Mal terá tempo de conversar com a esposa, que tenta se virar para ajudar nas despesas. Tanta correria só para pagar contas. Não dá para planejar coisa alguma para o futuro. Ao sair, passa pelas pessoas como se não as conhecesse. Só cumprimenta o Roberto porque quase "tromba" com ele na saída do elevador.

Roberto se percebe cada vez mais pessimista em relação ao futuro. Sentado sobre o galho de uma grande árvore no jardim interno do prédio, fica observando a favela ao lado. A cada dia mais barracos vão surgindo. As crianças ficam abandonadas nas ruas, tentando se divertir no meio das valetas com esgoto a céu aberto. Será que os projetos que desenvolve têm realmente alguma eficácia? De que serve trabalhar sobre o uso adequado de recursos naturais, ensinar como usar responsavelmente o que a terra fornece se as pessoas não têm condições dignas de vida? Salvar o planeta para quem? Estava pensando nestas coisas quando a Mazé se aproximou e puxou conversa.

Mazé está muito aborrecida. Ouviu insinuações de que as crianças às quais dá aulas de catecismo podem estar envolvidas no roubo. Ela tem certeza de que está contribuindo para que essas crianças não se envolvam com a criminalidade, não apenas ao lhes dar atenção, mas também por procurar cultivar valores nobres. O salão paroquial onde as aulas eram dadas foi demolido para o alargamento da avenida e ela ficou sem local apropriado. Foi com muita persistência e desgaste pessoal que conseguiu convencer os condôminos a cederem o salão de festas. E agora parece que todo o esforço pode estar se perdendo. Se as aulas não puderem continuar ali, o que será dessas crianças?

Ana e Marilena eram duas moradoras do prédio que não tinham absorvido a idéia de trazer gente de fora para dentro do condomínio. Elas já tinham lido muitas reportagens e visto até documentários na televisão mostrando crianças bem pequenas já envolvidas no tráfico, atuando como "aviões", "falcões" ou "mulas". E todos sabiam que na favela ao lado moravam muitos traficantes. De vez em quando se ouviam até tiros, certamente por disputas de território ou cobrança de dívidas. Assim, deixar aquelas crianças longe do prédio podia ser a medida mais apropriada para garantir um pouco de proteção.

Ivete não sabe o que pensar da situação. Já tem problemas demais com que lidar. Divorciada, tem de se virar sozinha para criar os filhos. O ex-marido jamais pagou um centavo da pensão devida. E ela, trabalhando o tempo todo para garantir o sustento dos três, não tem tempo sequer para entrar com uma ação na Justiça exigindo o pagamento. Além disso, o ex-marido pode ser preso, o que poderá piorar ainda mais a situação, já que, apesar de tudo, os filhos têm um bom relacionamento com ele. Os menores freqüentam uma boa escola, mas, fora do horário das aulas, vivem fazendo estripulias pelo prédio, o que acaba provocando reclamações de outros moradores. Mas o mais difícil é lidar com o mais velho. Ele largou os estudos, disse que quer se tornar músico profissional. Vive ensaiando com sua guitarra e tocando em festas de adolescentes com alguns amigos. A Mazé tem sérias suspeitas de que ele anda envolvido com drogas, mas nunca teve alguma prova mais concreta. E está com dificuldade para falar diretamente sobre o assunto com o filho.

Cleusa está preocupada com o estado de saúde da Alice, a esposa do síndico. Sabe que a renda deles não permite um tratamento mais adequado e que ele não a tem levado às sessões de fisioterapia de que ela precisa, por dificuldades com o deslocamento. Já pensou em oferecer ajuda, mas teme ser mal recebida, depois da discussão que tiveram na última reunião do condomínio, quando questionou a competência dele para decidir o que é melhor para os moradores.

Joana está perdida no meio de tantos pacotes, caixas, pilhas de roupas e livros. Mudou-se agora para este prédio mais próximo da faculdade em que leciona, o que vai diminuir o tempo perdido no trânsito e o gasto com combustível. Quando o tempo estiver bom dará para ir a pé. Foi um sonho que conseguiu realizar, pois agora tem certeza de que vai ser mais produtiva nas aulas e nos estudos. Vai dar para terminar o doutorado e pensar em prestar concurso para uma universidade pública.

OUTRO PONTO DA REDE

Histórias pessoais que parecem desconectadas, isoladas umas das outras, como se nenhuma rede existisse para fazer delas uma teia de interdependências. Do mesmo modo que isto ocorre no condomínio, repete-se na sociedade como um todo, com a separação entre integrantes de diferentes redes sociais.

Do outro lado do muro, Lúcia está se preparando para mais um dia infeliz.

"Quatro e meia da manhã. O sol ainda vai demorar. Cozinhar à luz de vela, num pequeno fogareiro, não é fácil, mas as crianças têm que ficar com o almoço pronto. Não vai ter café da manhã... o dinheiro não deu. Eles já se acostumaram... mas dói muito ter que deixar as crianças sozinhas. Nenhuma luz está acesa no prédio da frente. Acho que ninguém tem que acordar tão cedo. Também, eles devem ir pro trabalho de carro... ninguém precisa pegar três ônibus para chegar do outro lado do mundo. Fico imaginando meus filhos brincando no parquinho daquele prédio. Com certeza seria um lugar mais seguro pra eles ficarem do que trancados aqui o dia inteiro.

"Quem me dera ter uma vida dessas!

"Que falta faz o Francisco. As coisas eram muito diferentes até ele morrer. Nossos planos foram por água abaixo. As crianças sofrem muito com a saudade do pai, mas o mundo não pára pra gente descer e começar de novo... temos que seguir em frente. Nossa casinha se foi no terceiro aluguel atrasado... nossos móveis ficaram pelo caminho... só sobrou uma cama, algumas coisas de cozinha e muita fé.

"Rose, com 9 anos, teve que assumir a criação dos menores. Não tenho com quem deixar as crianças... e tenho que buscar nosso sustento. Ela é uma garota esperta. Queria que ela fosse doutora... mas nem à escola a "tadinha" pode ir. Os pequenos ainda não sentem a falta da escola, mas saio com o coração na mão por eles ficarem sozinhos... tenho medo que algo aconteça... mas não tenho outra saída. Se tivéssemos uma creche, poderia deixar as crianças lá e os mais velhos poderiam estudar. Isso os ajudaria a ficar longe de encrencas.

"O pequeno continua com aquela diarréia que não passa. Eu preciso arrumar um jeito de colocar água melhor no pote. Não tenho dinheiro pra remédio, o posto de saúde vive superlotado e a gente não consegue ser atendido. Horas na fila e nada de médico, muito menos remédio. Eu não posso faltar ao trabalho. Se não vou, não tem comida na mesa. Cansei de procurar trabalho com carteira assinada, mas pra mulher com três filhos, sem ter com quem deixar as crianças, nenhum patrão abre a porta.

"Uma casinha, luz, água encanada, esgoto e sossego... será que é pedir muito, meu Padim Pade Ciço?"

Esses pensamentos povoam a cabeça de Lúcia desde a morte de Francisco. Ela não tinha concordado muito em abandonar a pouca família que tinha no interior da Bahia, mas Francisco acreditava que poderia dar uma vida nova pra todos. Os primeiros anos até que não foram ruins. Francisco não tinha carteira assinada, mas o que ganhava dava pra ir juntando um dinheirinho. Conseguiram alugar uma casinha simples que, bem arrumada, ficou uma gracinha. As crianças vieram. A vida corria normalmente até que uma bala perdida acabou com todos os sonhos. Da casinha de fundos na periferia para a favela foi um pulo. Era isso, ou pra baixo do viaduto.

"Nem a catequese eu consigo deixar a Rose freqüentar. Com quem vou deixar os pequenos? Aquela moça que mora no prédio em frente disse que quer falar comigo, mas eu tenho vergonha."

UM DESFECHO PROVISÓRIO

O condomínio e a favela são vistos como dois mundos estanques, isolados um do outro, não pela geografia, mas pelos bloqueios estabelecidos nas mentes das pessoas. Isso empobrece a compreensão do todo e, conseqüentemente, a percepção de oportunidades não apenas de convivência pacífica, mas também da superação conjunta dos desafios a que todos estão submetidos. Será necessário outro evento de impacto para ampliar as percepções e impulsionar as ações das personagens da história?

Sentindo a pressão aumentar a cada momento, Hilário convocou uma reunião extraordinária do condomínio para a sexta-feira seguinte. O dia chegou e a tensão estava evidente em todos, que procuraram chegar no horário marcado.

Para complicar as coisas, a reunião estava bastante atrasada mas, surpreendentemente, parece que ninguém fazia muita questão de começá-la. Os mais cautelosos estavam preocupados com os rumos que as coisas poderiam tomar. Muita gente demonstrava irritação no semblante. Tudo indicava que não se poderia esperar uma reunião amena. Havia um clima de combate. Tiveram o bom senso de escolher Roberto como presidente e a Mazé ficou como secretária. Uma boa tentativa de atenuar a situação de beligerância explícita.

Hilário andava de um lado para outro, estava realmente de mau humor e o atraso na reunião não ajudava em nada. Alguns estavam sentados, outros em pé, mas não havia ambiente para uma conversa informal. Todos queriam uma solução rápida e eficaz para todos os problemas.

Neste momento surge Adriana. Vinha com um semblante angustiado, mas não agressivo. Parecia ter chorado muito. Estava pálida e com olheiras. Caminhava calma, em linha reta, como poucas vezes se pudera ver. Hilário, irritado, ao vê-la não perdeu a oportunidade e, de forma irônica, comentou em altos brados:

— Ainda bem que a senhora chegou! Esta reunião não tinha razão de ser sem a sua presença. Onde estão suas amiguinhas?!

Adriana não alterou seu passo, não dirigiu a vista para Hilário e se aproximou do grupo. Em tom calmo e demonstrando uma emoção contida, falou às pessoas que se aglomeraram em torno da mesa de reuniões:

— Acho que vocês não vão mais precisar se preocupar com a gente. Acabo de vir do hospital onde minhas amigas acabam de morrer. Não existe mais motivo pra esta reunião. No que depender de mim, amanhã mesmo não estarei mais aqui.

Olhou para todos, como quem olha para o vazio. Girou nos calcanhares e saiu sem dizer mais palavras. Foi embora. Deixou a todos num silêncio que cortava a alma. Ninguém sabia o que dizer, ninguém queria falar a primeira palavra.

Uma seqüência de acontecimentos impactantes como este pode ser necessária para o despertar da consciência de que algo precisa ser feito para transformar a realidade. Embora cada um dos eventos pareça, para percepções não treinadas, isolado e sem conexão com os outros, todos fazem parte de uma rede interligada de conexões ocultas. Soluções para cada um deles só podem ser alcançadas se o todo for trabalhado de forma sistêmica.

Assim como no condomínio, na sociedade como um todo, as redes de relações, com os múltiplos interesses às vezes competindo uns com os outros e nem sempre de forma ética, precisam ser identificadas, expostas e trabalhadas de modo transparente para que se possa evoluir para um estágio superior, para uma sociedade ideal.

A SOCIEDADE COMO UM SISTEMA COMPLEXO ADAPTATIVO

Referência: Grupo Barbante Invisível

Sistemas são composições de grupos que interagem regularmente e são interdependentes. O relacionamento emergente (que surge espontaneamente) entre eles forma um todo único.

Sistemas complexos são formados por redes dinâmicas de muitos agentes que atuam simultaneamente e reagem ao que os demais agentes fazem.

Sistemas complexos adaptativos se comportam e evoluem de acordo com três princípios: a emergência (o surgimento espontâneo) é sua forma de atuar (e não a imposição de padrões por forças externas), a sua história é irreversível e o seu futuro não pode ser previsto.

A Natureza exibe muitos sistemas complexos adaptativos. O estudo de suas características pode ser extremamente útil na compreensão de como a sociedade humana funciona. Algumas dessas principais características são as seguintes:

- As relações entre as partes são não-lineares. Em termos práticos isto significa que uma perturbação pequena pode causar um efeito grande, um efeito proporcional à perturbação ou nenhuma perturbação (ao contrário dos sistemas lineares em que o efeito é sempre proporcional à perturbação que lhe dá causa).
- Os relacionamentos têm ciclos de *feedback*. Tanto o *feedback* positivo (que amplia os efeitos de uma perturbação) quanto o nega-

tivo (que os diminuem) são encontrados nos sistemas complexos adaptativos.

- São sistemas abertos, que constantemente recebem energia do ambiente e lançam energia no ambiente. Em outras palavras, estão longe do equilíbrio. Apesar do fluxo contínuo de energia, estes sistemas podem revelar padrões de estabilidade.
- Estes sistemas têm história, e ela pode ser importante para que se possa compreendê-los. Como são dinâmicos, eles mudam ao longo do tempo e seus estados anteriores podem influenciar seu estado atual.
- Eles existem uns dentro de outros. Por exemplo: a economia é feita de organizações que são feitas de pessoas que são feitas de células — e todos estes elementos são sistemas complexos adaptativos.
- É difícil determinar onde ficam os limites dos sistemas complexos adaptativos. Quem decide onde esses limites ficam, em última instância, é o observador.
- Eles são muito sensíveis às condições iniciais que lhes dão existência e também às pequenas variações no ambiente; o número de componentes que atuam independentemente dentro deles é muito grande; e há múltiplos caminhos através dos quais eles podem evoluir.

Com base nestas referências, podemos descrever como a sociedade humana se caracteriza e funciona.

O INDIVÍDUO

O ponto de partida é o indivíduo. Ele é produto da junção de um óvulo com um espermatozóide, que formam a célula original e evolui para um ser completo com cerca de 100 trilhões de células altamente especializadas que formam tecidos que formam órgãos que formam sistemas que formam a pessoa. Esta é a dimensão anátomo-fisiológica da pessoa, composta por grande número de sistemas dentro de sistemas. Se olharmos para outro ângulo, veremos a dimensão psicológica, que começa antes mesmo da fecundação, provavelmente quando da decisão emocional de duas pessoas se unirem e terem filhos. Pode ser que neste momento comece a história de qualquer pessoa. A partir daí, sua evolução se dá através de ambientes emocionais nos quais medos, alegrias, frustrações, exultações, tristeza, ódio, compaixão, paixão, amor, distanciamento e tantos outros sentimentos proporcionam experiências intensas e significativas e compõem, junto com as características genéticas, a personalidade da pessoa. Sua história influencia sua forma de ser, mas não determina seu futuro. As experiências vividas, entretanto, não são apenas individuais. A participação em diferentes grupos ao longo da vida também contribui para a evolução dos seres humanos. Desde os pequenos grupos, que começam com o núcleo familiar, passam pelos grupos (maiores) das escolas e dos ambientes de trabalho e vão até as multidões, como torcidas nos estádios e ginásios esportivos, a participação em todos eles deixa marcas profundas nos indivíduos e influencia de forma poderosa o seu modo de agir em sociedade. Da mesma maneira, através de sua ação em todos estes ambientes e expressando suas potencialidades físicas, fisiológicas, psicológicas e sociais, os indivíduos contribuem para a formação e desenvolvimento dos ambientes em que atuam. Assim, os indivíduos são sistemas complexos adaptativos que atuam dentro de outros sistemas complexos adaptativos.

OS GRUPOS

Os grupos são a instância seguinte de análise sobre como a sociedade humana funciona. Grupos são aglomerados de pessoas que compartilham interesses comuns, valores, afinidades e laços lingüísticos, desenvolvendo uma identidade própria. São unidades sociais nas quais os indivíduos interagem a partir de motivos e metas comuns, uma divisão de trabalho e papéis aceitos por todos, normas e valores relativos ao grupo compartilhados por todos, formas de reconhecimento, recompensa e punição definidas. Nos grupos primários (família e grupos de amigos) as pessoas recebem desde as lições básicas de vida em coletividade, como a forma de tratar os outros, como satisfazer as necessidades básicas ligadas à sobrevivência física e emocional, como se afirmar como indivíduo, até os diferentes modos de obter e usar o poder, entendido como a capacidade de influenciar os acontecimentos. Nos grupos secundários, como os ambientes de trabalho, nos quais os relacionamentos são formais e institucionalizados, o indivíduo aprende princípios de organização, adquire noções de hierarquia (distribuição do poder), resultados, métodos de trabalho, metas, amplia seu entendimento de reconhecimento, recompensa e punição, desenvolve a capacidade de tomar decisões e amplia sua capacidade política, entendida como o exercício do poder. Multidões são um tipo especial de grupos, ambientes fortemente emocionais, nos quais as pessoas se despersonalizam e passam a adotar comportamentos primitivos, dominados pelos instintos. De certa maneira, as pessoas deixam de ser quem são e passam a agir como integrantes de um ser maior guiado por uma personalidade desconhecida. Multidões podem ser "seres sociais" que produzem grande alegria (como nos momentos de conquista de campeonatos) ou grande destruição (como em manifestações reivindicatórias agressivas). Nos grupos é muito evidente a atuação dos ciclos de *feedback*, reforçando e ampliando os efeitos de uma perturbação introduzida ou minimizando os seus efeitos. A força dos grupos é um dos principais elementos de introdução de mudanças nos ambientes, da mesma forma que é um dos principais fatores que determinam a resistência à mudança. Os grupos interagem com outros grupos, são formados por indivíduos e formam indivíduos, recebem energia do ambiente em que se situam e lançam suas energias nesse ambiente. São sistemas complexos adaptativos formados por sistemas complexos adaptativos e participantes de sistemas complexos adaptativos.

AS COMUNIDADES

Os sistemas maiores em que os grupos se situam podem ser, numa primeira instância, as comunidades. Elas são organizações humanas que compartilham um mesmo ambiente. O que caracteriza a vida em comunidade é um conjunto de intenções, crenças, recursos, preferências, necessidades e outros elementos comuns, que são compartilhados. Em certo sentido, o senso de comunidade existe onde as pessoas se sentem seguras e livres. A vida em comunidade pressupõe a necessidade de os indivíduos abrirem mão de alguns de seus direitos em benefício de um todo maior. As comunidades primitivas surgiram em torno das necessidades de defesa e sobrevivência. A atuação em conjunto para atender a essas necessidades produz forte senso de identificação entre as pessoas que, por sua vez, leva ao sentimento de sentir-se realizado ao pertencer a uma comunidade. À medida que vão se tornando maiores e mais complexas, as comunidades desenvolvem a figura da liderança e, como desdobramento, as noções de hierarquia e papéis sociais. O relacionamento intenso entre líderes e liderados, a igualdade de oportunidade para que todos possam atuar em ambos os papéis e a possibilidade de espontaneamente cada indivíduo decidir se quer ou não permanecer no convívio com os demais, sustentam o senso de comunidade. As comunidades, que originalmente eram formadas por indivíduos, evoluíram em complexidade e, no mundo atual, podem também ser formadas por múltiplos grupos que compartilham o mesmo território, físico ou virtual. O crescimento exponencial do tamanho das comunidades, entretanto, está fazendo com que os laços que a compuseram no momento de seu surgimento se tornem tênues, ameaçando sua própria existência. Comunidades surgem espontaneamente, sua história é irreversível e seu futuro não pode ser previsto. São sistemas complexos adaptativos.

As comunidades, em geral, existem em localizações físicas. Estas podem ser regiões definidas por critérios geopolíticos ou pela natureza de seu ecossistema. Em geral, as intervenções humanas definem as regiões por critérios geopolíticos, nos quais se associam o exercício do poder e o domínio de determinadas áreas geográficas. Nestas regiões, que podem ser vilas, cidades, áreas metropolitanas, estados, províncias, países, são constituídas estruturas de poder para administrar o bem comum, embora em muitos casos o que prevaleça sejam os interesses de grupos. Os limites das regiões geopolíticas são rígidos, embora eles tendam a se comunicar intensamente com os demais. São, assim, estruturas essencialmente humanas e definidas por critérios de interesses amplos e abrangentes ou específicos de determinados grupos. Por outro lado, a natureza também tem seus critérios para a definição de regiões. Eles levam em conta a diversidade e simbiose de diferentes formas de vida e sua adaptação às condições do ambiente físico em que estão presentes. São os ecossistemas, que têm limites totalmente imprecisos em função de sua contínua e intensa inter-relação com os demais ecossistemas. Neles, o ser humano é apenas mais uma espécie dentre as demais que habitam o local. Analisando estas características, podemos dizer que ecossistemas são exemplos melhores de sistemas complexos adaptativos do que as regiões geopolíticas.

Além dos sistemas que existem fisicamente, há as comunidades virtuais, das quais as pessoas participam à distância através das telecomunicações. Da mesma forma que nas comunidades físicas, nas virtuais as pessoas também compartilham interesses comuns, valores, afinidades e laços lingüísticos, desenvolvendo uma identidade própria.

Estas regiões, de um ou de outro tipo, físicas ou virtuais, existem dentro do planeta que é parte do sistema solar que é parte da via Láctea que é parte do universo. Sistemas dentro de sistemas dentro de sistemas ...

A história do sistema "sociedade brasileira"

A história da sociedade brasileira começou no ano de 1500 com a descoberta desta terra por Portugal, uma das maiores potências navais da época. Como faziam todas as nações poderosas do século 16, Portugal atuou na Terra de Santa Cruz como um autêntico explorador das riquezas naturais, principalmente minerais e, um pouco mais adiante, das riquezas proporcionadas pela agricultura, como a cana-de-açúcar. O Brasil se tornou um grande abastecedor da corte portuguesa. Dois sistemas de governo foram tentados e ambos fracassaram. Primeiro foi o sistema de governo geral, centralizado, com o governador nomeado pelo rei. A vastidão do território e a precariedade das comunicações mostraram que este modelo era inviável. Veio o modelo das capitanias hereditárias, com a divisão das terras em faixas que iam do litoral para o interior que foram entregues a amigos do rei e suas famílias. O completo desconhecimento que os beneficiários tinham das terras e seu desinteresse em conhecer mais fizeram com que este modelo também não fosse adiante. As guerras napoleônicas provocaram a transferência da corte portuguesa para o Brasil e o contato mais direto do governo central com a realidade local. Anos depois, encampando o movimento pela independência, o príncipe regente, que era o governante oficial em nome do rei de Portugal, declarou a Independência do país. Essa independência, que já havia sido tentada décadas antes por meio de um movimento de elites locais, a Inconfidência Mineira, chegou então através do próprio filho do rei de Portugal.

Nesses primeiros séculos tudo girou em torno do governo. Nenhuma atividade econômica privada era admitida. Nenhum sentido de comunidade pôde ser desenvolvido. Ao mesmo tempo, povos de diferentes regiões do planeta foram trazidos para cá, como os negros escravizados e os imigrantes atraídos por melhores condições de vida e oportunidades. As diferenças étnicas, culturais e religiosas acentuaram a segregação baseada não apenas na cor, mas principalmente no *status* econômico das pessoas. São diferenças que persistem até hoje.

A partir da ação de alguns pioneiros, como o Barão de Mauá, o setor privado da economia foi se desenvolvendo. Ao mesmo tempo, empresas européias começaram a fazer investimentos no país de modo a que na primeira metade do século 20 se instalasse uma base industrial expressiva. A agricultura ainda dominava amplamente o cenário econômico. Com a Proclamação da República, outro movimento de gabinetes, os proprietários rurais passaram a ter grande influência sobre o governo e atuaram para criar leis que protegessem seus interesses. Estes foram acontecimentos que levaram à constituição de uma sociedade na qual estão presentes desigualdades muito grandes, que se manifestam nos níveis socioeconômicos, acesso a escolas de qualidade, habitação, saneamento, assistência à saúde, transportes, cultura, lazer e consumo.

É interessante notar como os ciclos de *feedback* atuam na sociedade. As diferenças de oportunidades de acesso à educação, por exemplo, impedem as camadas mais pobres de encontrar trabalhos mais bem remunerados e, por conseqüência, seus filhos não terão acesso à educação de qualidade, mantendo e, eventualmente, ampliando as desigualdades. O mesmo pode ser observado em relação a políticas assistencialistas que "conformam" as pessoas a uma relação de dependência dos governos que conseguem se manter com os votos desses dependentes, mantendo as mesmas políticas. E educação para o consumo, na qual o poder de compra é indicador de sucesso, bloqueia a capacidade crítica e ajuda a manter as relações de poder entre os que produzem e acumulam riquezas e os que trabalham e apenas consomem. Aliás, este padrão de educação também se apóia no conceito de que as pessoas precisam aprender a fazer e não a pensar. Esta é a grande ênfase das escolas técnicas e mesmo dos cursos de nível superior que privilegiam o conhecimento técnico e não a indagação científica ou filosófica.

Ao lado dos ciclos de *feedback* positivos aplicados à manutenção das relações de dependência, encontramos grande nível de abertura ao diferente na sociedade brasileira. Essa abertura, que proporciona intenso intercâmbio de energias, se dá em campos tradicionalmente vistos como problemáticos, como o das religiões, etnias e culturas. Na sociedade brasileira é possível encontrar a convivência pacífica entre praticantes de diferentes denominações de religiões cristãs, islâmicas, judaicas, africanas e orientais. Em muitos casos há até mesmo a prática conjunta e simultânea de várias delas. O mesmo se observa em relação à convivência entre povos de etnias diferentes, como japoneses, chineses, coreanos, judeus, árabes, arianos etc. A exceção, ainda que um tanto velada, é com relação aos preconceitos ainda existentes em relação aos negros e indígenas. A diversidade cultural proporcionada por tal convivência contribui para um alto grau de criatividade que os brasileiros demonstram e que encanta pessoas de outras origens que aportam aqui.

Como todos os demais países, o Brasil é um sistema inserido dentro de outros sistemas. De um lado, há toda uma tradição da cultura européia, que foi a base da criação da cultura brasileira. Isto faz com que ainda haja importantes laços de ligação do país com o continente europeu, especialmente com Portugal, a "pátria-mãe" e a França, que durante muito tempo foi a referência cultural brasileira. Essa cultura, entretanto, foi profundamente afetada pelos imigrantes italianos, espanhóis, alemães, japoneses e de muitas outras nacionalidades que para cá vieram no fim do século 19 e durante o século 20. Isto sem contar com a forte presença das diversas culturas africanas, trazidas para cá na época da escravidão. Por outro lado, o Brasil está localizado nas Américas, mais especificamente na América Latina e, mais especificamente ainda, na América do Sul. Apesar de ser o único país de língua portuguesa do continente, integra-se razoavelmente com os demais países e hoje recebe forte influência dos Estados Unidos, principal mercado de seus produtos de exportação e importação e destino dos brasileiros que migram, vão fazer turismo ou estudar. Ao mesmo tempo que tem essa ligação geográfica com os demais países do continente e integração econômica e cultural com outros continentes, o Brasil ainda faz parte do sistema dos países emergentes, que buscam caminhos para seu desenvolvimento sem relações de dependência em relação às potências econômicas.

Distúrbios para o desenvolvimento

Os caminhos para o desenvolvimento podem ser buscados levando-se em conta a não-linearidade. A evolução para um estágio superior de desenvolvimento da vida com qualidade não precisa necessariamente passar pela industrialização tradicional com todos os seus problemas de desperdícios e poluição. Pode, ao contrário, seguir direto para a sociedade do conhecimento e do significado. Alguns exemplos de como isto pode se dar estão em acontecimentos marcantes para os brasileiros, como a forte paixão pelo futebol, que faz brotar com enorme intensidade o sentimento de nacionalidade e a auto-estima da população como um todo. Um aspecto da vida social e esportiva que produz resultados imensos. Outro acontecimento marcante foi a reação da população à ameaça de apagão pela crise de energia no ano de 2001. As propostas de medidas visando à redução do consumo foram amplamente adotadas e persistem, dado que a população compreendeu e aceitou a responsabilidade pela solução. Na mesma época, os norte-americanos da Califórnia tiveram problemas semelhantes, não adotaram as medidas necessárias e enfrentaram enorme crise, que não aconteceu aqui. Assim, quando as condições iniciais são bem trabalhadas, o resultado pode ser mais que proporcional ao distúrbio.

A compreensão da sociedade humana, e da sociedade brasileira em particular, do ponto de vista dos sistemas complexos adaptativos, pode indicar a possibilidade de desenvolvimento humano, social e econômico sem limites, a partir de distúrbios estrategicamente colocados. Este é um desafio para as mentes criativas.

A SOCIEDADE COMO UM SISTEMA DE JOGOS INTERDEPENDENTES

Referência: Grupo Cassino Pyxis

Jogos são situações em que as pessoas devem fazer escolhas sob condições incertas, tendo de analisar a relação custo/benefício de diversas alternativas. Não é possível identificar todas as alternativas disponíveis, pois seu número não é fixo e varia ao longo do tempo. A relação custo/benefício depende da escolha de cada jogador e da composição das escolhas de todos os jogadores, nem sempre identificados.

Um sistema de jogos interdependentes é aquele em que vários jogos ocorrem simultaneamente e o que acontece em cada um deles interfere em todos os demais. Muitos desses jogos são conhecidos por todos os participantes e outros, embora estejam acontecendo, são desconhecidos de boa parte deles. Os jogos conhecidos podem ser abertos (todos os jogadores conhecem todas as jogadas de todos), semi-abertos (alguns jogadores conhecem todas as jogadas de todos, mas vários jogadores conhecem apenas parte delas) e ocultos (os jogadores sabem que eles existem, mas não sabem como as jogadas ocorrem nem quem as faz).

Todos os jogos têm regras e, em princípio, todas elas devem ser conhecidas por todos os jogadores. Em geral elas já existem quando o jogador entra no jogo, ou seja, o jogador não participou da elaboração das regras, a não ser que ele tenha sido o criador do jogo. Por outro lado, o jogador pode propor alterações nas regras, que serão aceitas se os demais jogadores concordarem. Também, em princípio, as regras não devem ser mudadas depois de o jogo ter começado. Uma questão presente em todos os jogos é a relação custo/benefício entre seguir e não seguir as regras. Esta é uma decisão de cada jogador e pode estar relacionada à avaliação das recompensas por seguir as regras (que podem ser materiais ou morais) e as punições por não seguir. Também é importante analisar quem é punido de fato, já que pode haver exceções à punibilidade (pode haver jogadores que não seguem as regras, mas não são punidos por isso).

Olhando para a sociedade com a perspectiva de um sistema de jogos interdependentes, podemos identificar pelo menos seis jogos simultâneos: o da família, o do trabalho, o das religiões, o da educação, o da cultura e lazer e o da administração. Todos eles ocorrem em um único "cassino", o ambiente que forma a sociedade. Todos os jogadores entram no Cassino pelo jogo da família e depois participam dos demais de alguma forma. A entrada no jogo se dá quando do nascimento e a saída pela morte física. Alguns jogadores acreditam que a saída desse Cassino significa a entrada em outro, desconhecido como era este antes do nascimento.

O JOGO FAMÍLIA

Inicia-se com a união de um homem e uma mulher, oficializada perante a sociedade pela assinatura de um contrato (ver JOGO ADMINISTRAÇÃO, SUBJOGO BEM-ESTAR). Essa união também pode ser celebrada perante uma Igreja, de acordo com os costumes das partes interessadas (ver JOGO RELIGIÕES). As famílias podem gerar descendentes (filhos), fazendo com que novos jogadores entrem no Cassino, ficando responsáveis por eles até certa idade. Famílias mais antigas, tradicionais, podem ser grandes e conhecidas por muitos jogadores do Cassino. Famílias com mais fichas têm acesso facilitado a todos os jogos: têm melhores escolas (ver JOGO EDUCAÇÃO), melhores trabalhos (ver JOGO TRABALHO) e formas mais variadas de lazer (ver JOGO CULTURA E LAZER). Além do acesso a todos os setores do Cassino, as famílias podem obter informações sobre os acontecimentos, as tragédias, as outras famílias, as novidades etc. através dos meios de comunicação de massa, como rádio, televisão, jornais e Internet, ou de comunicação individual, como o telefone (ver JOGO CULTURA E LAZER).

Regras

A família é responsável pela formação do caráter de seus membros e transmite suas crenças e costumes de geração em geração. O objetivo deste jogo é garantir o apoio mútuo para enfrentar os desafios do Cassino. É necessário que os dois jogadores principais da família (marido e esposa) provejam os conhecimentos básicos aos novos jogadores (seus filhos), até que eles saibam sobreviver no Cassino e, se quiserem, busquem parceiros para formar uma nova unidade familiar. Os filhos, diretamente ou por intermédio de terceiros, cuidam dos jogadores principais que chegam à idade avançada, em seus últimos dias no Cassino.

Os jogadores que formam a família relacionam-se com outros jogadores, os *parentes* (irmãos, tios, primos, sobrinhos). As famílias se relacionam entre si em laços de amizade dos quais podem surgir novos casamentos e novas famílias. Em geral, as amizades ocorrem entre famílias de mesmo nível social, ou seja, famílias mais ricas costumam freqüentar jogos do Cassino aos quais famílias pobres não têm acesso. Isto segmenta a sociedade, podendo criar preconceitos entre os jogadores, embora sejam comuns os relacionamentos entre famílias pobres e ricas.

Um costume de muitas famílias, independentemente de nível social, é celebrar festas religiosas, como Natal, Páscoa, Ramadã, Yom Kippur etc. (ver JOGO RELIGIÕES).

Exceções e particularidades

Todos os jogadores pertencem a uma família, mas há casos de jogadores "isolados". Os exemplos mais comuns são as crianças órfãs, que perdem seus pais muito cedo, ou que são abandonadas por eles e ficam obrigadas a aprender a enfrentar os desafios sozinhas ou com a ajuda de parentes distantes ou de estranhos, nos caso de adoção. Outro exemplo é o dos religiosos, como padres e freiras (ver JOGO RELIGIÕES) e abnegadas, pessoas que optam por não constituir uma família própria para se dedicar a ajudar outras famílias.

Transgressões e distorções

Brigas e separações entre os jogadores principais (há regras para o comportamento das famílias — ver JOGO ADMINISTRAÇÃO); golpes entre os membros da família por heranças; abortos, homicídios, adultério; influência de outros jogos e subjogos na educação familiar (por exemplo, canais de comunicação que, além de informar, criam conceitos distorcidos através da publicidade e da mídia); abusos de poder, imposições, violência doméstica, abandono de idosos em asilos e hospitais psiquiátricos.

Conseqüências

Problemas psicológicos para os membros da família, principalmente os filhos, que estão com seu caráter em formação. Problemas com as leis, em casos de separação, violência e morte.

O JOGO TRABALHO

Já foi jogado predominantemente pelos homens, mas hoje tem a participação equilibrada das mulheres. Para obter os bens necessários à sua sobrevivência, os jogadores precisam trabalhar e receber uma remuneração, geralmente, monetária (fichas). Há alguns casos em que a remuneração é em espécie, comida, roupas, moradia etc.

Jogadores com mais fichas podem estudar mais e em escolas melhores, tornando-se profissionais mais bem qualificados, fazendo carreira e garantindo uma vida confortável, *status* e até riqueza. De outro lado, jogadores que não têm a possibilidade de cursar boas escolas (ver JOGO EDUCAÇÃO) em geral só conseguem trabalhar em ocupações de pouca qualificação, ou então trabalham fazendo serviços pequenos e inconstantes e de baixa remuneração. A maioria dos jogadores trabalha para uma minoria de outros jogadores, proprietários das máquinas de jogos (bens de produção) que permitem a fabricação de bens de consumo (alimentos, roupas etc.). Outros jogadores prestam serviços por conta própria, usando suas habilidades e competências pessoais. Podemos agrupar as ocupações em dois grandes setores: o formal e o informal. No setor formal encontram-se as pessoas com contrato de trabalho regular, além dos trabalhadores por conta própria de alta qualificação (por exemplo, médicos). No setor informal estão as pessoas sem contrato de trabalho, com situação de emprego instável, e trabalhadores por conta própria de baixa qualificação.

Uma característica marcante do JOGO TRABALHO é o alto índice de pessoas desocupadas, que querem jogar, mas não têm oportunidade para isto. A falta de ocupação decorre do baixo nível de atividades dentro do jogo e/ou falta de investimentos em áreas em que há demanda de mão-de-obra, mas não há interesse em atendê-las (ver Transgressões e distorções). O baixo nível de atividades decorre da falta de infra-estrutura, energia, matérias-primas e incentivos, em geral por influência da ADMINISTRAÇÃO. O número maior de candidatos em relação ao número de postos de trabalho faz com que os jogadores entrem em disputa (processo seletivo) entre si para ocupar os que estão disponíveis. Os potenciais jogadores competem com suas habilidades, o número de idiomas que falam, sua capacidade criativa, entre outras coisas.

O JOGO TRABALHO está em constante mutação, criando e eliminando profissões a todo momento. Algumas, muito demandadas no passado, hoje estão extintas (operador de telex, por exemplo) e outras inéditas surgiram (engenharia genética, por exemplo).

Com isto, os jogadores em atividade ou em potencial podem desempenhar as profissões mais diferenciadas, algumas legais e outras não: artista plástico, atleta, ator, camelô, professor, executivo, operário, cientista, prostituta, traficante etc.

O JOGO TRABALHO pode ser praticado em quatro setores: a indústria, a agricultura/mineração, a prestação de serviços e o setor público. A indústria é responsável pela transformação de matérias-primas em produtos de consumo durável ou imediato. A agricultura/mineração cultiva ou extrai da terra matérias-primas para a indústria e também alimentos para os jogadores. O setor de prestação de serviços realiza as atividades de educação, atendimento à saúde, lazer, comunicação, intermediação financeira, distribuição de energia, segurança privada etc. O setor público está descrito no JOGO ADMINISTRAÇÃO.

O JOGO TRABALHO é fortemente regulamentado pela ADMINISTRAÇÃO. Entre as inúmeras regras estão o recolhimento de vários impostos e de uma porcentagem da remuneração dos trabalhadores para lhes garantir rendimentos quando não estiverem mais em ação (ver JOGO ADMINISTRAÇÃO, SUBJOGO BEM-ESTAR).

Alguns subjogos são comandados por jogadores de outros Cassinos que buscam os locais nos quais possam obter maiores lucros (companhias transnacionais).

Regras

Não devem participar do JOGO TRABALHO crianças com menos de 14 anos de idade e não existe limite máximo de idade para os jogadores — joga-se até atingir um determinado número de anos trabalhados, até quando o jogador tiver vontade e/ou capacidade ou até quando morrer.

O número máximo de horas diárias que as pessoas podem jogar (jornada de trabalho) é definido em lei e varia de Cassino para Cassino (no Cassino Brasil, o limite máximo é de 44 horas semanais) e também de profissão para profissão.

Em todos os subjogos é obrigatório inserir jogadores que façam parte de minorias (ver JOGO ADMINISTRAÇÃO, SUBJOGO GOVERNO) com o objetivo de evitar a discriminação e para garantir que elas tenham oportunidade de jogar.

Caso os jogadores sofram acidentes de trabalho, existem regras visando ampará-los e as suas famílias. Para evitar tais acidentes, também há regras de prevenção e precaução a serem observadas pelos jogadores e pelas organizações dos subjogos.

Exceções e particularidades

Existem subjogos sem remuneração: quando jogadores utilizam-se de seu tempo livre para ajudar outros jogadores. Isto é considerado trabalho voluntário.

Quando estão insatisfeitos com as condições de trabalho, os jogadores têm o poder de paralisar as rodadas. Isto é chamado "direito de greve".

Transgressões e distorções

Trabalho infantil — às vezes, para ajudar seus pais, crianças entram no jogo antes da idade mínima permitida. A ADMINISTRAÇÃO pode obrigar que elas se afastem do trabalho para se dedicarem aos estudos. Se os pais não cumprirem essa determinação, podem ser presos.

Trabalho escravo: jogadores obrigados a jogar contra a sua vontade e sem receber remuneração.

Atrapalhar as rodadas com atividades ilegais (contrabando de produtos, falsificação), de modo a obter mais fichas (dinheiro).

Formação de cartéis, acordos entre organizações que comandam subjogos visando aumentar suas fichas (lucros) em detrimento dos demais jogadores.

Exploração dos jogadores pagando-lhes menos fichas do que o devido e/ou obrigando-os a trabalhar além da jornada diária estipulada pela ADMINISTRAÇÃO.

Abusos de poder dentro dos subjogos, como humilhações, chantagens, assédios, subornos etc., bem como "atalhos" para entrar no jogo através de indicações privilegiadas que podem deixar bons jogadores fora.

Distorções nas profissões: advogados e juízes comprados, químicos que trabalham no refino de drogas, programadores que atuam como *hackers*, espionagem industrial etc.

Desrespeito ao meio ambiente com a poluição dos rios, dos mares e do ar, desmatamento de florestas, extinção de animais, queimadas etc.

Conseqüências

A falta de ocupação para todos os jogadores leva à miséria, fome (há famílias que sobrevivem da coleta em lixões), violência e jogos ilícitos, tais como tráfico de drogas, turismo sexual, roubos e seqüestros.

A sobrecarga de trabalho baixa a qualidade de vida e gera lacunas na educação dos filhos.

As agressões ao meio ambiente e os desperdícios de recursos naturais estão decrescendo dentro do Cassino devido às novas exigências ocasionadas pela globalização — intensificação do intercâmbio generalizado entre os diferentes Cassinos. Um bom exemplo disso é a instituição da ISO 14000, uma das normas intercassinos que visa estabelecer um padrão de comportamento social e ambientalmente responsável para quem comanda subjogos.

A falta de uma consciência mais elevada em relação à ocupação dos jogadores e de punição eficiente para os transgressores do JOGO TRABALHO faz com que as transgressões e distorções se ampliem.

O JOGO RELIGIÕES

No Cassino Pyxis, várias religiões são praticadas: cristianismo, judaísmo, budismo, islamismo, hinduísmo entre outras. A maioria dos jogadores deste Cassino se declara monoteísta e acredita em um Ser Superior que criou o Universo. Portanto, de uma forma tênue ou intensa, participam do JOGO RELIGIÕES.

As pessoas ativas nesse jogo participam dele porque acreditam que, ao saírem do Cassino, terão uma nova chance de jogar em outro lugar, que poderá ser o céu, o inferno, o purgatório ou neste mesmo Cassino, numa outra vida.

No Cassino Pixys os jogadores se respeitam e respeitam aquilo em que cada um acredita. Os praticantes das várias religiões convivem bem, assim como as diferentes raças, numa harmonia difícil de se encontrar em outros Cassinos.

Cada Religião tem suas cerimônias características, como o Batismo, o Casamento, o Velório e as festas especiais citadas anteriormente.

Os jogadores principais do JOGO RELIGIÕES lideram e ensinam aos demais como jogar. Podem ser chamados de Pastor, Padre, Freira, Monge, Mulah, Rabino etc. Em algumas religiões eles devem ser celibatários, ou seja, não devem se casar nem ter relacionamento amoroso e filhos, dedicando-se a servir única e exclusivamente aos interesses da Religião.

Regras

Esse jogo é o único em que a ADMINISTRAÇÃO não interfere. Portanto, não há regras para ele. Cada jogador é responsável por sua participação. A única exigência feita é que nenhum jogador interfira no modo de jogar dos outros.

Exceções e particularidades

Outras maneiras que os jogadores encontram para conseguir paz, autoconhecimento e até prever futuras jogadas são: Esoterismo, Astrologia, Meditação, Cartas, Yoga etc.

Transgressões e distorções

Cada subjogo do JOGO RELIGIÕES institui suas próprias leis e, portanto, as transgressões variam muito. Por se tratar de crenças e fé, cada subjogo corre o risco de seus membros distorcerem seus conteúdos e verdades de acordo com interesses próprios. Isto pode levar a radicalismos, terrorismo, charlatanismo e manipulações.

Conseqüências

Assim como estabelecem as próprias leis, cada subjogo institui suas próprias conseqüências para as transgressões. As punições variam de época para época dentro do Cassino. Houve tempos em que elas eram severas, como a expulsão sumária. Atualmente há mais tolerância e flexibilidade.

O JOGO EDUCAÇÃO

O JOGO EDUCAÇÃO é considerado onipresente, pois pode ser jogado em vários ambientes, como nos JOGOS FAMÍLIA, RELIGIÕES e CULTURA E LAZER. A Educação de um jogador pode ocorrer dentro de casa, na escola, na igreja, no clube, na academia, no conservatório musical, no teatro, na rua, com os amigos, no intercâmbio entre os Cassinos, pelos meios de comunicação etc. Além disso, o jogador pode ser autodidata, prover sua própria educação.

A educação formal é utilizada nesta sociedade para certificar a aprendizagem obtida pelos jogadores num conjunto de disciplinas estabelecido pela ADMINISTRAÇÃO. A certificação é exigida em outros jogos, principalmente no JOGO TRABALHO.

A ADMINISTRAÇÃO do Cassino é obrigada a garantir o acesso ao subjogo Ensino Fundamental para todos os jogadores. Nos subjogos Ensino

Médio e Superior não há esta obrigatoriedade. Nas instituições de Ensino Superior mantidas pela ADMINISTRAÇÃO há uma demanda grande, mas o número de vagas é insuficiente para todos. O Cassino tem outras opções de subjogos, de propriedade de outros jogadores (Rede Privada). No caso dos ensinos Fundamental e Médio, a qualidade dos jogos da rede privada é, na maioria das vezes, muito superior à da rede pública. Essa situação se inverte no caso do Ensino Superior.

O JOGO EDUCAÇÃO, em especial no ensino Superior e na Pós-Graduação, garante a evolução das Ciências, Tecnologias, Artes, e Humanidades, através da formação de pesquisadores e professores. Esta evolução permite ao ser humano superar limites, possibilitando a exploração do macrouniverso (mundo externo aos Cassinos, como outros planetas, estrelas, galáxias) e do microuniverso (código genético, partículas subatômicas etc.). Isto favorece a cura de doenças e prolongamento da vida dos jogadores), a superação dos limites físicos, a criação artística (Poesia, Cinema, Teatro) e a evolução do conhecimento.

No contexto atual, o JOGO EDUCAÇÃO é um dos mais importantes porque todos os Cassinos estão passando por um período chamado de ERA DA INFORMAÇÃO E DO CONHECIMENTO.

Regras

O jogador, em qualquer subjogo da EDUCAÇÃO, é constantemente testado e avaliado para ter permissão para participar de partidas de níveis mais avançados. Para entrar nas partidas do Ensino Superior há um processo de seleção, o Vestibular. A concorrência é muito grande para os cursos gratuitos mantidos pela ADMINISTRAÇÃO. Quem consegue entrar neles, em sua maioria, são jogadores que tiveram a oportunidade de freqüentar os subjogos do Ensino Fundamental e Médio da Rede Privada. Os que não conseguem vagas e possuem fichas suficientes podem freqüentar subjogos de Ensino Superior da Rede Privada, em geral de qualidade inferior aos mantidos pela ADMINISTRAÇÃO.

Exceções e particularidades

Ensino à distância (pelo correio, Internet); Supletivos; Ensino Técnico Profissionalizante; Educação na Terceira Idade.

Cursos de especialização, de idiomas, de informática, programas de intercâmbio com outros Cassinos, proliferação de MBA's (programas de formação de *Masters of Business Administration* — Mestres em Administração de Negócios), devido à influência da globalização e à exigência progressiva de profissionais cada vez mais bem qualificados.

Instituições cuja finalidade é (ou deveria ser) a de reeducar os jogadores que cometem infrações, como a FEBEM e os presídios.

Transgressões e distorções

A educação infantil é influenciada pelos meios de comunicação de massa e por brinquedos que disseminam o consumismo, a superficialidade, o imediatismo e a competição entre os pequenos jogadores, produzindo angústia, medo, ansiedade e violência.

Escolhas profissionais mal feitas por imaturidade e falta de informações.

A homogeneização da cultura, inclusive dentro das escolas, que promove o abandono do folclore local (cantigas, lendas, costumes, vestimentas, danças).

O despreparo dos educadores por deficiências na formação e falta de vocação.

Desvio da função dos presídios, que não são instrumentos de educação, mas de vingança.

Invenções que podem produzir destruição, como a pólvora e as bombas nucleares.

Desperdício de profissionais bem qualificados para a resolução de problemas do cotidiano, que ficam subempregados em outras atividades que não aquelas em que são formados.

Concentração de profissionais nos grandes centros urbanos e falta deles em localidades pobres e isoladas.

Dilemas éticos na ciência (ex:. clonagem, biotecnologia, eutanásia).

Distanciamento entre as ciências, as artes e as humanidades, em especial a filosofia.

Conseqüências

As dificuldades de acesso aos subjogos da EDUCAÇÃO geram um contingente de "excluídos" que perturba os outros jogos do Cassino:

- no JOGO TRABALHO há dificuldade para encontrar jogadores altamente qualificados; a falta de oportunidades em educação leva à explosão de trabalhos informais como artesanato, camelôs e trabalhos ilícitos, como o tráfico de drogas e a prostituição.
- no JOGO LAZER e CULTURA, o comportamento social é alterado com o aumento da freqüência aos centros de compras (shoppings) que investem em atividades de lazer e fomentam o consumismo; aumento na publicação de livros de auto-ajuda e religiosos.
- no JOGO ADMINISTRAÇÃO há demanda crescente por recursos para a segurança pública e pouco empenho na melhoria da qualidade da educação.

O JOGO CULTURA E LAZER

O acesso dos jogadores ao lazer e à cultura é considerado restrito, pois muitas vezes exige um grande número de fichas. O entretenimento é o subjogo mais comum: freqüentar parques temáticos, cinemas, shoppings, shows de música (pagode, samba, rock, pop), jogar ou assistir futebol. Outras modalidades são: assistir novelas e programas de auditório, participar de bate-papo e jogos através da Internet; além destes, há outros subjogos de acesso bem mais restrito, como concertos de música, teatros, exposições de arte, museus, viagens, feiras e convenções, esportes radicais, encontros literários, apresentações de dança etc.

Regras

Os jogadores podem circular livremente pelos subjogos de CULTURA E LAZER, desde que disponham das fichas necessárias. Para viajar entre os Cassinos é necessário possuir o passaporte fornecido pela ADMINISTRAÇÃO.

Exceções e particularidades

Carnaval, festas religiosas (Natal, Páscoa,...), feriados (Dia das Mães, Dia das Crianças), feriados religiosos e festas regionais são subjogos que não demandam muitas fichas dos participantes.

Os *hobbies* pessoais, como pescar, colecionar coisas, fazer artesanato, também podem ser considerados lazer.

Existem movimentos e projetos para levar CULTURA E LAZER para jogadores com menos fichas.

Com o aumento da expectativa de vida, aumentam as atividades de CULTURA E LAZER para a terceira idade.

Devido à preocupação com a qualidade de vida, o ecoturismo está em expansão.

Transgressões e distorções

Várias atividades de lazer induzem a padrões de beleza, ao *status* e à supervalorização da fama e dos supersalários.

Há importação de comportamentos de outros Cassinos através de filmes e seriados de TV.

A disputa pela audiência entre as redes de TV tem rebaixado a qualidade da programação.

A indústria do turismo sexual.

Atividades de lazer que induzem a vícios, como bebida, droga e jogo.

Acentuação do estresse causado pelos engarrafamentos nos feriados prolongados, superlotação e filas.

Conseqüências

Homogeneização dos costumes, dos comportamentos, dos hábitos (alimentação *fast food*, vestimentas), e rotulação das pessoas.

Vulgarização dos costumes.

Perda de identidade do Cassino.

O JOGO ADMINISTRAÇÃO

É o jogo que cria, executa e fiscaliza a aplicação das regras dentro do Cassino Pyxis. É responsável também pela harmonia entre todos os setores do Cassino e a preservação do meio ambiente, garantindo o bem-estar da população. Pode ser decomposto em 3 grandes subjogos: GOVERNO, SEGURANÇA e BEM-ESTAR.

Para manter as suas atividades, a ADMINISTRAÇÃO utiliza as fichas arrecadadas por meio de impostos cobrados dos jogadores. Se necessário, ela pode obter novas fichas junto ao Banco Central, tomar empréstimos dentro do próprio Cassino ou de outros Cassinos. Os jogos da ADMINISTRAÇÃO estão presentes em todas as salas de jogos.

Subjogo governo

O governo, entidade que determina as regras para a atuação no Cassino, pode ser uma monarquia, uma república ou uma ditadura. Sistemas democráticos, nos quais os governantes são eleitos pelos jogadores, podem ser presidencialistas (o principal governante é o presidente eleito) ou parlamentarista (o principal governante é o líder do partido que obteve o maior número de eleitos para a Câmara de Representantes dos jogadores). No Cassino Pyxis, o governo é uma democracia presidencialista formado por três grandes poderes — Executivo, Legislativo e Judiciário.

O Legislativo é o responsável pela elaboração das leis, ou seja, das regras que determinam como deve ser o comportamento dos jogadores em todos os setores do Cassino. Estas regras são criadas a partir do que é considerado adequado pela sociedade e estabelecem punições aos jogadores que as transgredirem. Elas também regulam o funcionamento de outros jogos, como o comportamento das organizações que comandam subjogos de trabalho (ver JOGO TRABALHO). Há uma lei maior, denominada Constituição, à qual todas as outras leis devem estar subordinadas.

O Executivo é responsável por executar as leis e fazer com que elas sejam respeitadas. Há várias leis que determinam as responsabilidades do próprio governo.

O Judiciário é responsável por julgar os casos de desobediência às leis, impondo penas, se necessário.

Estes três grandes poderes têm estruturas equivalentes replicadas nos Estados, que são regiões geográficas do Cassino. Os poderes Legislativo e Executivo também têm estruturas específicas nos Municípios, que são as menores unidades da ADMINISTRAÇÃO.

Entre as obrigações do governo está o controle da economia do Cassino. Isto significa que o governo deve determinar as regras para as relações financeiras e produtivas que ocorrem nos jogos e intervir, modificando as leis ou atuando como um grande jogador, para garantir a harmonia entre elas.

O governo também é responsável, indiretamente, pela distribuição das fichas aos jogadores do Cassino por meio do Banco Central. Essa instituição produz as fichas e as distribui através dos bancos, fazendo com que cheguem aos jogadores como remuneração por trabalhos realizados (ver JOGO TRABALHO).

O Governo influi nas variações de preço (quantidade de fichas necessárias para se comprar alguma coisa) dentro do Cassino, regulamenta a produção do JOGO TRABALHO que é enviada a outros Cassinos (exportações), e as mercadorias recebidas deles (importações). A troca de mercadorias entre Cassinos, chamada de comércio internacional, sofre oscilações devido à taxa de câmbio (relação entre os preços de dois Cassinos), cujo valor pode ser influenciado pelo Banco Central.

Alguns Cassinos geograficamente próximos e/ou politicamente semelhantes se unem para facilitar negociações comerciais (Mercosul, ALCA, União Européia).

Regras

Cada esfera de poder deve cumprir apenas a sua função, a fim de garantir o equilíbrio entre os poderes, conforme determina o sistema de governo escolhido.

Os principais jogadores que trabalham nessa área fazem parte de partidos políticos, devem ser escolhidos pelos jogadores do Cassino e atuam por um tempo determinado; vencido o prazo, eles poderão ser escolhidos novamente ou ser trocados por outros. Há outros jogadores que trabalham no Governo realizando tarefas de suporte ou de natureza técnica. Estes são contratados por prazo indeterminado através de concursos nos quais devem demonstrar suas competências.

O objetivo do jogo deve ser o bem-estar de todos os jogadores do Cassino, e não apenas daqueles que participam do governo.

Exceções e particularidades

Anarquia — caracteriza-se pela ausência de poder, ou seja, não há governo nem sistema de governo.

Organizações não ligadas diretamente ao governo, mas que de certa forma ajudam a regulamentar a atuação dos jogadores profissionais como, por exemplo, a OAB (Ordem dos Advogados do Brasil), os CRMs (Conselhos Regionais de Medicina) etc.

No Cassino Pyxis o aborto é proibido por lei e não existem penas muito severas (prisão perpétua e pena de morte) para os crimes, como acontece em outros Cassinos.

Transgressões e distorções

Os jogadores podem privilegiar interesses próprios, em detrimento do interesse dos outros jogadores. Este processo é chamado de corrupção.

Integrantes do governo deixam de cumprir suas responsabilidades, apoderando-se apenas das vantagens que os cargos oferecem.

O Banco Central não provê as fichas aos jogadores de forma eficiente, causando desequilíbrios econômicos dentro do Cassino.

Outros Cassinos, mais fortes e poderosos, influenciam as decisões políticas e econômicas do Cassino Pyxis, gerando desequilíbrios e prejuízos para os seus jogadores.

Conseqüências

Problemas sociais graves, como pobreza, desemprego e violência.

Problemas econômicos: crise, falências das empresas, dívida interna e externa elevada, vulnerabilidade, dependência de outros Cassinos.

Problemas políticos: em casos de corrupção ou de problemas sociais e econômicos graves, os jogadores do Cassino se revoltam e tentam tirar do poder o governo atual.

Desperdício de recursos públicos.

Subjogo segurança

Divide-se basicamente em 2 grupos: Polícia (Civil, Militar, Rodoviária, Federal e Florestal) e Forças Armadas. A Polícia atua em todo o Cassino com o objetivo de manter a ordem entre os jogadores e a sua segurança. As Forças Armadas — Exército, Marinha e Aeronáutica — mantêm-se preparadas para um eventual ataque vindo de fora do Cassino.

Regras

Quando algum dos participantes desobedece às regras estabelecidas pela ADMINISTRAÇÃO do Cassino, a Polícia deve estar presente para prender os transgressores e levá-los à Justiça (ver SUBJOGO GOVERNO) para serem julgados. A Polícia também deve estar presente nos corredores do Cassino para evitar que ocorram incidentes entre os jogadores, combatendo principalmente a violência de alguns deles.

As Forças Armadas concentram-se e se preparam para uma possível invasão do Cassino. Pode ocorrer também que o Cassino se envolva em guerras e conflitos fora de seu território, nos quais é necessária a atuação das Forças Armadas. Para formar os integrantes das Forças Armadas, todos os jogadores do sexo masculino, ao completarem 18 anos, são obrigados a se apresentar para a seleção dos que serão treinados.

Tanto a Polícia quanto as Forças Armadas devem estar preparadas também para defender o Cassino de ataques terroristas, muito comuns atualmente.

Exceções e particularidades

Segurança privada, que pode ser pessoal (para pessoas que têm muitas fichas) ou coletivas (comum para a classe média e empresas).

Sistemas de segurança para as casas: alarmes, cercas etc., mais comum entre os jogadores com mais fichas.

Carros blindados para os jogadores se protegerem da violência nas ruas.

Obs: Essas exceções só existem devido a falhas na Segurança oferecida pela ADMINISTRAÇÃO do Cassino.

Transgressões e distorções

Policiais atuando conjuntamente e a favor de marginais — transgressores das leis — nos corredores do Cassino.

Ineficiência da Polícia na hora de prender transgressores das regras.

Despreparo das Forças Armadas.

Justiça lenta e paternal.

Salários baixos e falta de incentivos aos policiais.

Conseqüências

Aumento da violência no Cassino.

Aumento da criminalidade devido à sensação de impunidade.

Violência que obriga os jogadores a se "esconderem" dentro de suas casas, com sua família, para se proteger. Isto tem reflexos na vida social (ver JOGO CULTURA E LAZER).

Subjogo bem-estar

É formado por grupos que visam garantir o bem-estar dos jogadores e o bom funcionamento do Cassino. Atuam em várias áreas: Saúde, Educação (VER JOGO EDUCAÇÃO), Serviços (ver JOGO TRABALHO), Previdência Social, Cultura etc.

São jogos organizados pela ADMINISTRAÇÃO, primordialmente do Poder Executivo.

Regras

A área da Saúde é responsável pela integridade física e mental dos jogadores. Em caso de doenças, esse setor deve realizar o tratamento adequado para que o jogador recupere sua saúde. Também atende casos de emergência, como os acidentes nos corredores do Cassino ou em alguma outra área, como no trabalho (ver JOGO TRABALHO). É obrigação da saúde ainda realizar campanhas contra doenças infecto-contagiosas e epidemias e fazer a prevenção.

A área de Educação deve cuidar da instrução dos jogadores. A ADMINISTRAÇÃO atua nesta área (ver JOGO EDUCAÇÃO), mas não atende toda a demanda, cabendo parte dessa tarefa a instituições privadas de ensino em todos os níveis.

A ADMINISTRAÇÃO atua ainda no JOGO TRABALHO, com suas empresas (as chamadas estatais), que hoje estão sendo vendidas ao setor privado. Esse processo, chamado de privatização, vem sendo adotado em muitos Cassinos nos últimos anos. Há ainda certos serviços, considerados essenciais ao bom funcionamento do Cassino, que devem ser oferecidos exclusivamente pela ADMINISTRAÇÃO. Entre eles, a regularização de documentos pessoais, de nascimentos, de casamentos, de documentos para a realização de atividades dentro do Cassino (criação de novos jogos, por exemplo), realização de viagens para outros Cassinos etc. Esses serviços, oferecidos pelas repartições públicas, são de total responsabilidade da ADMINISTRAÇÃO. Alguns desses serviços são oferecidos pela ADMINISTRAÇÃO Federal. Outros cabem à ADMINISTRAÇÃO Estadual e outros à Municipal.

Na área da Previdência Social, a ADMINISTRAÇÃO é responsável por recolher fichas dos jogadores que trabalham junto aos seus empregadores (ver JOGO TRABALHO). Essas fichas deverão ser devolvidas quando o jogador parar de trabalhar (aposentadoria).

Exceções e particularidades

Organizações independentes que também objetivam o bem-estar dos jogadores, como, por exemplo, as ONGs, entidades de classe, sindicatos, associações etc.

Instituições como Alcoólicos Anônimos, Narcóticos Anônimos e outras associações de apoio, além das entidades filantrópicas.

Transgressões e distorções

Omissão, corrupção, nepotismo, negligência etc.

Conseqüências

Problemas de saúde, como epidemias, altos níveis de mortalidade infantil etc.

Baixo nível educacional, escolas precárias, o que agrava os problemas sociais já citados.

Jogadores mal preparados para o mercado de trabalho, trabalho precário, informalidade.

Má condição de vida para os jogadores do Cassino.

Jogadores obrigados a pagar duas vezes para obter um mesmo serviço, como pagar impostos para a Previdência Social e contribuições para os jogos de bem-estar da rede privada.

A SOCIEDADE COMO UM SISTEMA DE CRENÇAS

Referência: Grupo Kuahu

A crença, também chamada de premissa em algumas circunstâncias, pode ser definida como a convicção de que uma proposição é verdadeira. A proposição pode ser uma afirmação, uma pretensão ou uma expectativa sobre a realidade. A veracidade ou falsidade da proposição, de acordo com o método científico, deve ser demonstrada através de argumentos que se constituam em evidências válidas, comprováveis em múltiplas situações. Algumas correntes filosóficas, como o niilismo, negam a possibilidade de existirem evidências válidas para qualquer proposição, pois negam até mesmo a existência da verdade. Algumas manifestações da cultura popular, como o movimento *punk*, também adotam esta argumentação. Nesta linha de raciocínio, as crenças se situam mais no campo da fé do que no da ciência.

A crença pode ser manifestação de um estado da mente, baseado em observações e aprendizagens, na busca de entender o mundo. As observações podem levar a pessoa a fazer induções, ou seja, inferir uma teoria a partir de padrões observados em um número significativo de casos particulares. No caminho inverso, o fato de conhecer uma teoria pode levar a pessoa a deduzir um conhecimento específico em dada situação. Assim, as crenças podem ser estados da mente que proporcionam a criação de teorias explicativas do mundo e, ao mesmo tempo, o conjunto de proposições que compõem uma teoria e pode levar à compreensão de determinados fenômenos encontrados no cotidiano.

Para que as crenças se manifestem, há a necessidade de existirem o sujeito, aquele que acredita, e o objeto, a proposição que afirma a crença. A crença está baseada no estado mental daquele que acredita (sujeito) e na sua intenção. Em outras palavras, para pessoas que querem acreditar em determinados fenômenos, eles existem e são auto-evidentes. Para os que não crêem, eles não existem. Isto levanta a questão da existência de uma "realidade real", objetiva, fora das pessoas, independente de eventuais observadores; ou da existência apenas de "realidades" subjetivas, que são apenas representações mentais específicas de cada pessoa. Estas representações podem, atualmente, ser observadas por meio de sofisticadas técnicas de mapeamento das atividades neuronais, domínio das neurociências. Por outro lado, no campo da filosofia (a até mesmo dentre alguns neurocientistas), os estados mentais não dependem de representações, pois seriam inatos nos seres humanos e em outras espécies. Há ainda a questão da vontade. Para alguns, as crenças se formam a partir da vontade das pessoas de formularem um sistema de explicações para o funcionamento do mundo à sua volta. Para outros, as crenças se formam espontaneamente a partir das vivências de cada pessoa.

CRENÇAS COMPARTILHADAS

As crenças são fenômenos individuais e também coletivos ou sociais. Em geral, define-se um conjunto de crenças compartilhado por toda uma comunidade como paradigmas. Nas palavras de Thomas Kuhn, o disseminador do conceito de paradigma, ele é "uma constelação inteira de crenças, valores, técnicas e assim por diante, compartilhados por uma dada comunidade". Kuhn referia-se originalmente a paradigmas científicos, aqueles compartilhados por cientistas de ramos específicos, mas o conceito acabou sendo utilizado de forma bem mais ampla do que ele previu. Aproveitando essa ampliação do conceito de paradigma, vamos analisar a sociedade do ponto de vista das crenças vigentes.

A sociedades surgem a partir de duas orientações: a primeira delas é baseada na crença de que só é possível garantir a sobrevivência de seus integrantes através da vida em grupo; a segunda é de que é necessário dar um sentido para a vida em comum. (Usamos a palavra "orientações", e não "finalidades", porque caracterizamos a sociedade como um processo e não como um estado.) Como se acredita que isoladamente a sobrevivência é menos provável para os sujeitos, eles decidem viver em coletividade. Essa vida coletiva demanda a abdicação de determinadas possibilidades individuais para aquilo que se acredita seja o bem comum. O que dá sentido à abdicação é a existência de um propósito maior para a vida em sociedade, que não é apenas utilitário, imediato, como a sobrevivência, mas algo transcendental, como a manutenção da espécie ou a existência em outros planos.

Ao longo desse processo a sociedade é continuamente desafiada por crises provindas do ambiente natural, como terremotos, inundações, furacões, ou do ambiente social, como superpopulação, guerras e revoluções. As crises, quando trabalhadas adequadamente, podem gerar aprendizado. Como conseqüência, a sociedade evolui e passa a ter um repertório de respostas mais amplo quando nova crise surgir. Nesse processo, são criadas estruturas para dar suporte à complexidade crescente nos relacionamentos.

ESTRUTURAS

As estruturas iniciais são as de poder e autoridade. Nas origens, tais estruturas têm pressupostos éticos: a organização dos esforços de todos os integrantes da sociedade e dos seus recursos visando fazer o melhor pelo bem comum. A capacidade de determinar o que os demais devem fazer ou de influenciar as decisões neste sentido, entretanto, faz com que os detentores do poder e da autoridade possam distorcê-lo, buscando proveito próprio ou de grupos de interesses específicos em detrimento do coletivo. Um destes interesses é o da preservação do próprio poder. As estruturas de poder e autoridade baseiam-se na crença de que não é possível harmonizar interesses de milhares ou milhões de pessoas diretamente, com a participação plena de todas elas. Assim, são criadas as estruturas de representação, através das quais as pessoas escolhem aquelas que vão decidir em nome das demais. Em sociedades chamadas de primitivas os representantes eram pessoas de reconhecida sabedoria e dedicação ao grupo como um todo. O crescimento numérico dos grupos sociais e a crescente complexidade das relações levaram a especializações de todo tipo, inclusive nas representações. Elas deixaram de ser feitas em nome do todo social e passaram a se dedicar a interesses específicos de grupos. Com o avanço da supremacia do poder econômico sobre o social, a força dos grupos econômicos passou a ditar as regras do convívio social. E desenvolveu-se a crença de que esta é a forma correta dos sistemas de representação funcionarem.

PODER E AUTORIDADE

O exercício do poder e da autoridade também se dá sobre territórios geográficos. Estes territórios podem ser a vila, a cidade, a região (Estado ou província), o país. A delimitação geográfica, racionalmente afirmada como necessária para otimizar o atendimento das necessidades da população local, também pode estar viesada por interesses econômicos de grupos. Isto pode ter como conseqüência a fragmentação dos agrupamentos de forma artificial e disputas entre agrupamentos que, em última instância, levam às guerras.

A institucionalização do poder fomenta a formação de grupos políticos que acreditam em diferentes formas da sociedade se organizar. Para citar exemplos extremos, alguns grupos podem entender que o governo, como representante máximo da sociedade, deve prover todas as necessidades da população. Neste caso, não apenas a formulação e a execução das regras para o funcionamento da sociedade caberiam ao governo, mas também toda a produção de bens e serviços. Em outro extremo pode estar a crença de que governo é um "mal necessário" e, portanto, deve ter seu papel reduzido a atuar apenas na resolução de discórdias. Entre estes dois extremos há ampla gama de diferentes crenças.

Outra crença relativa a poder e autoridade é a de que o governo deve ser conduzido através de partidos políticos que expressem sua concepção de sociedade e as submetam aos cidadãos por ocasião das eleições. A distorção que esta crença enseja é que os partidos acabam sendo formados por grupos de interesses específicos e não por pessoas voltadas para o bem-estar da sociedade como um todo.

RITOS

O sistema de crenças também se baseia em um conjunto de cerimônias ou ritos que definem as relações entre as pessoas que desempenham diferentes papéis na sociedade. Os ritos têm a finalidade de confortar as pessoas, reforçar-lhes a crença de que há algo superior a elas, pelo qual vale a pena viver. Podem ser ritos religiosos, como o são sua grande maioria, mas podem ser também esportivos, como os campeonatos, e culturais, como os espetáculos musicais e, com destaque no Brasil, o carnaval. Apesar de serem instrumentos de expressão de crenças da população, as cerimônias e os ritos também podem ser manipulados por grupos de interesse que os colocam a serviço da manutenção das regras estabelecidas e da estrutura de poder dominante. Isto pode ocorrer através do patrocínio das cerimônias e ritos, ocasiões em que as mensagens do detentores do poder são transmitidas como verdadeiros dogmas a serem seguidos sem contestação. Um dos ritos que mais se enquadram nesta linha é o de fazer compras. Disseminou-se na sociedade humana que a felicidade é encontrada na posse de mais e mais produtos, preferencialmente os lançados mais recentemente. Assim, ir às modernas catedrais do consumo, os *shopping centers*, passou a fazer parte do ritual das pessoas de qualquer idade e classe social.

RESUMO

As principais crenças dos seres humanos, portanto, podem ser as seguintes:
- seres humanos são seres sociais, precisam uns dos outros para garantir sua sobrevivência;
- para viver em sociedade, os seres humanos precisam abrir mão de possibilidades de expressão em benefício da coletividade;
- a vida social implica a existência de estruturas de poder que garantam que a satisfação das necessidades sociais prevaleçam sobre as necessidades individuais ou de grupos;
- a complexidade da vida em sociedade determina que os governantes sejam representantes escolhidos, pois não há possibilidade de grandes agrupamentos chegarem a consenso sobre o que é melhor para a coletividade;

- o exercício da representação confere aos representantes o poder de determinar o que os representados devem fazer e isto pode levá-los a usar o poder em benefício próprio ou de grupos de interesse;
- o exercício da política é, então, uma atividade típica de grupos de interesses específicos que buscam se harmonizar;
- para garantir a vida em sociedade é necessário criar leis que sejam do conhecimento de todos os participantes dela e que sejam obrigatoriamente obedecidas por todos;
- os grupos de interesses que redigem as leis, entretanto, podem criar mecanismos de favorecimento dos seus interesses, sem levar em conta as demandas da maioria;
- os grupos de interesses organizam-se em diferentes tipos de entidades, sendo que um deles é o partido político, que domina o poder nas diferentes esferas de governo;
- ao lado do poder político existe o poder econômico, exercido por pessoas e organizações dedicadas à produção de bens e serviços e acúmulo de riquezas para si próprias;
- para que as riquezas sejam geradas é necessário fazer com que as pessoas acreditem que a razão da vida em sociedade é a possibilidade de também acumular bens, mesmo que sejam de pouca ou nenhuma utilidade;
- a justificativa para a disseminação desta crença é que, através do trabalho nas organizações produtivas, as pessoas obtêm recursos para garantir subsistência para si e para suas famílias;
- o poder econômico controla o poder político e busca exclusivamente vantagens para seus integrantes e perpetuar-se no poder;
- a alternativa para os que não controlam o poder político e/ou econômico garantirem sua subsistência é contar com benesses oferecidas pelo próprio poder político;
- política pode ser uma atividade abjeta, pois dela participam pessoas que visam exclusivamente aproveitar-se da condição de detentores do poder;
- os jogos de interesses de grupos existem dentro dos vários níveis de comunidades: cidades, Estados, países e continentes;
- quando há conflitos de interesses, eles são resolvidos pela força;

- guerras são a conseqüência natural das dificuldades de resolver conflitos de interesses;
- guerras são a continuação da política por outros meios;
- as crenças existentes na sociedade são transmitidas através da educação proporcionada pelos pais e pelas escolas e também pelas vivências das pessoas no seu cotidiano;
- as crenças são reforçadas pelos meios de comunicação, dominados pelo poder econômico;
- os meios de comunicação veiculam as notícias de interesse do poder econômico e, em contrapartida, recebem recursos do poder econômico através da veiculação de propaganda;
- os meios de comunicação, formalmente concessionários de serviços públicos e, portanto, dependentes do poder político, veiculam notícias de interesse do poder político e também recebem a contrapartida de recursos provenientes de anúncios do poder político;
- a educação proporcionada pelas escolas visa formar pessoas para trabalharem para o poder econômico e, portanto, conformadas com as estruturas de poder existentes;
- assim como as pessoas se submetem aos poderes econômico e político, da mesma forma os governos de países economicamente mais fracos se submetem aos poderes econômico e político mais fortes em escala mundial.

Este sistema de crenças gera desigualdades sociais, desequilíbrios no meio ambiente e se auto-reforça. Para sair do círculo vicioso é preciso criar outro sistema de crenças, outros paradigmas.

A SOCIEDADE COMO UM SISTEMA DE JOGOS DE REPRESENTAÇÕES

Referência: Grupo Manga Rosa

Contar histórias costuma ser visto como algo que está na essência da humanidade. Elas são instrumentos para entreter, passar lições de vida, disseminar valores, buscar explicações para o que ainda é misterioso. A forma tradicional de contar histórias, usando apenas palavras, permite que o ouvinte viva uma experiência única, já que na mente de cada pessoa se formam as imagens e o ambiente em que a história acontece. Isto toca profundamente as emoções de quem ouve as histórias.

Em meados da década de 1970 surgiu uma nova forma de criar e contar histórias, o RPG — *Role Playing Game*, literalmente traduzido por "jogo de representação". É um tipo especial de jogo, pois nele não há vencedores e perdedores. Através da cooperação (ação conjunta) dos "jogadores", a história vai sendo composta e todos saem ganhando. No RPG as histórias não precisam ter um fim, mas podem ser interrompidas a qualquer momento que os "jogadores" decidirem.

Uma figura-chave no RPG é o "mestre", a pessoa que apresenta o roteiro inicial, o lugar em que a história se desenvolve, os personagens, seu nível de tecnologia, costumes e características da política local. Ele também narra o início da história até um ponto em que os personagens começam a atuar. Ao longo do jogo, pode introduzir novos elementos para enriquecer o enredo. Cada jogador representa um personagem que deve enfrentar desafios, tomar decisões, resolver problemas, estabelecer relacionamentos etc. O desenvolvimento do jogo depende do esforço coletivo. O "mestre" coloca surpresas e desafios e os demais jogadores têm de agir para superá-los e criar uma nova realidade.

O RPG é um jogo de criação de histórias dentro de universos fictícios que vão sendo criados, compreendidos e transformados pela ação coletiva dos jogadores. Fazendo analogias com a realidade da vida em sociedade, é possível descrevê-la a partir do ponto de vista de seus jogadores, caracterizados de forma sucinta imaginado-se sua atuação dentro de um contexto. Usando os princípios do RPG, introduzimos a análise da sociedade brasileira.

O CONTEXTO

Esta é uma sociedade em que, devido a toda uma história de exploração dos recursos naturais, não há uma atitude de planejamento e nem uma visão de como ela deverá ser no médio e longo prazos. O que predomina é uma forte cultura de busca de resultados imediatos em todos os sentidos: na vida pessoal, nos ambientes profissionais, na saúde, em educação, na política. Isto leva a posturas messiânicas em várias dimensões da sociedade, com a procura de heróis que atendam "milagrosamente" a todas as necessidades das pessoas, sejam elas de cunho material ou psicológico. Isto se revela na idolatria de expoentes no campo dos esportes e da música. No campo material, há uma expectativa de que o governo deve ser o grande provedor do bem-estar em todas as áreas. No campo psicológico, há a busca de ídolos nos esportes, na música, na televisão, que projetem um sentido de realização que a grande maioria não alcança. Isto faz com que as pessoas desenvolvam uma atitude de espera pelos outros e, conseqüentemente, de não-engajamento na busca do atendimento de suas necessidades.

A alegria e a criatividade são outras características do contexto humano desta sociedade. Devido à intensa miscigenação e abertura a influências de inúmeras culturas, a população está permanentemente aberta a novas idéias. Isto é particularmente observado no campo das artes. Um dos desdobramentos dessa atitude de abertura é a possibilidade de convivência pacífica entre raças e religiões (embora isto não signifique a ausência de preconceitos).

Há um sentimento de que o povo é pacífico por natureza. A cordialidade no trato, o acolhimento e a boa vontade parecem ser traços característicos da maioria da população, embora nos últimos anos a violência tenha se acentuado de forma expressiva. Outro modo de perceber a postura pacífica das pessoas é a busca constante de colocar panos quentes nos conflitos, não buscando as causas de essência que dão origem a eles. Isto pode se traduzir no tratamento superficial dado a todas as questões da vida em sociedade, o que pode também produzir agravamento dos problemas pela falta de soluções que vão à essência deles.

O sentido de nação é muito pouco desenvolvido. Talvez pelo fato de o país não ter se envolvido em guerras em seu próprio território e, por conseqüência, não ter ameaças externas deste tipo, há poucas razões para a população desenvolver o sentido de nacionalidade. O único evento que parece reunir verdadeiramente toda a população é o campeonato mundial de futebol. É importante notar que a unidade se dá apenas no campeonato mundial, já que nos campeonatos regionais a competição é acompanhada por forte componente de agressividade entre as torcidas. Outras manifestações típicas da cultura brasileira, como o carnaval, as festas juninas e algumas festas religiosas como o Círio de Nazaré, reúnem milhões de pessoas e, ao mesmo tempo, criam divisões entre os adeptos de uma ou outra corrente.

De modo geral, a população exibe algumas características que estão presentes em todos os segmentos sociais: solidariedade (especialmente nos momentos de catástrofes naturais), empreendedorismo (por opção ou por falta de opção no mundo do trabalho), alegria (ainda que as condições objetivas de vida sejam extremamente precárias), esperança (a crença que o futuro será melhor) e a esperteza, a malandragem, a busca de "atalhos", éticos ou não, para conseguir o que almeja.

ESTEREÓTIPOS DOS PERSONAGENS

A partir destas informações sobre o contexto deste jogo de representação, pode-se definir os estereótipos dos personagens que atuam nele e sua "posição no tabuleiro". É importante destacar que a posição no tabuleiro não define, por si só, as características dos personagens. É possível encontrar um mesmo estereótipo em quaisquer das posições.

Posicionamento

Quatro grandes segmentos compõem o contexto social em forma de pirâmide.

Elite: agrupamento minoritário no conjunto de jogadores, com alto poder aquisitivo, alta escolaridade, com muitos contatos no mundo exterior (o que leva este agrupamento a buscar padrão de vida mais comum em outros tabuleiros do que neste em que está), tem grande capacidade de argumentação e de influência e forte aversão a mudanças. Busca o prazer através da satisfação de necessidades fisiológicas e materiais.

Intermediários: agrupamento pouco maior do que a elite. Com poder aquisitivo de médio para alto, boa escolaridade (em geral voltada para áreas técnico/científicas), trabalham para a elite, focam sua atenção na dimensão material da vida e buscam ascensão social. Preocupam-se em agradar os mais poderosos para conseguir melhores oportunidades.

Massa: o maior contingente de jogadores, trabalha para garantir seu sustento e o de pessoas próximas. São muito esforçados e solidários com os demais integrantes de seu grupo. Em geral têm baixa escolaridade e são facilmente manipulados por promessas vagas e "milagrosas". Inconscientes de sua própria condição, mostram-se também acomodados, sem energia para buscar melhorias significativas no padrão de vida.

Dessocializados: em geral, foram "empurrados" para esta situação, embora haja um pequeno contingente que preferiu se colocar nela por incompatibilidade com a vida social regular. Cuidam apenas da sobrevivência imediata, não admitem quaisquer tipos de regras ou normas, são individualistas e altamente adaptáveis, já que em seu meio não há como prever os acontecimentos.

Tipos típicos

Dsobrenome: provenientes de famílias tradicionais, estabelecidas há séculos no tabuleiro, procuram preservar os nomes das famílias. Por causa dos cruzamentos entre famílias tradicionais, muitos destes jogadores têm nomes muito extensos. São muito influentes junto às esferas do poder, íntimos dos que comandam as estruturas de governo, o que lhes abre a possibilidade de não precisar trabalhar. Procuram cultivar a aparência física e se manter em evidência na mídia focada em "celebridades".

Televisivos: conhecem o mundo através da televisão. Como na "caverna de Platão", nasceram e foram criados em frente a um aparelho de TV e, para eles, o que está na TV existe, o que não está, não existe. Não têm consciência de seu papel na sociedade e são bastante acomodados. Cultivam uma rotina sedentária, se apresentam como religiosos (embora não tenham disposição para seguir os ritos da religião) e querem ser reconhecidos como muito trabalhadores. Reclamam muito de sua situação sócio-econômica mas não tomam qualquer iniciativa para mudar as coisas ao seu redor.

Dagrana: são pessoas de muitas posses, adquiridas por herança ou por terem aproveitado oportunidades únicas de "fazer dinheiro". Acreditam no poder do dinheiro para obter qualquer coisa, inclusive a consciência de outras pessoas. São extremamente pragmáticos, sem questionamentos (os fins justificam os meios) e muito empreendedores. Também cultivam muito a aparência física, vista como um indicador de sucesso e chave para abrir as portas para novas conquistas.

Dacultura: pessoas dedicadas aos estudos e que exibem uma vaidade intelectual, pois se consideram mais esclarecidas do que os demais jogadores. Mantêm contatos freqüentes, pessoal ou virtualmente, com o exterior, de onde buscam as últimas novidades nos diversos campos do conhecimento. Mantêm contatos próximos e freqüentes com os integrantes do campo das elites. Têm poder aquisitivo médio e são pouco atuantes em relação a mudanças na sociedade. Fazem bons discursos, mas não são de "botar a mão na massa".

Engajados/sonhadores: na sua grande maioria são jovens com muitos ideais e projetos de uma sociedade perfeita. Têm senso crítico bem aguçado, são conscientes de suas responsabilidades em relação ao meio ambiente e atuantes em relação às coisas em que acreditam. Sentem-se marginalizados e podem ser agressivos quando confrontados. Pouco apegados a coisas materiais, atuam como voluntários em várias organizações. Têm uma certa tendência a cultivar um visual desleixado.

Miseráveis: são nômades, urbanos ou rurais. Não se pode dizer que façam parte do jogo, pois cuidam apenas da sobrevivência a cada dia. Sua presença costuma incomodar os demais jogadores, seja porque sua aparência é muito ruim (maltrapilhos, sujos) seja por problema de consciência dos que se dão bem e procuram esquecer que os miseráveis existem. Muitos dão sinais de insanidade mental. Alguns são vistos como "filósofos" do cotidiano.

Informais: uma modalidade um pouco mais organizada dos miseráveis. Não aceitam regras nem normas, são individualistas, dizem que não querem entrar no jogo, mas se valem dele para garantir sua sobrevivência e até mesmo algum bem-estar material. São jogadores que se adaptam a qualquer situação, têm muita flexibilidade mental e moral, cultivam a esperteza e se sentem bem em qualquer circunstância que estejam vivendo.

Vermelhos: são os revolucionários, que querem criar uma nova realidade a qualquer preço e por quaisquer métodos. Usam de violência verbal contra os que discordam deles e estão dispostos a ir à guerra em nome de seus ideais. Intelectuais ortodoxos, não admitem outras formas de pensar que não as suas e costumam ter traços paranóicos, imaginando conspirações complexas por trás de quaisquer atos dos outros jogadores que atuam no mesmo tabuleiro.

AÇÃO

Em jogos de representação, cada jogador escolhe um estereótipo e define claramente sua profissão, religião (pode ser ateísmo), objetivos pessoais, aparência, atributos, vantagens e desvantagens, a partir de um elenco previamente definido ou construído por consenso entre os jogadores e o mestre. Também são definidos limites para a quantidade de atributos, vantagens e desvantagens e as conseqüências de sua utilização.

No caso deste relato, a proposta é cada leitor imaginar como acontece o dia-a-dia da sociedade brasileira com a atuação de jogadores com os perfis apresentados. O ponto de partida pode ser um acontecimento marcante em que alguém de suas relações esteve envolvido. Este exercício pode ser vivenciado em grupos, proporcionando um entendimento visceral de como a sociedade funciona.

A SOCIEDADE COMO UM SISTEMA VIVO

Referência: Grupo Missão Possível

Através da teoria geral dos sistemas, podemos observar o mundo como um sistema concreto, definido como uma acumulação não-randômica (não ao acaso) de matéria e energia num espaço/tempo físico, organizado a partir de componentes e subsistemas inter-relacionados e interdependentes. Sistemas concretos são fenômenos do mundo físico e incluem coisas como átomos, moléculas, organismos, planetas, o sistema solar e outros sistemas estelares, galáxias e, finalmente, o universo como um todo. Sistemas vivos de todos os tipos também são sistemas concretos, assim como os ecossistemas com todos os seus componentes vivos e não-vivos.

Sistemas concretos têm uma hierarquia ou uma progressão ordenada de complexidade que vai das partículas subatômicas para o universo como um todo. Átomos compõem moléculas que se combinam para formar todas as substâncias do mundo físico; planetas formam sistemas planetários que circundam em torno do sol, e assim por diante, até a totalidade insondável do universo. A hierarquia é definida por diferentes níveis de complexidade.

O conceito de níveis é importante porque sistemas de um determinado nível são mais semelhantes uns aos outros do que sistemas de níveis diferentes. Por exemplo, uma molécula é mais semelhante a outra molécula, ainda que seus tamanhos sejam muito diferentes, do que a qualquer átomo ou substância.

A qualquer momento, as partes de um sistema concreto, vivo ou não-vivo, se dispõem no espaço dentro de um padrão específico, que é a sua estrutura. Quando as partes de um sistema se movem em relação umas às outras, a estrutura do sistema muda. As mudanças podem ser contínuas, ocasionais ou se manter relativamente fixas ao longo ao tempo. Toda mudança ao longo do tempo é um processo. Alguns processos são reversíveis, outros são impossíveis de reverter. Os processos incluem as funções do sistema e sua história. Em geral, mudanças de processos nas funções são reversíveis, como, por exemplo, os movimentos de uma digitadora enquanto trabalha. As mudanças de processo na história do sistema são pouco reversíveis ou irreversíveis, como o processo de envelhecimento.

Estrutura, funções e história de um sistema interagem. A estrutura muda enquanto o sistema funciona momento a momento. Quando ocorre uma mudança grande, o suficiente para se tornar irreversível, um processo histórico terá ocorrido.

Sistemas vivos requerem um grau de complexidade molecular muito amplo. Moléculas orgânicas contêm ácidos nucléicos e um conjunto de aminoácidos organizados em forma de proteínas. Estes ácidos nucléicos e proteínas são produzidos na natureza apenas em sistemas vivos. Todos os sistemas vivos têm uma notável similaridade molecular, tornando possível assumir que eles vieram dos mesmos genes primordiais, diversificados através de mudanças evolutivas. Estas mudanças se dão em direção a sistemas cada vez mais complexos.

NÍVEIS DE COMPLEXIDADE

É possível identificar sete níveis de complexidade em sistemas vivos, cada qual com estrutura e processos característicos. Eles são:

a) Células. Embora sejam sistemas extraordinariamente complexos, as células são a forma mais básica de organização de matéria e energia que pode realizar processos vitais essenciais como a auto-replicação. São compostas por moléculas não-vivas e complexos multimoleculares.

b) Órgãos. São estruturas especializadas que realizam processos fisiológicos. Seus componentes são células agregadas em tecidos.

c) Organismos. São agregados de órgãos que formam sistemas multicelulares que compõem as espécies vegetais e animais.

d) Grupos. Dois ou mais organismos em interação. Este é o nível mais alto de sistema social encontrado entre animais, com a exceção do ser humano.

e) Organizações. Sistemas caracterizados pela existência de escalões de decisão em sua estrutura. São compostos por grupos ou organizações menores (organizações dentro de organizações). Há grande diversidade de organizações, como governos, empresas, organizações religiosas, caritativas, universidades etc.

f) Sociedades. Um tipo especial de sistema social capaz de manter-se de forma independente. As nações são a forma mais exemplificativa de sociedade, tendo o controle de um território específico, alguma forma de governo central e características culturais distintas. As sociedades são formadas por organizações de diferentes tipos e funções.

g) Sistemas supranacionais. Sistemas compostos por duas ou mais sociedades que decidem assumir decisões cooperativas e submeter-se a um poder decisório superior a elas. Podem ter múltiplos propósitos, como a Organização das Nações Unidas, ou propósitos específicos, como a Organização Mundial da Saúde.

A maior parte das pessoas concorda que células, órgãos e organismos são sistemas vivos, mas muitos questionam se os níveis acima dos organismos (grupos, organizações, sociedades e sistemas supranacionais) podem ser considerados sistemas vivos. Levando-se em conta a complexidade de sua estrutura e seus processos, a capacidade de absorver matéria e energia para combater a entropia, a quantidade de informação que é capaz de processar e a capacidade de se manter estável ao longo do tempo, entretanto, pode-se afirmar que estes níveis de sistemas podem sim ser considerados vivos.

PROCESSOS CRÍTICOS

Para se manterem vivos e continuar existindo além do período de uma geração, os sistemas vivos precisam ser capazes de realizar alguns processos críticos. Há descrições que identificam até 20 desses processos críticos, cada qual realizado por um subsistema especializado. Uma dessas descrições é a seguinte:

I — Subsistemas que processam matéria, energia e informação
- Reprodutor: dá origem a outros sistemas semelhantes a ele próprio
- Limite: mantém os componentes do sistema dentro de um perímetro, protege-o de invasores, permite ou não a entrada de matéria, energia e informação do ambiente externo

II — Subsistemas que processam matéria e energia
- Ingestor: transporta matéria e energia para dentro do limite
- Distribuidor: transporta o que adentra o sistema para seus diferentes componentes
- Conversor: transforma o que adentra o sistema para formas mais úteis aos seus componentes
- Produtor: forma associações entre elementos que adentram o sistema para usá-las para o crescimento, reparar danos ou repor partes danificadas
- Estocagem: mantém dentro do sistema, por diferentes períodos de tempo, a matéria e a energia coletada
- Extrusor: elimina do sistema matéria e energia não mais úteis a ele
- Motor: movimenta o sistema dentro do ambiente ou partes do sistema dentro dele próprio
- Suporte: mantém as relações espaciais apropriadas entre os vários componentes do sistema

III — Subsistemas que processam apenas informação
- Transdutor: transforma determinadas formas de matéria-energia trazidas de fora em outras mais adequadas ao sistema
- Transdutor interno: transforma determinadas formas de matéria-energia de alguns componentes do sistema em outras mais adequadas a outros componentes

- Canal ou rede: rotas através das quais as informações circulam dentro do sistema
- Decodificador: traduz as informações, que sejam úteis para os componentes do sistema, trazidas em códigos de fora
- Associador: compõe conjuntos de informações adequados ao sistema
- Memória: mantém, preserva as informações úteis ao sistema
- Decisor: recebe informações dos componentes do sistema e transmite informações que controlam o sistema
- Codificador: altera as informações trazidas de fora para um código específico usado pelo sistema
- Transdutor externo: transforma matéria-energia não mais necessária ao sistema em formas apropriadas para serem expelidas
- Temporizador: controla os tempos necessários aos processos do sistema

CINCO SUBSISTEMAS

Para descrever como a sociedade funciona, do ponto de vista dos sistemas vivos, vamos focar cinco subsistemas: político, produção/comercialização, educacional, de comunicação e segurança. Estes cinco subsistemas englobam vários dos citados anteriormente.

O *subsistema político*, que basicamente processa informação, tem como finalidade garantir os direitos dos cidadãos e, como contrapartida, exigir deles o cumprimento dos deveres e obrigações que os cidadãos têm com a sociedade. Para cumprir esta finalidade, os cidadãos elegem representantes para elaborar leis que definam os direitos, deveres e obrigações, para fazer com que essas leis sejam executadas, estabelecem formas de forçar sua aplicação e, se elas forem desrespeitadas, formas de punição aos transgressores. Essas atribuições são distribuídas entre três poderes: o Legislativo, o Executivo e o Judiciário. Nos poderes Legislativo e Executivo são colocados representantes eleitos diretamente pelos cidadãos. No poder Judiciário são colocadas pessoas escolhidas pelo Executivo e referendadas pelo Legislativo. O modo como os candidatos a representantes são escolhidos, que em geral privilegia a atuação de grupos de interesses específicos, faz com que eles, muitas vezes, não sejam legítimos representantes da maioria e, portanto, estejam desvinculados das verdadeiras demandas da sociedade como um todo.

Esse modelo de constituição política é replicado em três níveis: o federal, que engloba o país como um todo; o estadual, que abrange regiões geográficas menores; e municipais, em localidades ainda menores, sendo que no nível municipal não há poder judiciário. Além disso, outras organizações sociais também se estruturam com base em princípios semelhantes. Elas são os sindicatos, partidos políticos, condomínios, associações de bairros, órgãos representativos de classes profissionais, clubes etc.

Quando os interesses individuais ou de grupos de interesse se sobrepõem aos interesses coletivos dentro do subsistema político, surgem distorções na estrutura social, tais como exclusão, miséria, violência, fome.

O *subsistema produção/comercialização*, que processa matéria, energia e informação, tem a finalidade de atender às necessidades da sociedade através do fornecimento de bens e serviços. Para tanto, cria organizações chamadas de empresas que precisam seguir alguns passos: identificar quais são os mercados (conhecer os clientes), desenvolver produtos/serviços adequados a cada segmento do mercado, divulgar a disponibilidade desses produtos/serviços, organizar estruturas de produção (fornecedores, instalações, máquinas e equipamentos, processos, pessoas que vão atuar nessa estrutura, sistemas de controle e avaliação de resultados), organizar subsistemas de logística e distribuição, desenvolver formas de cobrança e pagamento e procedimentos de obtenção de *feedback* dos clientes para revisão do subsistema como um todo.

Embora as organizações do subsistema de produção/comercialização visem atender necessidades da sociedade, muitas delas se afastam desta finalidade e se voltam para o atendimento de interesses de grupos específicos, que podem ser os donos do capital que mantêm a organização ou outros grupos que procuram vantagens específicas através dela. Eles podem ser os gestores da organização, seus funcionários, os investidores que colocam capital na organização em busca de grandes retornos. É o chamado corporativismo. Quando as organizações deste subsistema passam a atuar desta forma, elas se distanciam da sociedade e podem até se tornar um malefício para ela, pois se transformam em instrumentos da criação, manutenção ou ampliação de desigualdades.

O *subsistema educacional*, que processa informação, existe para transmitir conhecimentos e valores para a sociedade como um todo. Essa transmissão é feita através de organizações formais que têm esta finalidade específica, como as escolas; organizações formais que têm outras finalidades e que também disseminam conhecimentos e valores, como as empresas, igrejas, sindicatos, partidos políticos, associações de classes; e também através de contatos informais entre as pessoas, seja na família, nos grupos de amigos, nas atividades de lazer. As organizações formais de educação costumam se estabelecer como "fábricas", com prédios construídos especificamente para essa finalidade, pessoal especializado em atividades educacionais, administradores, máquinas, equipamentos e processos específicos, conteúdos pré-formatados e sistemas de avaliação. Essas organizações podem ser públicas (controladas pelo subsistema político) ou privadas (estruturadas na forma de empresas).

Em princípio, o subsistema educacional deve atuar de modo neutro, permitindo que todas as pessoas tenham acesso a todos os conhecimentos e à mais ampla gama de valores, para que possam escolher os que lhes faz sentido. Isto nem sempre acontece, pois grupos de interesse, públicos e privados, atuam visando direcionar os conhecimentos e valores para suas próprias finalidades. Desse modo, em vez de "ensinar a pensar", muitas escolas se dedicam a instrumentar seus alunos para fazer o que as empresas ou outras instituições querem que eles façam depois de formados. Com isso, a educação também se transforma em um instrumento de criação, manutenção ou ampliação de desigualdades.

O *subsistema de comunicação*, que também processa informação, tem por finalidade tornar comum, disponível para todos, informes sobre os acontecimentos. Este subsistema também é um meio para que os demais subsistemas transmitam suas mensagens para a população em geral. São vários os instrumentos utilizados para a transmissão: impressos (jornais, revistas, livros, painéis, panfletos), eletrônicos (telefone, rádio, televisão, Internet) e presenciais (reuniões, assembléias, comícios etc.). Para a realização de sua finalidade, o subsistema de comunicação necessita de instalações apropriadas, equipamentos específicos, pessoal especializado e, em muitos casos, autorização de alguma instância do subsistema político.

Ao lado da finalidade de tornar comum a todos determinadas mensagens, o subsistema de comunicação agregou, ao longo dos anos, outras funções, como o entretenimento e a disseminação de conhecimento. Neste caso, tornou-se um meio para o subsistema educacional. Na atividade de prover entretenimento, o subsistema de comunicação passou a atuar através de empresas, forma de organização típica do subsistema de produção/comercialização. Isto gerou mudança de enfoque, com ênfase sendo dada à busca de receitas que garantam a situação financeira da organização e o enriquecimento dos acionistas, colocando a comunicação de mensagens em segundo plano. Este subsistema está sujeito a interferências de outros grupos de interesse que buscam subordinar a veiculação de mensagens aos seus objetivos. Mais uma vez, também este subsistema acaba sendo um instrumento de criação, manutenção ou ampliação de desigualdades.

O *subsistema de segurança*, que processa energia e informação, tem por finalidade assegurar que as normas voltadas para a convivência social harmoniosa sejam cumpridas e, quando não o forem, agir para garantir sua observância. Este subsistema atua através das organizações policiais, a quem cabe a tarefa de identificar e prender os infratores e entregá-los ao poder judiciário. Quando condenados, eles são retirados do convívio social e internados em estabelecimentos específicos que, em tese, deveriam cuidar da preparação de seus internos para o retorno à sociedade. O que prevalece, entretanto, é o entendimento que infratores das normas sociais precisam ser punidos por seus atos e que a sociedade deve se vingar deles. Dessa forma, os internos são, na verdade, prisioneiros que devem cumprir uma pena por seus delitos e pouco ou nada é feito visando sua recuperação para o convívio social. A conseqüência disso é que um condenado por qualquer infração fica definitivamente marcado como um transgressor e, se já foi encarcerado, dificilmente terá outra oportunidade de viver normalmente em sociedade.

Os serviços de segurança são providos principalmente pelo subsistema político, mas também há casos de serviços prestados por empresas do subsistema de produção/comercialização, especialmente em condomínios onde residem pessoas de poder aquisitivo elevado.

Há distorções e desigualdades também neste subsistema. Pessoas que podem pagar advogados altamente especializados podem conseguir escapar de condenações, diferentemente de quem não pode pagá-los. Pessoas que tenham bons relacionamentos de amizade no subsistema político também podem não ser condenadas ou ser isentadas do cumprimento das penas.

A partir das descrições destes cinco subsistemas é possível verificar o alto grau de complexidade do sistema social — a sociedade. Além disso, ao considerar que o sistema vivo social é composto por organismos (as pessoas) com características únicas e em constante interação, o grau de complexidade muito maior pode ser percebido.

A estrutura atual da sociedade é produto de um processo histórico no qual as funções dos subsistemas foram sendo sedimentadas e chegaram ao estado atual. É uma estrutura injusta, por favorecer os privilégios e manter as desigualdades. Sua transformação depende de outro processo histórico.

A SOCIEDADE COMO UM SISTEMA DE PARADOXOS

Referência: Grupo Peroá

Afinalidade das sociedades humanas é prover bem-estar aos seus integrantes. Sociedades, portanto, podem ser vistas como sistemas de bem-estar social. Um sistema de bem-estar social deve observar um conjunto razoável de critérios, que podem ser:

- universalidade — deve garantir que as preferências da sociedade atendam a todas as preferências individuais;
- ser não-ditatorial — não dever seguir as preferências únicas de qualquer indivíduo e ignorar as preferências dos demais;
- independência de alternativas irrelevantes — deve conter um conjunto de opções bem especificado e que não se altera se algum indivíduo fizer escolhas que estejam fora deste conjunto (escolhas irrelevantes para o conjunto);
- não-degradação — se algum indivíduo deseja ampliar suas preferências, o sistema deve aumentar as preferências para todos ou mantê-las para todos, jamais rebaixá-las;
- não-imposição — qualquer ordem de preferência da sociedade deve ser compatível com qualquer ordem de preferência individual.

A partir destes critérios, o economista Kenneth Arrow (Prêmio Nobel de 1972) desenvolveu o que ficou conhecido como o Teorema da Impossibilidade ou o Paradoxo de Arrow:

"Se um grupo de decisores tem pelo menos dois membros e pelo menos três alternativas dentre as quais decidir, será impossível desenhar um sistema de bem-estar que atenda a todos os critérios (citados acima) simultaneamente."

Este paradoxo, que foi demonstrado matematicamente, passou a ser estudado por muitos cientistas sociais, especialmente no campo dos sistemas de votação. As conclusões foram, em geral, pessimistas, pois demonstravam não haver possibilidade de se chegar a um resultado aceitável para a sociedade através do voto. Em alguns casos, a conclusão foi a de que a única alternativa era aceitar a ditadura para poder preservar todos os demais critérios. Uma solução inaceitável. Só mais recentemente é que Amartya Sen, também Prêmio Nobel de Economia (1998), demonstrou que o Paradoxo de Arrow é um desafio para expandir os referenciais dos estudos sobre bem-estar social, incluindo outras possibilidades não examinadas pelo seu autor. Dentre elas, está o destaque para a ampliação da base de informações utilizada para definir as escolhas sociais, incluindo as comparações interpessoais do sentido de bem-estar e as vantagens pessoais. Neste caso, é importante não demandar excessiva precisão dos dados, já que as aproximações são satisfatórias para investigar fenômenos sociais.

Um ponto que chama a atenção no Paradoxo de Arrow é que ele demonstra que um número mínimo de decisores (dois) e muito pequeno de alternativas (três) já torna a escolha impossível. Imagine então a situação com milhões de decisores e milhares de alternativas. Essa percepção pode ajudar a entender por que a sociedade contém tantos paradoxos. A seguir apresentamos alguns dos mais marcantes na sociedade brasileira, buscando descrevê-los da perspectiva de seu desenrolar no tempo.

PARADOXOS E HISTÓRIA

A história da evolução da sociedade brasileira pode ser analisada do ponto de vista de paradoxos desse tipo. O descobrimento trouxe para o país contingentes de pessoas que rodeavam a corte de Lisboa e que viram no território descoberto a oportunidade de enriquecimento com a exploração das riquezas existentes. Ao mesmo tempo em que as novas terras atraíam, ninguém queria permanecer nelas. Era preciso encontrar mão-de-obra para extrair tudo o que fosse possível. A aproximação com os nativos indígenas, voltada para a obtenção de seu trabalho (o que rapidamente se mostrou impraticável devido à impossibilidade de discipliná-los nos padrões exigidos pelos que se auto-intitularam "donos da terra"), levou a um princípio de miscigenação que iria continuar com outros povos trazidos para cá, como o foram as diversas etnias africanas escravizadas e os imigrantes que posteriormente os substituíram nas lavouras. Miscigenação racial acompanhada de segregação socioeconômica. Ao mesmo tempo em que os senhores mantinham relações sexuais com indígenas, escravas ou mulheres de colonos de suas fazendas, gerando filhos bastardos não-reconhecidos, mantinham os servos em condição inferior e não lhes reconheciam quaisquer direitos. Isso levou a uma profusão de mestiços que, de forma impressionante, permitiu a geração de uma cultura extraordinariamente rica e diversificada. As manifestações dessa cultura podem ser registradas nas artes, como a música, a escultura e a literatura, nos esportes e nas manifestações de cultura popular, como o carnaval, a folia de reis, as cavalhadas, o bumba-meu-boi entre tantas outras. Essas manifestações têm a capacidade de reunir pessoas dos mais diferentes níveis socioeconômicos sem quaisquer constrangimentos pelas suas diferenças de cor, religião, classe social ou tipo de trabalho que executam. Mas essa integração e quase identificação só existem nesses momentos de euforia coletiva. Fora deles, permanecem as segregações e exclusões, embora as pessoas evitem falar sobre elas e até neguem sua existência.

PARADOXOS E ECONOMIA

No campo econômico também é possível observar os paradoxos e seus efeitos na sociedade. A iniciativa privada ficou durante muitos séculos proibida de atuar no país, pois tudo era comandado pelo governo central em Lisboa. Com a vinda da família real para o Rio de Janeiro, houve a necessidade de serem criadas algumas formas de produção de bens localmente para atender às necessidades da Corte. Isto pode ter sido o embrião dos negócios locais, impulsionados por pioneiros, que tinham contatos muito fortes com a nobreza. Entretanto, o desenvolvimento mais efetivo das indústrias só deslanchou com os imigrantes. Vários deles, que originalmente eram destinados aos trabalhos na agricultura, migraram para as cidades e, demonstrando grande capacidade empreendedora, iniciaram vários negócios. É interessante notar que alguns desses pioneiros, como os Matarazzo, chegaram a níveis de riqueza comparáveis aos grandes industriais dos Estados Unidos da mesma época, como os Rockefeller e Morgan. Ao mesmo tempo que produziam e acumulavam riquezas, esses imigrantes eram marginalizados da chamada alta sociedade, composta principalmente por proprietários rurais, que controlavam o poder político. Por outro lado, muitos desses empresários foram pioneiros também em questões sociais, com programas de habitação, saúde e educação para os empregados de suas fábricas e familiares. Foi nessa época que surgiram inúmeras vilas operárias em vários pontos do país. Essas vilas, paradoxalmente, foram também o berço do surgimento de movimentos políticos entre os empregados das indústrias. Imigrantes europeus simpáticos a ideologias como o comunismo e o anarquismo foram empregados nas indústrias e lá criaram sindicatos com forte conotação ideológica (à semelhança do que ocorria na Europa) e mobilizaram os operários para a busca de melhores condições de trabalho. E, como decorrência, mais um paradoxo. A legislação a respeito do trabalho não foi obtida pela pressão dos sindicatos, mas por um ato de força do governo federal. A Consolidação das Leis do Trabalho foi outorgada por um governo ditatorial, que havia se imposto pela força, à revelia da Constituição. Este mesmo governo reprimiu com violência os movimentos operários e baniu qualquer manifestação política deles, proibindo partidos que lhes davam suporte, como o Partido Comunista. Por outro lado, incentivou a industrialização e a criação de empregos fortemente taxados, instituiu a previdência social e, junto com empresários, a educação profissional voltada para a formação de mão-de-obra para as empresas. Depois veio um período de democracia, com uma nova constituição bastante liberal. O ditador do passado foi eleito presidente em função da legislação que criara, voltada para a proteção do trabalhador. Mas não suportou as fortes contradições de seu governo e as dificuldades de relacionamento com os opositores e saiu de cena, suicidando-se.

Depois de um período de turbulência, o novo governo eleito dá continuidade e até acelera os planos de industrialização do país. Começa aqui um forte movimento de busca de capitais externos para financiar o desenvolvimento econômico, criando a dependência do país em relação ao exterior. O período democrático é curto e nova ditadura se instala por mais 20 anos e o processo de industrialização com apoio de capitais externos se acentua. Nota-se, assim, que independentemente do regime político, a economia continua seguindo os mesmos passos. O que muda é a repressão às manifestações populares por mais liberdade de expressão e de reivindicação de melhoria na qualidade de vida. O paradoxo de crescimento econômico com repressão política leva à ampliação das desigualdades sociais, com a concentração de riqueza se acentuando e a qualidade de vida, principalmente nas cidades, se deteriorando também de forma acelerada. A modernização da agricultura transfere enormes contingentes de pessoas para as cidades, num movimento de urbanização sem paralelo em qualquer parte do planeta. Nas cidades despreparadas para receber tantas pessoas surgem imensas favelas que degradam a qualidade de vida de seus habitantes, levam à marginalização e, como conseqüência, à violência. Embora o Estado modernize sua estrutura de arrecadação, aumentando fortemente sua receita, outras de suas atribuições permanecem com estruturas emperradas e sujeitas à corrupção, apresentando baixo nível de atendimento às necessidades da população nos campos da saúde, educação, previdência e segurança. Os efeitos do endividamento aparecem quando o fluxo de capitais do exterior se esgota e os empréstimos precisam ser pagos. A inflação dispara, com todas as suas conseqüências para os assalariados. Os privilégios dos capitalistas e especuladores aumentam. Há o retorno à democracia, que não se traduz em melhorias para a maioria da população. Ao contrário, nos primeiros anos as tentativas de equacionar o problema da inflação são desastrosas e fazem com que ela fuja por completo do controle. Depois de várias tentativas, finalmente o governo consegue controlar os gastos públicos, principalmente através da lei da responsabilidade fiscal que prevê punições aos governantes que gastarem além de limites estabelecidos. O pagamento dos encargos dos empréstimos contraídos anteriormente, entretanto, inibe os investimentos para melhorar a qualidade dos serviços prestados. Outro paradoxo: as contas públicas começam a ser arrumadas e a população continua sem atendimento a muitas de suas necessidades básicas. Essas turbulências levaram o país a apresentar ainda mais paradoxos: indústrias de alta tecnologia com padrão de excelência mundial, como na fabricação de aviões, e pessoas vivendo de catar lixo para reciclagem; centros de excelência em desenvolvimento de *softwares* e crianças estudando em cabanas de pau-a-pique; agricultura que é referência mundial na produção de alimentos e pessoas dependendo da distribuição de cestas básicas para garantir a sobrevivência. Recursos generosos e abundantes oferecidos pela natureza e enormes contingentes de pessoas sem o básico para ter uma vida digna.

PARADOXOS E PENSAMENTO MÁGICO

Outros paradoxos são percebidos pela observação de como as pessoas lidam com os desafios do cotidiano. Parece haver uma percepção generalizada de que tudo dará certo, ainda que não se faça esforço algum para buscar mudanças. É uma espécie de crença no poder mágico do destino. O país está predestinado a ter um grande futuro e vai garantir felicidade para todos os seus habitantes, não importa o que se faça hoje. Afinal, "Deus é brasileiro" e jamais deixará seu povo desamparado. Além disso, o país tem recursos abundantes: a maior parte da água potável do mundo, as maiores florestas tropicais, o maior rebanho bovino, as maiores reservas de minério de ferro, a maior produção de suco de laranja, entre tantos outros. A exploração desses recursos se dá em ritmo frenético, sem cuidar de sua reposição. É como se a natureza fosse inesgotável e jamais necessitasse de cuidados. Da mesma forma como se faz a extração irresponsável, também não se cuida dos resíduos. Eles são abandonados em qualquer lugar e acabam por assorear rios e provocar inundações. Ou são depositados em lixões, nos quais muitos materiais vão precisar de séculos para serem absorvidos pela natureza. Ainda assim se acredita que tudo vai se resolver. Quando se levantam questões a respeito da responsabilidade sobre o futuro, as respostas quase sempre apontam o que os outros deveriam fazer. Estes outros podem ser os governos, os empresários, as elites, a mídia. Ou seja, sempre são "os outros" os responsáveis pelos desacertos. Isto também acontece em relação às eleições, pois as pessoas, sendo obrigadas a votar, o fazem sem qualquer interesse em conhecer as reais propostas dos partidos (se é que existem verdadeiros partidos políticos no país) e dos candidatos. Em geral, votam nos que acenam com algum benefício pessoal. Depois, nem sequer acompanham o seu desempenho, mas responsabilizam os eleitos por tudo o que de negativo acontece. Especialmente se seus interesses pessoais ou de grupo e as expectativas de ganhos individuais que tinham não se realizam.

PARADOXOS E AÇÃO FRAGMENTADA

Quando surgem propostas para a solução pela raiz dos problemas sociais, elas em geral são fragmentadas. Aqui mais alguns exemplos de paradoxos. As soluções efetivas precisam ser sistêmicas, alcançar as causas das causas das causas e prever as conseqüências das conseqüências das conseqüências no tempo e no espaço. Mas em geral elas são localizadas em determinados campos. Os problemas de segurança, por exemplo, têm origem nas precárias condições de subsistência de grande parte da população e também na precariedade da educação, quase que exclusivamente centrada em conhecimentos técnicos e nenhuma atenção à formação de valores e do caráter. Esta situação é agravada pelas disfunções familiares, pois os pais e as mães trabalham fora e na maioria dos casos não têm condições de colocar seus filhos em escolas que se proponham a formar personalidades. As crianças crescem sem a orientação de valores sociais sólidos e, diante das pressões encontradas na sociedade advindas dos desequilíbrios existentes e dos valores consumistas veiculados pela mídia, justificam o caminho da violência como adequado à satisfação de necessidades superficiais. Composto com a impunidade aos que têm recursos para contratar bons advogados, protelar julgamentos através de inúmeros recursos judiciais e corromper os agentes da lei, completa-se o quadro que justifica e incentiva a violência. Apesar de este ser um problema muito complexo, as soluções propostas são localizadas, como aumentar o contingente policial, construir mais presídios, agilizar os julgamentos. Pouco ou nada se faz em relação a todos os demais componentes deste sistema. Dessa forma, as medidas se mostram ineficazes e acabam por gerar ampla frustração e aprofundam a crise de valores éticos na sociedade. O desencanto geral com as instituições políticas gera, num primeiro momento, ampla apatia e pode evoluir, nos momentos seguintes, para rupturas profundas e possivelmente violentas. Os paradoxos não-trabalhados poderão levar a uma explosão social de graves conseqüências.

A SOCIEDADE COMO UM SISTEMA DE CORRELAÇÃO DE FORÇAS

Referência: Grupo Raízes e Asas

A análise de campos de força é uma forma de compreender os diferentes interesses presentes em determinados agrupamentos sociais, avaliar o impacto que cada um deles tem no contexto e buscar caminhos para tornar viáveis mudanças pretendidas nesses agrupamentos. É um instrumento de trabalho, baseado na teoria de campo de Kurt Lewin, adotado por organizações que buscam transformações significativas e duradouras. Essa teoria faz parte da Psicologia da *Gestalt**. Para Lewin, o comportamento das pessoas é determinado pela totalidade (*gestalt*) da situação em que o indivíduo vive, o campo. Campo é definido como a totalidade de fatos coexistentes que são concebidos para serem mutuamente interdependentes. As pessoas se comportam de acordo com a forma como são trabalhadas as tensões entre a percepção do *self* (de si própria) e do ambiente. O campo psicológico total, ou "espaço vital", dentro do qual a pessoa age, deve ser percebido para que seja possível entender o comportamento. Dentro dele, indivíduos e grupos podem ser vistos em termos topológicos (usando representações como nos mapas). Indivíduos participam de uma série de "campos vitais", como a família, o trabalho, a escola, a igreja etc. Estes campos são construídos sob a influência de vários vetores de força (a palavra vetor é usada aqui no seu sentido original latino: o que arrasta ou leva).

---

* *Gestalt* é uma expressão alemã que significa um todo coerente, que tem suas próprias leis e é uma construção da mente individual, não da realidade.

Alguns pontos centrais da teoria de campos são:

- o comportamento é função do campo que existe no momento em que o comportamento ocorre;
- a análise do campo começa com a situação como um todo, da qual se extraem as diferentes partes que a compõem;
- a pessoa concreta em uma situação concreta pode ser representada matematicamente.

Kurt Lewin também analisou o poder das forças subjacentes (como as necessidades) que determinam o comportamento e, a partir daí, expressou sua preferência pela descrição psicológica do campo, em contraposição a descrições físicas ou fisiológicas. Ele extraiu *insights* da topologia (ex.: campo vital), psicologia (ex.: necessidades, aspirações) e sociologia (ex.: campos de força — motivos claramente dependentes de pressões de grupos).

Olhando para a sociedade como um todo, podemos percebê-la como um conjunto de campos de forças que surgiram naturalmente como uma forma dos seres humanos se organizarem para atender suas necessidades básicas, como alimentação, segurança, habitação, transmissão de conhecimentos, locomoção, *status*, poder, prazer etc. Assim se formam os "campos vitais" da sociedade.

O COMEÇO

O primeiro campo foi o do "mercado", o local em que se faziam as trocas entre o que as pessoas produziam além de suas necessidades e o que desejavam e/ou precisavam para atendê-las. Os vetores presentes são o trabalho, o consumo, o financiamento, a produção, as comunicações, os transportes e a logística, a educação, os cuidados com os necessitados etc. O mercado, entretanto, não teve condições de atender a todos os integrantes da sociedade. Além disso, havia atividades que o mercado não tinha condições de realizar, como a defesa da população como um todo de ataques de outros povos e a arbitragem em casos de interesses conflitantes. Surgiu então um segundo campo, o "governo", com a finalidade de regular as relações entre os participantes do mercado, garantir a segurança da sociedade como um todo e cuidar para que os marginalizados das relações do mercado tivessem condições de participar dele. O governo foi constituído por delegação dos indivíduos, que abriram mão de alguns de seus poderes em nome de um ideal maior de sociedade. Mas o governo também é insuficiente (incapaz) de proporcionar atendimento a todas as necessidades de toda a sociedade. Então, surge um terceiro campo, o da "filantropia". Ele é constituído por pessoas que buscam por iniciativa própria proporcionar atendimento de necessidades básicas (saúde, educação, carinho, alimentação etc.) àqueles que nem o mercado nem o governo conseguem atender. E o fazem sem buscar remuneração pelos serviços que prestam. Em contraposição a estes que se doam em benefício da coletividade, há os que procuram se valer dela para obter vantagens pessoais ou grupais, agindo com base na força, na coerção, na intimidação. É o campo da criminalidade, daqueles que desprezam as regras de convivência social e buscam obter o que desejam a qualquer custo, não se importando com as conseqüências de seus atos. Estes são os campos organizados. Ainda permanece o campo dos excluídos, aquele em que ficam as pessoas que, por motivos diversos, não conseguem ou não querem se incorporar à sociedade.

Os vários campos que compõem a sociedade surgem a partir de necessidades das pessoas que a integram. Eles têm um propósito, uma razão de existir, mas, com o passar do tempo e devido às diferentes percepções das tensões entre o *self* e o ambiente, vão surgindo distorções.

DISTORÇÕES EM TODOS OS CAMPOS

O campo mercado tem o propósito de produzir e distribuir riquezas para atender à demanda da sociedade. Uma de suas limitações é a falta de interesse na distribuição equânime, o que faz com que este campo esteja voltado para os que já têm riquezas (e podem pagar para aumentá-la), deixando de lado os que talvez mais necessitem de atendimento. Como a medida de sucesso neste campo é a acumulação de riquezas, ocorre também a distorção da busca de resultados no curto prazo. Com isso, ele deixa de representar um ponto de equilíbrio no todo social e passa a ser um instrumento de privilégios.

O campo do governo é composto de vários vetores, sendo os principais deles o Poder Legislativo, que elabora as normas de convivência social; o Poder Executivo, que coloca as normas em ação; o Poder Judiciário, que arbitra as diferenças de entendimento das normas, e o Ministério Público, que atua como vigilante da sociedade para acionar o Judiciário nos casos de violação das normas. Um dos propósitos do governo é garantir equanimidade no acesso às riquezas geradas pela vida social. Entretanto, a possibilidade de exercer a coerção, como quando obriga as pessoas a pagarem impostos que lhe dão sustentação ou quando aprisiona os que deixam de cumprir as normas da vida social, faz com que pessoas que atuam no governo sejam tentadas a extrair benefícios pessoais de sua posição. Como conseqüência, muitos dos diversos vetores de governo acabam por atuar como representantes de grupos de interesse e se afastam do propósito original. Além disso, há também os casos de órgãos de governo que atuam exclusivamente para se perpetuar, ainda que os motivos que levaram à sua constituição não mais existam.

O campo da filantropia é formado de vetores que formam organizações de origens diversas, em geral não-governamentais (embora também haja aquelas ligadas a empresas estatais). Há várias entidades vinculadas a organizações que atuam no mercado, como institutos e fundações de empresas; as vinculadas a organizações religiosas e as formadas por voluntários que se reúnem em torno de uma causa. Seu propósito é praticar o altruísmo, seja no atendimento de necessidades imediatas de segmentos excluídos da sociedade, seja na preservação do futuro da humanidade e da natureza. Uma de suas limitações é que em geral os vetores que compõem este campo são muito especializados e têm a tendência de atuar isoladamente. Também sofrem as distorções de, por serem valorizados socialmente, desenvolverem o sentido de vaidade em seus integrantes, que passam a usá-los como instrumento de promoção pessoal e se distanciam de seu propósito.

O campo da criminalidade pode ter vetores individuais e coletivos (este chamado de crime organizado). Seu propósito é se apoderar de recursos da sociedade para satisfazer necessidades materiais e/ou psicológicas dos indivíduos ou de integrantes de grupos organizados, freqüentemente (mas não sempre) usando de violência. Os integrantes da criminalidade têm alta propensão a assumir grandes riscos, pois podem ser presos ou mortos em ação. Contam, todavia, com a possibilidade de corromper os integrantes dos outros campos para que tenham suas ações acobertadas. Essa possibilidade, entretanto, representa custos sempre crescentes e não garantem lealdade dos corrompidos, que passam a fazer parte da criminalidade, ocupando espaços. Outra forma de atuação da criminalidade é suprir parte das necessidades básicas das comunidades em que se situam, tais como alimentação, saúde e entretenimento. Com isso, buscam proteção por parte dos atendidos a um custo menos oneroso.

O campo dos excluídos é completamente amorfo, sem regras e sem possibilidade de classificação de seus integrantes. Por essas características, os excluídos podem ser levados para qualquer dos outros campos. Isto depende unicamente das iniciativas dos agentes desses outros campos.

Pela teoria de campo, o espaço é limitado e cada campo de força só pode se expandir se houver retração de outro ou outros. Por exemplo, o campo da marginalidade pode se expandir com a incorporação de integrantes do campo dos excluídos (ou do governo, do mercado, da filantropia). Por outro lado, pode ser reduzido se os outros ocuparem mais espaço.

HISTÓRIA RECENTE

A sociedade brasileira viveu uma fase de grande expansão do campo governo até meados dos anos 1980. Nesse período o governo ocupou espaços do mercado, contraindo empréstimos internacionais para desenvolver a produção e distribuição de inúmeros bens e serviços, como aço, energia, telecomunicações, serviços financeiros etc. Essa concentração na produção e distribuição de bens e serviços se deu à custa da retração em outros setores, como educação, saúde a até segurança pública. Como conseqüência, os espaços abertos passaram a ser ocupados pelo campo do mercado ou pela criminalidade. O mercado, com seu foco em acumulação de riquezas no curto prazo, acabou por gerar exclusão dos que não podiam pagar por seus produtos e serviços. Essa exclusão se tornou campo de recrutamento da criminalidade, potencializando os problemas de segurança pública já defasados em relação às necessidades da sociedade.

Mais uma vez, o mercado percebeu a oportunidade e passou a oferecer segurança privada a um custo que apenas privilegiados podiam assumir. Empresas passaram a se utilizar dessa modalidade de segurança, o que onerou seus custos e fez com que os preços subissem, restringindo o consumo também somente aos que podiam pagar. Nesse movimento todo, houve acentuada concentração de renda e de riquezas, ampliando-se ainda mais a exclusão e a violência. Um círculo vicioso se estabeleceu.

A partir da década de 1990 o governo inicia um movimento de saída das atividades de produção e distribuição de bens para se concentrar mais nas atividades que lhe são típicas, como segurança pública e justiça. A desorganização da administração pública e os encargos das dívidas assumidas anteriormente, entretanto, inibem sua ação e durante toda essa década o governo trabalha quase que exclusivamente para "colocar a casa em ordem". Apesar de sucessivas investidas no aumento da arrecadação, poucos investimentos são feitos e as desigualdades permanecem, agravando o quadro de insegurança e aumentando a violência. Passa a ser indispensável uma reinvenção do Estado, com base numa compreensão mais acurada dos campos de força que estão atuando e numa definição precisa de como neutralizar as forças que atuam contra as mudanças e potencializar as forças favoráveis a elas.

A SOCIEDADE COMO UM SISTEMA DE SATISFAÇÃO DE NECESSIDADES

Referência: Grupos Sinapse e Yekanama

A vida em sociedade pode ser vista como um processo de evolução que começa com a busca da satisfação de necessidades fisiológicas e de segurança e segue adiante para a satisfação das necessidades de amor, de pertencer a um agrupamento de valor, de estima e de realização. Esta forma de ver a sociedade é baseada na hierarquia de necessidades apresentada por Abraham Maslow. Para utilizá-la é importante relembrar alguns pontos-chave da sua proposta.

As necessidades humanas se apresentam numa hierarquia que retrata sua potência. Quanto mais básica a necessidade (mais localizada na base da hierarquia), mais potente ela é, no sentido de concentrar mais energia da pessoa que tenta satisfazê-la. Quanto mais alta na hierarquia, menos potente a necessidade é.

No ponto mais baixo da hierarquia estão as necessidades fisiológicas, aquelas relacionadas com a sobrevivência do corpo e da espécie, tais como alimento, água, ar, sono, sexo. A vida social, provavelmente, começou com a percepção de que vivendo em agrupamentos razoavelmente organizados o ser humano tinha melhores condições de garantir a satisfação dessas necessidades.

Satisfeitas as necessidades fisiológicas, surgiu a necessidade de segurança. Inicialmente era a segurança em relação a eventuais ataques de concorrentes pelas fontes de satisfação das necessidades fisiológicas. A estas foram agregadas as necessidades de previsibilidade dos acontecimentos, de ordem, de estrutura, de segurança em relação ao futuro.

O ponto seguinte na hierarquia é o da necessidade de amor e de pertencimento, de ser parte de um grupo. Isto inclui uma família apoiadora, a identificação com outras pessoas e a possibilidade de relacionamentos próximos, íntimos.

A necessidade de estima é a seguinte. Ela inclui ser reconhecido por outras pessoas, o que resulta em prestígio, aceitação, *status* e auto-estima. O reconhecimento por outros leva a sentimentos de adequação, competência e confiança. A falta de satisfação da necessidade de estima leva ao desencorajamento e sentimento de inferioridade.

O ponto mais alto da hierarquia é o da necessidade de auto-realização, definida como um processo constante de expressão do potencial, das capacidades e dos talentos, bem como do preenchimento da missão na vida. Isto implica o autoconhecimento e a aceitação das características pessoais que revelam uma tendência interna de unidade, integração e sinergia.

Maslow define crescimento como um conjunto de processos que leva a pessoa ao ponto da auto-realização. Isto acontece o tempo todo. Não é um processo que salta etapas (ou pontos na hierarquia), mas também não significa que para ir de um tipo de necessidade para outro seja preciso que uma anterior esteja cem por cento atendida. Se ela estiver apenas dez por cento atendida, é pouco provável que outro tipo se manifeste ou se torne consciente. Mas se ela estiver oitenta por cento atendida, certamente o tipo seguinte já estará demandando atendimento. Ele chega a afirmar que, numa sociedade bem organizada, na média as pessoas estão satisfeitas em suas necessidades fisiológicas e de segurança, menos satisfeitas nas necessidades de amor e pertencimento e de estima e privadas das necessidades de auto-realização.

É importante destacar que Maslow sempre procurou deixar bem claro que sua teoria era sobre motivação e não sobre comportamento. Em outras palavras, a hierarquia de necessidades apresentada por ele se refere a *um* dos fatores que influenciam o comportamento: as necessidades. O comportamento, entretanto, é resultante de muitos outros fatores, tais como o ambiente social, econômico, cultural, os padrões de relacionamento, a genética, entre outros. Dessa forma, não se pode inferir de sua teoria da motivação que os comportamentos das pessoas sigam a mesma hierarquia, se é que seja possível falar de algum tipo de hierarquia de comportamentos.

Maslow trabalha com as necessidades de indivíduos, de pessoas. Ele foi um psicólogo clínico (além de professor e pesquisador) e seu foco sempre foram os indivíduos. Mas, a partir de suas propostas, podemos fazer analogias com a vida das pessoas em sociedade e, por extensão, sobre o funcionamento da sociedade.

Atualmente, encontramos no mundo sociedades primitivas, que ainda vivem de caça e coleta de alimentos em uma estrutura social bastante simples. Em outro extremo temos sociedades com um grau tal de complexidade que é até difícil de apreender o todo, tantos são os seus componentes e as intrincadas inter-relações e interdependências. E, entre os extremos, todos os tipos possíveis de complexidade. Mas em todas elas há sistemas voltados para a satisfação das necessidades das pessoas, individualmente ou coletivamente.

NECESSIDADES FISIOLÓGICAS SOCIAIS

Começando pelas necessidades fisiológicas, vemos que para satisfazê-las existem os empreendimentos voltados para a produção e distribuição de bens e de serviços. O que começou como escambo, a troca física e direta entre produtor e consumidor, foi se tornando cada vez mais um processo com inúmeros intermediários e com uma profusão de interesses a serem administrados. Em muitos casos, o objetivo inicial de prover a satisfação das necessidades das pessoas, dos consumidores, foi substituído pela busca de enriquecimento dos empreendedores que colocam capital no empreendimento. A expansão das organizações que atuam nesta atividade fez com que muitas se tornassem extremamente grandes e suas áreas geográficas de atuação se espalhassem por muitos países. O impacto econômico delas chegou ao ponto de ser maior do que a maioria das nações, em termos de geração e circulação de riquezas. Como o controle de seu capital ficou dentro dos países de origem, essas organizações acabaram por levar seus princípios e sua cultura para outros lugares do planeta. De um lado, isto significou a busca de maior produtividade em todos os locais em que se instalavam. De outro lado, levou à eliminação de muitas culturas locais. Mais impactante, entretanto, foi o desenvolvimento de uma cultura de consumo, na qual o volume e a diversidade de posses passou a ser a medida do sucesso das pessoas. E, para aumentar suas posses, as pessoas passaram a não avaliar os caminhos escolhidos. O fim, ter cada vez mais, passou a justificar os meios para a obtenção do que cada um deseja. Esses indicadores de sucesso passaram a ser o principal instrumento de avaliação dos resultados das organizações. E toda uma estrutura de avaliação de seu desempenho foi criada para identificar e divulgar o desempenho delas. Os indicadores foram focados em resultados econômico-financeiros em prazos cada vez mais curtos: no ano, no semestre, no trimestre, no mês, no dia! A cotação das ações negociadas em Bolsa passou a assombrar os executivos das organizações, pois quaisquer oscilações podem significar perdas imensas, literalmente, de uma hora para outra. Então, ampliaram-se mecanismos de proteção contra tais oscilações, os chamados mercados futuros. Em sua origem, esses mercados visavam proteger produtores e consumidores de matérias-primas básicas (*commodities*) das oscilações de preços devidas a condições da natureza. Copiando este modelo, criaram-se mecanismos através dos quais investidores e especuladores apostam na cotação futura, não só de um grande número de matérias-primas, mas também das ações, de moedas de diferentes países e até das flutuações nos índices das Bolsas de Valores. Com isso, a produção e distribuição de bens e serviços se tornou não uma finalidade, mas um instrumento do mercado financeiro para acumular mais riqueza. Um desdobramento deste caminho foi o aumento das desigualdades, já que os que tinham recursos para jogar nos mercados financeiros foram acumulando mais e mais e os que não tinham foram ficando privados do pouco que possuíam. Outro desdobramento foi a busca desenfreada de redução de custos, que resultou em automação de muitos processos de produção (dispensando a utilização de mão-de-obra) e, quando isso não era apropriado, a utilização de trabalho escravo ou semi-escravo em diversas partes do mundo, com a conseqüente redução de postos de trabalho onde os salários e benefícios encareciam o custo. E isso ainda não foi tudo. Os estímulos ao consumo forçaram o aumento da produção de bens que utilizam quantidades crescentes de recursos naturais, muitos deles não-renováveis, e energia também de fontes não-renováveis. Além disso, produzem imensas quantidades de resíduos que são absorvidos pela natureza apenas em centenas ou milhares de anos. Assim foram sendo deturpadas as ações voltadas para a satisfação das necessidades fisiológicas das pessoas em sua vida em sociedade.

NECESSIDADES SOCIAIS DE SEGURANÇA

Em relação às necessidades de segurança os resultados não são muito diferentes. A necessidade de defesa contra o ataque de concorrentes às mesmas fontes de satisfação das necessidades fisiológicas levou à estruturação de governos. Estes avançaram para a criação de meios voltados à organização de normas de relacionamento e de vigilância quanto ao seu cumprimento, provendo as necessidades de previsibilidade na vida social e segurança em relação ao futuro. Diversas formas de governo foram adotadas pelas sociedades ao longo dos séculos (milênios). Houve, e ainda há, governos dos mais fortes fisicamente, militarmente, economicamente; governos impostos por alguns que o assumiram pelo poder das armas; governos eleitos pela população através de diferentes métodos; governos que se consideram assim por direito divino; monarquias democráticas, ditaduras, tiranias. Uma das características comuns a todas estas formas é que os ocupantes do governo acabam por buscar cada vez mais sua permanência no poder visando preservar seus privilégios, distanciando-se do interesse público. Mesmo em governos democraticamente eleitos e renovados periodicamente, esta acaba sendo uma tendência. Os chamados "representantes do povo" são, cada vez mais, representantes de si mesmos ou de grupos de interesse. Como as normas de relacionamento social incluem as atividades econômicas, há crescente manipulação de governos por agentes do poder econômico, seja através da eleição de seus representantes, seja através da atividade de *lobby* visando aprovação de normas e regulamentos que favoreçam determinados grupos, seja através da corrupção dos agentes de governo. Isto tem feito com que as pessoas deixem de acreditar que a instituição governo seja algo efetivamente útil para a sociedade. No vácuo que se cria, outras organizações, como as empresas e o crime organizado, assumem a satisfação das necessidades de segurança. As empresas disseminam a idéia de que ter mais posses, ter coisas mais sofisticadas (como carros blindados) e até mesmo ter serviços de segurança privada é o que vai garantir estabilidade, previsibilidade em relação ao futuro e ... segurança. O crime organizado assume a prestação de serviços de assistência social, oferece postos de trabalho bem remunerados, organiza atividades de lazer e até de assistência médica em troca do acobertamento de suas atividades. E cobra caro por isso, até com a vida. A conseqüência é que a maior parte da população não consegue obter satisfação real de suas necessidades de segurança, mas fica com a falsa sensação de que a alcançou. E se surpreende com a escalada da violência na sociedade, não conseguindo entender suas causas. Isso não as impede, entretanto, de evoluir para o próximo ponto na hierarquia de necessidades.

NECESSIDADES SOCIAIS DE PERTENCIMENTO

Este ponto é o da necessidade de amor e pertencimento. Como foi expresso anteriormente, não é necessário que as necessidades fisiológicas e de segurança estejam atendidas para que as de amor e pertencimento se manifestem. Isto é evidente nos primeiros anos de vida de uma criança, nos quais a necessidade de afeto é evidente, juntamente com as necessidades fisiológicas. Por outro lado, a necessidade de pertencimento só vai surgir em outras etapas da vida, quando a individualidade já se encontra razoavelmente estabelecida. Para satisfazer essa necessidade, há incontáveis possibilidades na sociedade: família, grupos de amigos, escola, trabalho, grupos religiosos, associações profissionais, partidos políticos, sindicatos, entidades filantrópicas, organizações não-governamentais etc. Enquanto estes ambientes sociais se mantêm não-institucionalizados, não-formalizados através de normas escritas ou implícitas, eles cumprem o seu papel de proporcionar amor e senso de pertencer a um grupo com finalidades nobres. Quando se institucionalizam, entretanto, têm a forte tendência a buscar sua própria preservação. Com isso, podem se afastar completamente de suas finalidades e se voltam para si próprias como instituição e não mais como instrumento de satisfação de necessidades. Para justificar sua existência, passam a adotar indicadores de desempenho que tocam a superfície de suas atividades, como o número de pessoas atendidas, o volume de recursos empregado, a quantidade de projetos realizados etc. Poucos desses indicadores se referem às mudanças efetivamente alcançadas e sua permanência. Por causa de tais desvios, estas instituições podem se tornar alvos de outros interesses, como agrupamentos políticos vinculados a interesses econômicos, empresas que querem "polir" sua imagem e até como forma das pessoas aplacarem seus problemas de consciência (por estarem extraindo muito mais da sociedade do que contribuindo com o seu desenvolvimento) e que, para isto, fazem doações a tais instituições. Isso chega a ser favorecido pela legislação, que permite abatimento no pagamento de impostos a quem age desse modo. Essas distorções acabam por interferir no ponto seguinte da hierarquia de necessidades, o da estima.

NECESSIDADES SOCIAIS DE RECONHECIMENTO

Assim como os indivíduos, as sociedades também buscam ser reconhecidas por outras sociedades, obtendo prestígio e aceitação que conduzem aos sentimentos de adequação e competência que, por fim, produzem autoconfiança e auto-estima entre seus integrantes. Uma forma de obter reconhecimento é apresentar desempenho destacado nos indicadores de desempenho existentes. Esses indicadores podem ser econômicos, com PIB *per capita*, taxa de juros, níveis de poupança, índices de endividamento dos governos (federal, estaduais e municipais) e das empresas, volumes de investimentos em atividades econômicas, os custos financeiros e burocráticos de se fazer negócios, entre tantos outros. Também podem ser indicadores que focam o desenvolvimento humano, incluindo itens como expectativa de vida, índices de salubridade e de saúde, acesso ao conhecimento, taxas de escolaridade, além da renda *per capita*. Observe-se que estes são indicadores chamados de objetivos, ou seja, que estão nos "objetos", fora das pessoas. Eles nada dizem dos sentimentos das pessoas, como elas se percebem em relação ao fato de receberem (ou terem oportunidade de receber) atendimento de saúde, escolaridade, saneamento ou mesmo ter a perspectiva de viver mais anos. Estes são indicadores subjetivos, que estão nos "sujeitos". Muitas vezes eles podem ser percebidos, talvez mensurados em termos relativos (alto, médio, baixo ou coisa equivalente), mas não quantificados. Outra forma de obter reconhecimento é fazer algo diferente, inédito, ir além das expectativas de quem observa. Uma sociedade que consegue proporcionar um padrão de vida excepcional para seus integrantes, que transforma ambientes problemáticos em realidades excepcionais, que obtém feitos científicos de ponta, que produz bens e serviços de forma extraordinária e em quantidades recordes, passa a ser referência para outras e gera reconhecimento e auto-estima para seus integrantes. Algumas questões, entretanto, precisam ser levantadas. Uma delas é o custo social dessas realizações. O quanto os ganhos obtidos pelas realizações e pelo reconhecimento são compartilhados por todos? Ou será que apenas alguns agrupamentos ficam com os frutos? E que outras necessidades deixaram de ser atendidas para que uma determinada organização alcançasse os níveis que obteve? E quais serão as conseqüências das conseqüências das conseqüências dos meios utilizados para alcançar os resultados atuais? Um exemplo deste tipo de análise pode ser o caso dos combustíveis renováveis, campo em que o Brasil é um grande destaque mundial. Quando o uso do álcool como combustível foi colocado como uma alternativa válida aos combustíveis fósseis, havia várias possibilidades de estruturação do sistema de produção e distribuição. Uma delas era produzir a partir de diversas matérias-primas, como a mandioca, o milho, a cana-de-açúcar em pequenas usinas, e montar um sistema de distribuição também local. Outra possibilidade era concentrar recursos na cana-de-açúcar em sistemas de produção extensivos e usar a estrutura existente de distribuição de combustíveis derivados de petróleo. Acabou prevalecendo esta alternativa, o que conduziu a mais concentração de renda nos grandes produtores rurais e nas grandes companhias de distribuição. Além disso, a monocultura extensiva ocupou terras antes dedicadas ao cultivo de alimentos e este cultivo avançou sobre as florestas. O mesmo vem acontecendo em relação ao cultivo da soja e à criação de gado de corte. Hoje o Brasil é o maior exportador destes dois produtos e detém tecnologia de ponta na sua produção. Mas o sucesso não apenas não é compartilhado de forma equânime, como também os danos ao meio ambiente derivados das culturas extensivas estão por ser verificados. Assim, a satisfação das necessidades de estima da sociedade está ampliando privilégios e pode estar produzindo danos que recairão sobre as futuras gerações.

NECESSIDADES SOCIAIS DE AUTO-REALIZAÇÃO

O último ponto na hierarquia das necessidades — o da auto-realização — parece ser o ponto crítico de todas as sociedades humanas. O foco no desenvolvimento econômico (talvez mais *crescimento* econômico do que *desenvolvimento*) orientado para a acumulação de bens materiais e o prazer efêmero faz com que as potencialidades humanas mais amplas sejam colocadas em plano secundário. As expressões artísticas, a busca do conhecimento pelo prazer de aprender (a aventura do conhecimento), a prática de valores (solidariedade, generosidade, lealdade, verdade, respeito, justiça, honestidade etc.) de forma desinteressada, sem visar retorno ou contrapartidas, a apreciação da natureza, os relacionamentos calorosos, entre tantos potenciais do ser humano, só encontram espaço para se manifestar se estiverem vinculados às estruturas de produção e distribuição existentes, ou seja, se ao final apresentarem resultados econômicos para os grupos de interesse que dominam o cenário atual. Neste aspecto, é intrigante constatar que os executivos de empresas e de órgãos de governo que mantêm o sistema funcionando desta maneira são pessoas que também encontram sérias dificuldades de expressão de seus potenciais. Os níveis de estresse e de insatisfação com o que fazem são revelados pelos índices de uso de drogas (fumo e álcool incluídos), de problemas cardíacos, de tratamento psicoterápico. Talvez o que esteja faltando neste quadro seja a definição de um propósito, tanto para a organização quanto para as próprias pessoas. E, conseqüentemente, para o país e para a humanidade. Ao se encantar com a tecnologia, que traduz sua capacidade de transformar a realidade, o ser humano perdeu contato com a razão de ser da própria existência e passou a acreditar que sua missão era a de dominar a natureza e não descobrir como a vida em harmonia com ela pode ser magnificamente realizadora de todos os seus potenciais. Ao encantamento tecnológico aliou-se a busca de acumulação de riquezas. Hoje a tecnologia está a serviço dos interesses econômicos de grupos que não hesitam em sacrificar a maioria para que seus objetivos sejam alcançados. Como romper essa prisão ao egoísmo pode ser o grande desafio na busca de transformação da sociedade.

A SOCIEDADE COMO UM *HOLON* FRAGMENTADO

Referência: Grupo Skill

A palavra *holon* é uma combinação da palavra grega *holos*, que significa todo, com a terminação também grega *on*, que sugere a idéia de parte, unidade básica. Assim, *holon* significa parte/todo, no sentido de que cada parte é um todo dentro de todos maiores. *Holons* são pontos em uma hierarquia que descreve a relação entre entidades que, de um lado, são todos completos e que, de outro lado, são partes dependentes de outras partes. O criador desta expressão foi Arthur Koestler, autor húngaro/britânico, cientista político, filósofo, jornalista (foi correspondente na Guerra Civil Espanhola e na Segunda Guerra Mundial) e romancista. Ele sentiu a necessidade de um modelo de descrição da realidade que pudesse unir e integrar os pontos de vista reducionistas e mecânicos da ciência com as visões humanistas e abrangentes de outras formas de conhecimento da realidade. Para isso, ele buscou desenvolver um modelo de percepção dos sistemas sociais humanos que pudesse englobar tanto o nível micro da individualidade quanto o nível macro da coletividade. Esta forma de entendimento da realidade foi, posteriormente, adotada e ampliada por Ken Wilber, considerado atualmente um dos maiores expoentes da filosofia contemporânea.

De acordo com a teoria dos *holons*, em todos os campos da existência, seja ela física, química, biológica ou social, não existem entidades inteiramente auto-suficientes e isoladas. Além disso, as entidades podem ser vistas num relacionamento hierárquico umas em relação às outras, ou seja, há uma hierarquia entre os *holons*. Os sistemas dos quais as entidades fazem parte são chamados de Sistemas Hierárquicos Abertos ou *Holarquias*. Cada unidade de organização identificável, como uma simples célula de um animal ou uma família em uma sociedade, contém muitas unidades básicas (como mitocôndrias e núcleo, pais e filhos) ao mesmo tempo que fazem parte de uma organização maior (tecido e órgão, comunidade e sociedade). Assim, o *holon* é uma parte identificável de um sistema que tem uma identidade própria, embora seja feito de partes subordinadas que, por seu turno, fazem parte de um todo maior. *Holons*, entretanto, não devem ser vistos como entidades físicas, mas como formas sistemáticas de relacionar as estruturas. Em outras palavras, *holons* são pontos de referência para interpretar a realidade. Como os *holons* são definidos pela estrutura de uma hierarquia, cada *holon* pode ser observado como uma série de subierarquias umas dentro de outras, como as bonecas russas. Assim como cada boneca é um objeto isoladamente, o conjunto delas é formado por uma boneca dentro de outra, dentro de outras etc. Os *holons* são, simultaneamente, todos autocontidos e partes dependentes de outros *holons* maiores.

HOLONS SOCIAIS

Esta percepção de que todos os aspectos da vida formam um todo integrado parece estar apenas na cabeça de estudiosos dos fenômenos sociais. A forma como a sociedade está organizada revela que ainda está em prática a visão de que o todo nada mais é do que o ajuntamento das partes. Esta percepção faz com que os diferentes componentes do todo social sejam tratados de modo independente. A política é independente da economia, que é independente dos transportes, que é independente das comunicações, que é independente da cultura, que é independente da educação, que é independente da saúde, que é independente da segurança, que é independente da justiça, que é independente da previdência, que é independente da habitação e assim infinitamente. E dentro de cada um desses elementos também há enorme fragmentação. Na política, os governos são organizados de forma independente dos partidos, os governos federal, estaduais e municipais são independentes e muitas vezes conflitantes, os poderes legislativo, executivo e judiciário vivem em confrontos. Na economia, a agricultura é tratada de forma independente da indústria, que é tratada isoladamente do comércio e todos são tratados de forma independente da logística de distribuição. As diversas formas de transporte — terrestres, marítimos, fluviais, aéreos — são tratadas independentemente umas das outras.

Um dos modos de perceber com clareza como o *holon* sociedade é tratado de forma fragmentada são as ênfases colocadas nos diversos setores de atividade social e os indicadores de desempenho adotados para medir os resultados das ações nesses diversos setores. Alguns exemplos:

- Na educação valoriza-se o número de salas de aula (e de vagas nelas), de professores, de computadores, de componentes dos currículos. Pouca ou nenhuma atenção é dada aos estudantes: onde moram, como se deslocam até as escolas, como se relacionam em suas casas, como é o ambiente em que vivem, como os valores éticos e morais são transmitidos a eles; como os professores são formados e a motivação que os levou ao magistério. Os indicadores de desempenho em geral são aferidos pelo número de matriculados e de formados.

- Nas comunicações são enfatizados os investimentos em infraestrutura, novas tecnologias, volume e gama de conteúdos que são veiculados. Pouco ou nada se analisa sobre qual a composição dos "conteúdos dos conteúdos" (que mensagens eles passam), quais são as intenções de quem veicula os conteúdos, quanto dos conteúdos é voltado para a disseminação de uma cultura de consumo, quanto dos conteúdos é voltado para a disseminação de valores e estímulo à criatividade. Os indicadores são os índices de audiência e a taxa de utilização da capacidade instalada.

- No âmbito dos transportes, enfatizam-se a construção de mais vias, a produção de mais veículos, a incorporação de mais tecnologia, o uso de novos materiais e de combustíveis alternativos. Não são feitas perguntas sobre por que pessoas e coisas precisam ser transportadas, qual deveria ser a proporção adequada de uso de energia para transportar pessoas e coisas e para transportar o próprio veículo. Os indicadores focam o número de pessoas e toneladas transportadas e o custo unitário dos transportes.

- No ramo da habitação, busca-se a construção de mais unidades habitacionais, novos materiais e técnicas inovadoras de construção. Pouca atenção é dada a questões como por que as pessoas precisam morar em determinados lugares, a relação entre lugar de moradia e de trabalho, educação e lazer, que compõem a qualidade de vida. Os indicadores se restringem ao número de habitações e de pessoas por habitação.

- Nos sistemas de produção é dada grande ênfase aos processos, aos ganhos de escala, aos custos diretos e indiretos. Quase nada se analisa sobre os custos dos detritos, os propósitos com que os produtos são feitos (atender às necessidades de quem? Consumidores ou acionistas?), eventuais danos à saúde provocados pelos produtos, os materiais não-renováveis utilizados nos produtos e nas embalagens, a obsolescência programada que visa manter um ciclo contínuo de consumo. Os indicadores são os custos unitários, as margens de lucratividade e o retorno sobre o capital e os investimentos.

- No setor de energia, a atenção é concentrada na busca de novas reservas das fontes tradicionais e de fontes alternativas, nas tecnologias de produção, transmissão e distribuição. Ficam esquecidas as análises sobre sustentabilidade (inclusive das fontes renováveis, como a biomassa), desperdícios, perdas e danos ao meio ambiente. Os indicadores são a quantidade produzida e consumida e o consumo *per capita*.

- Na saúde, a ênfase está na busca de novas tecnologias (especialmente no campo dos diagnósticos), a busca de novas drogas visando cura, a manipulação genética, o aprofundamento das especialidades. Pouca atenção é dada às práticas voltadas para a prevenção, à alimentação saudável, à prática de esportes, aos relacionamentos saudáveis e ao trabalho com significado. Os indicadores costumam ser o número de leitos em hospitais, os índices de cobertura das campanhas de vacinação, o número de cirurgias, o número de médicos por habitante.

- Em relação à segurança, os objetivos são a construção de mais presídios, o aumento da força policial (pessoas e veículos), a criação de bancos de dados, o uso de novas tecnologias para o combate ao crime. Pouco se faz para correlacionar os índices de criminalidade com as condições de habitação, trabalho, educação, comunicação e a de formação do caráter; nada se fala sobre o caráter vingativo das punições aos criminosos. Os indicadores são o número de prisões, de vagas nelas, de crimes, de punibilidade.

HOLONS REGIONAIS

Esses exemplos se referem à percepção fragmentada do país isoladamente. Pela teoria dos *Holons*, entretanto, cada país é também um componente de um todo maior. Este todo pode ser uma região, um continente ou o planeta como um todo. E é bom lembrar que as fronteiras do planeta também já estão sendo ultrapassadas, com as missões espaciais, tripuladas ou não, a outros corpos celestes. E isto também traz desafios, como o de tratar o lixo espacial que o ser humano está produzindo.

Focando ainda os países em suas regiões, percebemos que as intenções dos acordos de integração, como o Mercosul, o Nafta, a Comunidade Econômica Européia, entre outros, também podem estar contaminadas pela visão fragmentada. Na medida em que tais acordos visam explorar as vantagens competitivas de cada integrante, deixam de lado a busca de equanimidade, de garantia de padrão de vida equivalente a todos os seus habitantes. Explicações do tipo "antes eles não tinham coisa alguma, agora pelo menos têm um emprego" são usadas para mascarar as reais intenções, mais voltadas para a obtenção de ganhos de custos através do emprego de mão-de-obra mais barata. Mesmo em regiões em que há outras intenções, como na Comunidade Econômica Européia, que investiu nos países mais pobres, especialmente Grécia, Portugal e Espanha, para que todos tivessem condições de participar mais amplamente do desenvolvimento regional, há claros sinais de que a visão fragmentada predomina. A Comunidade não tem condições de se manter sem contar com recursos provenientes de outras regiões, como a América Latina, a África, o Oriente Médio e o Sudeste Asiático. Entretanto, as barreiras protecionistas, aí incluídos os fortes subsídios à produção agrícola local, persistem. Mais uma vez se percebe que a intenção de tais acordos está no sentido de buscar benefícios para seus integrantes, sem se importar com o bem-estar dos que estão fora deles, vistos apenas como fornecedores de recursos. Um exemplo marcante de egoísmo coletivo.

PERCEPÇÃO ESTREITA

Esses exemplos são eloqüentes na demonstração de que a visão fragmentada do *holon* social pode produzir muito mais problemas do que soluções, apesar das muitas boas intenções que caminham lado a lado com as intenções dos que visam obter vantagens pessoais ou grupais de seus relacionamentos com o todo.

Quando falamos de boas intenções, nos referimos às iniciativas voltadas sinceramente para o bem comum, mas que, por falhas de percepção, podem até resolver problemas imediatos, mas acabam por se converter nos problemas de amanhã. Casos exemplares podem ser encontrados em acordos de paz que deixam de levar em conta características étnicas, históricas e até religiosas. Num primeiro momento podem produzir uma paz aparente, mas os problemas futuros acabam por gerar violência ainda maior do que antes dos acordos serem firmados.

O grande desafio dos dias atuais é desenvolver a compreensão efetiva do que significam os *holons* e, levando em conta suas características, obter resultados que sejam efetivamente voltados para o bem-estar do todo e não para beneficiar alguns no curto prazo, colocando a sobrevivência do todo (inclusive dos beneficiários de hoje) em risco permanente e total.

A SOCIEDADE COMO UM
SISTEMA DE IDENTIDADES

Referência: Grupo Vila Humana

Cada pessoa tem um amplo conjunto de identidades que a ajudam a definir quem ela é e o que cada identidade lhe proporciona. Estas identidades são individuais (seu nome, sua posição no ambiente de trabalho, os resultados que alcança em suas atividades etc.) e sociais (seus papéis familiares, nos grupos que freqüenta, sua profissão etc.). Para que estas identidades tenham sentido, é preciso que as outras pessoas reconheçam que elas existem. Isto se dá através da identificação da pessoa com os agrupamentos de que participa e as diferenciações que ela faz entre eles e outros agrupamentos. A Teoria da Identidade Social provê os referenciais a esta forma de ver as pessoas em sociedade.

O primeiro elemento da identidade social é a categorização. Nós categorizamos agrupamentos sociais para entendê-los, de maneira muito parecida como categorizamos pessoas (incluindo nós próprios) para entender o ambiente social. Usamos categorias sociais como brancos, negros, nordestinos, cristãos, muçulmanos, estudantes, motoristas de ônibus, porque elas são úteis. Quando colocamos alguém numa categoria, ela nos diz alguma coisa a respeito dessa pessoa. Não conseguimos pensar sem usar categorias, pois elas fornecem um contexto. No caso do motorista de ônibus, o contexto é o ônibus. De forma semelhante, descobrimos coisas a nosso respeito ao saber a que categorias pertencemos. Assumimos comportamentos adequados às normas dos grupos a que

| 161 |

pertencemos. Mas isso só podemos fazer se pudermos dizer quem pertence e quem não pertence ao grupo.

O segundo elemento é a identificação. Nós nos identificamos com os grupos a que nos percebemos como pertencentes. A identificação tem dois sentidos. O primeiro deles é que parte do que somos se deve ao fato de sermos membros de um grupo. Por isso, algumas vezes usamos "nós" versus "eles". Quando queremos expressar nossa individualidade, usamos "eu" versus "ele" ou "ela". Em algumas situações pensamos em nós como membros de um grupo e em outras pensamos em nós como indivíduos. O fato de nos percebermos como membros de grupos e também como indivíduos é parte do nosso autoconceito. Temos nossa identidade social e também nossa identidade individual. A identidade não é algo externo à pessoa e que é "pregado" a ela, mas algo real que faz parte da sua vida. Outro sentido implicado no conceito de identidade é de que somos, de certa maneira, o mesmo ou idênticos a outras pessoas. Isto quer dizer que, para determinados propósitos, tratamos outros membros do grupo da mesma forma como nos tratamos. Usando um exemplo extremo, numa situação de guerra, tratamos nossos parceiros do mesmo modo como nos tratamos, mas tratamos os integrantes do "outro" grupo de modo totalmente oposto. Os "nossos" devem ser preservados; os "outros" devem ser mortos, embora todos façam parte do grupo de militares.

O terceiro elemento da teoria da identidade social é a comparação. Este é um instrumento de afirmação da auto-estima. Para nos avaliarmos, nos comparamos com os que são parecidos conosco. Fazemos isso dentro dos nossos grupos, nos comparando com outros membros dele (outros familiares, colegas de trabalho, de turma na escola etc.), buscando destacar nossas qualidades ou pontos em que nos sentimos superiores. Também desenvolvemos a auto-estima nos sentindo parte de um grupo de prestígio. Para isso recorremos a comparações com outros grupos semelhantes ao nosso, mas em relação aos quais nos percebemos relativamente superiores. Isto pode ser feito através de pontos positivos de ambos ou por valoração de coisas que nosso grupo tem e que os outros não têm ou que, embora os outros tenham, consideramos que o fato de não termos nos faz melhores. Outra alternativa é considerar que o outro tem algo que não temos, mas também temos algo que eles não têm, e o que temos é superior. Por exemplo, alguns países não têm as riquezas materiais e tecnológicas que o chamado "mundo desenvolvido" tem, mas em alguns casos podem dizer que têm uma riqueza espiritual que os desenvolvidos não têm.

MÚLTIPLAS IDENTIDADES

Como estes três elementos da Teoria da Identidade Social podem nos ajudar a entender como a sociedade funciona? Talvez o ponto de partida seja reconhecer que a própria sociedade tem inúmeras identidades e as pessoas se reconhecem em algumas delas em determinados momentos e em outras em outros momentos. Tantas identidades, porém, podem significar nenhuma identidade. Parafraseando Mário de Andrade, talvez a sociedade brasileira seja uma sociedade sem nenhuma identidade.

ECONOMIA

Um dos pontos de partida para a maior parte das análises costuma ser a economia. Com que aspecto da sua economia a sociedade brasileira se identifica? Com as empresas de ponta, como no ramo da aeronáutica, da prospecção de petróleo, da produção de veículos movidos a múltiplos combustíveis? Com o agronegócio, líder mundial em vários campos, como o da produção e comercialização de soja e derivados, de carne bovina, de suco de laranja? Com o terceiro setor, que apresenta crescimento intenso na direção da socioeconomia solidária? Ou com as taxas de juros mais altas do mundo, que não têm contido o desenvolvimento econômico? Ou com a economia informal, rótulo muitas vezes usado para práticas ilegais, tais como contrabando, sonegação de impostos e até servidão humana? Ou com a pesada carga tributária, sem a contrapartida de serviços dignos, oferecida pelos governos? Com a imensa burocracia que rege a formalização dos negócios: criação de empresas, sua manutenção e, talvez a pior de todas, seu encerramento? Estas múltiplas facetas da economia, por vezes incompreensíveis pelas contradições que encerram, podem indicar que a sociedade se identifica com os resultados de curto prazo, sem a intenção de criar um futuro sustentável. Ela pode estar sendo movida por interesses de grupos que buscam obter vantagens imediatas, sacando contra o futuro, e que conseguem "vender" a idéia de que o consumo também imediato é a melhor forma de as pessoas se identificarem com o sucesso e obterem reconhecimento de que são capazes, competentes e ajudam no desenvolvimento do país.

POLÍTICA

Esta visão míope da economia pode estar presente no campo político também. Ao mesmo tempo que a estrutura de poder do governo é capaz de criar o Código de Defesa do Consumidor e o Estatuto da Criança e do Adolescente mais avançados do mundo e uma Lei Geral de Telecomunicações que permite a multiplicação por dez do número de pessoas com acesso a telefone em poucos anos, também é capaz de produzir espetáculos de suborno, acordos de bastidores visando interesses pessoais e de grupos, fisiologismo explícito e trocas rasteiras de favores. A questão da identidade com a estrutura política é desafiadora. Ao mesmo tempo que amplas parcelas da população vêem o poder político como fonte de muitos males para a sociedade, parece que também buscam obter vantagens imediatas através dos políticos. Os mesmos que são fortemente criticados pelos eleitores continuam a ser reeleitos sem que tenham feito coisa alguma que justificasse a superação da indignação dos que neles votam. Parece que não há a percepção de que as coisas são interligadas: maus políticos criam leis que desequilibram a vida social e geram iniqüidades. Mais uma vez, a identificação parece ser com quem promete benefícios de curto prazo, reais ou ilusórios.

DESIGUALDADES

O mesmo pode ser observado em relação às classes sociais. A forma como a economia e a política são conduzidas leva a grande concentração de riquezas e produz imensas desigualdades sociais, que se refletem em discriminação nas oportunidades de educação, trabalho, acesso aos serviços de saúde, habitação, transportes e lazer. Por outro lado, parece haver uma compensação dessas desigualdades através do incentivo ao con-

164 |

sumo de produtos supérfluos, supostamente voltados para uma vida digna. Fabricantes e comerciantes de produtos de consumo duráveis e não-duráveis incentivam, através da comunicação de massa, todas as classes sociais a consumirem alimentos industrializados sofisticados, que devem ser conservados em refrigeradores, preparados em fornos de microondas de acordo com receitas apresentadas na televisão por *chefs* famosos. Aliás, não é uma televisão qualquer, mas uma de tela grande de plasma. Para comprar esses produtos e bens será necessário utilizar o crediário, no qual as taxas de juros embutidas vão aumentar em muito o preço pago. Mas este será o preço de se identificar com a sociedade de consumo, na qual ter mais coisas novas é sinônimo de fazer parte de um grupo reconhecido. A identificação com padrões sofisticados de consumo, entretanto, acaba por produzir a busca do dinheiro supostamente fácil através de meios ilícitos, o que, por sua vez, leva ao incremento da violência. Mas isto parece que não é percebido.

EDUCAÇÃO E PESQUISA

A percepção dessas interdependências pode ser estimulada através da educação e da pesquisa científica. E aqui há mais algumas dificuldades de identificação. Com quem podemos nos comparar neste campo, visando o desenvolvimento da auto-estima? Ao mesmo tempo que instituições acadêmicas e científicas brasileiras participam de pesquisas de ponta no campo da biologia molecular, compondo o grupo de cientistas que desenvolve o mapeamento do genoma humano, colabora com o desenvolvimento da estação espacial internacional e cria tecnologia inédita para a exploração de petróleo em águas profundas, temos professores amedrontados por ter de dar aulas nas periferias das grandes cidades em ambientes de altíssima violência moral, física e psicológica. E ao mesmo tempo que as escolas são equipadas com tecnologia de ponta, com computadores e Internet de alta velocidade (embora poucos professores estejam habilitados para operá-los), pouco ou nada se faz em relação ao ensino de valores básicos para uma vida social saudável, como o respeito, a justiça e a solidariedade. Nem mesmo as matérias técnicas básicas, como matemática e língua portuguesa, são ensinadas de forma a permitir atuação social eficaz por parte dos alunos. Isto acontece até mesmo nas escolas particulares tidas como de alto padrão. A educação continua sendo identificada como o caminho para a ascensão social, mas o que se ensina nas escolas está defasado em relação ao que as organizações demandam e a sociedade precisa. Enquanto estudantes, as pessoas são identificadas como "o futuro do país". Depois de formadas, passam a ser mais um problema social, pois não conseguem trabalho.

A educação não se pratica apenas nas escolas, nas salas de aula. Na escola, ela está presente também (talvez principalmente) no recreio, quando as crianças e jovens estão fora da vigilância dos professores. É nesse ambiente que pode se dar, em grande parte, a formação do caráter. Assim como em casa, através da atuação da família. E com as crescentes demandas para ter mais e mais coisas, pais e mães precisam buscar trabalhos que proporcionem ganhos financeiros. E as jornadas de trabalho se tornam cada vez mais longas, tanto para empregados de empresas, sejam executivos ou operários, seja para quem está na informalidade, trabalhando muitas vezes nas ruas. Com isso as crianças que têm sorte (e pais com algum dinheiro), vão para creches públicas ou privadas e têm pouco contato com os familiares. Quando não, ficam nas ruas mesmo, sujeitas a todo tipo de influências, inclusive de criminosos. Quando voltam para suas casas (casas?), principalmente as mães ainda têm mais um turno de trabalho para cuidar dos afazeres domésticos, como lavar a roupa, limpar a casa, preparar alimentos. Se der tempo e houver alguma disposição, talvez queiram saber como vão as coisas na escola, o que é feito quando praticamente todas as energias se esgotaram. Qual o efeito que isso tem na formação das crianças? Como elas percebem o significado do trabalho, quando vêem seus pais nesse estado no fim do dia/começo da noite? Que valor elas vão atribuir ao trabalho? Com o que elas vão se identificar? Ao mesmo tempo que isso acontece, elas estão vendo criminosos de todos os tipos (inclusive os de colarinho branco e cargos elevados) levando uma vida aparentemente fácil e cheia de prazeres. Parece que poucos conseguem associar essas dificuldades para manter uma família saudável com a crescente violência que afeta a todos.

SAÚDE

A violência chega até mesmo aos postos de saúde nas periferias das grandes cidades. Já vai ficando comum ver médicos, enfermeiros e auxiliares de enfermagem se recusarem a trabalhar em determinadas localidades por sentirem que suas vidas estão em risco. Neste campo também identificação não é fácil. Há avanços extraordinários no campo das tecnologias de diagnóstico, técnicas de transplantes e nos programas de prevenção e tratamento da AIDS e de vacinação, muitos deles considerados exemplos para outros países. Ao mesmo tempo, doenças que podem ser evitadas até com relativa simplicidade, como a dengue e a malária, ainda permanecem e se apresentam com crescente periculosidade a cada ano. E até a tuberculose, supostamente erradicada há muitos anos, está de volta. Parte expressiva dos problemas aqui parece ser o dos egos inflados. Cada pessoa que assume a formulação e implementação de políticas relativas à saúde vem com planos próprios de "salvar o mundo". São planos grandiosos e pouco práticos, baseados em alta tecnologia, ao contrário das medidas simples, baseadas na preparação das pessoas para atender a cuidados básicos de limpeza e higiene, que podem ser poderosos preventivos. Além do ego dos responsáveis pelos programas de saúde há também os interesses dos laboratórios farmacêuticos, dos donos de farmácias, dos fabricantes de equipamentos, dos proprietários de hospitais, laboratórios de análises clínicas. Interesses de grupos que podem se sobrepor aos das pessoas com poucos recursos, mas que ficam "encantadas" com as propostas mirabolantes e acreditam que só através dos tratamentos sofisticados é que irão recuperar a saúde que não deveriam ter perdido.

Saúde que pode ser preservada através de atividades de esportes e lazer. No campo dos esportes há grande identificação das pessoas com o país, quando atletas conquistam campeonatos importantes, como a Copa do Mundo de Futebol, a Liga Mundial de Vôlei, o Mundial de Ginástica. Muitas dessas conquistas foram resultado de anos de preparação dedicada e persistente, como aconteceu com o vôlei. Foram anos de seleção cuidadosa de atletas ainda juvenis, preparação específica e investimento técnico e humano. Neste esporte instalou-se uma cultura de investimentos e renovação constante, fazendo com que o país seja líder há mais de uma década. Algo semelhante está acontecendo na formação e desenvolvimento de atletas em ginástica olímpica. Já no futebol, as conquistas são resultantes mais da sorte na hora de juntar atletas excepcionais e obter deles um conjunto harmônico (mérito dos técnicos e de alguns atletas abnegados) do que de organização adequada. Ao contrário, a estrutura do esporte é caracterizada pelas mesmas mazelas que se observam na política miúda: corrupção, sonegação, arranjos subterrâneos para acomodar amigos. Isso acontece tanto nos clubes quanto nos órgãos oficiais de representação do esporte, como as federações e a confederação brasileira. Mesmo assim, este é o esporte que mais expressa a paixão do brasileiro, chegando a transformar os dias de partidas da seleção no campeonato mundial em feriados virtuais, aos quais todos atendem.

Se os esportes podem ser um elemento de forte identificação dos brasileiros com o seu grupo, o seu país, as religiões podem ser um instrumento de convivência na divergência. Chama a atenção de muitos outros países a harmonia em que vivem praticantes das mais diversas religiões que, em outros lugares, são ferozes inimigos. Católicos e protestantes, judeus e muçulmanos, diferentemente da Irlanda ou do Oriente Médio, por exemplo, aqui convivem em paz. Além disso, o sincretismo religioso, a prática de mais de uma religião, é comum, como católicos que também são espíritas ou praticantes do candomblé. As religiões, de certa forma, não impedem as pessoas de se verem como amigas, freqüentarem suas casas, compartilharem suas comidas típicas, suas manifestações artísticas e participarem de atos ecumênicos. Talvez este seja um traço marcante do país que faz com que todas as etnias se sintam "em casa", na mesma casa, e encontrem pontos de identificação comuns.

MEIO AMBIENTE

Outra característica do país que favorece pontos de convergência são os recursos naturais, a biodiversidade e a riqueza das paisagens. Mas, se por um lado, todos reconhecem a importância desses elementos para a vida saudável do próprio planeta, a grande maioria maltrata o meio ambiente. Parece haver a crença de que a natureza tem recursos infinitos e pode dar conta de recuperar todo o dano que lhe for infligido pelo ser humano. A devastação das florestas para extração da madeira e de minerais e pedras preciosas ou para o cultivo da soja ou ainda para a formação de pastos para o gado de corte, grandes destaques da agroindústria e das exportações, reduz em muito a capacidade delas de contribuir para uma atmosfera mais amigável em todo o planeta e coloca em risco de extinção um número crescente de espécies animais e vegetais. São tantas as agressões que periodicamente aparecem propostas de internacionalizar a Amazônia, para preservar suas características e sua capacidade de regeneração. Depois que o país assinou o Protocolo de Kyoto, começou a busca das transações com créditos de carbono, através dos quais os países mais poluidores compram tais créditos, que devem ser aplicados na manutenção de ambientes preservados ou para recuperar o que já foi danificado, para compensar os danos que eles produzem. Neste caso, o Brasil ainda pode ter um grande potencial para vender tais créditos, mas a situação pode se tornar crítica em pouco tempo se não houver conscientização dos que se aproveitam das reservas naturais atuais, em nome da geração de trabalho e renda para populações de baixa qualificação. Se o país quer ser identificado como reserva ecológica, precisa transformar urgentemente suas relações com a natureza.

IDENTIFICAÇÃO COM O QUÊ?

Como se pode notar, a identificação social dos brasileiros com seu próprio país e dos que vivem aqui pode ser facilmente alcançada por inúmeras razões, que fazem com que todos possam se incluir na categoria de habitantes de uma terra plena de oportunidades e também com imensos desafios a serem superados. Esta identificação pode desenvolver a autoestima pelo fato de participar de uma sociedade que tem características positivas únicas em todo o mundo, embora também tenha problemas imensos que precisam ser resolvidos através da sua própria criatividade e não de receitas vindas de outros lugares. Neste aspecto, a comparação com outras sociedades também pode favorecer a identificação, já que é reconhecida a capacidade de quem vive aqui para encontrar soluções inéditas para seus problemas. Basta ver a inexplicável alegria de todos os extratos da população, ainda que a distribuição de renda e de oportunidades seja tão desigual. Se caminhos forem encontrados para superar estas desigualdades e fomentar o espírito público dos principais agentes econômicos e políticos, certamente a evolução da sociedade brasileira será reconhecida como mais uma marca distintiva desta sociedade e mais um de seus modelos para o mundo.

COMO A SOCIEDADE DEVERIA FUNCIONAR E COMO CHEGAR LÁ

Aqui são apresentadas as visões ideais de funcionamento da sociedade e propostas de caminhos para que o todo evolua na direção apontada. Este não é um conjunto completo de propostas, mas uma coletânea de exemplos que mostram ser possível propor o funcionamento ideal da sociedade a partir de uma multiplicidade de pontos de vista. Com eles, esperamos estimular os leitores a buscarem muitas outras possibilidades e alternativas de caminhos para um desenvolvimento social seguro, sustentável e, acima de tudo, eqüitativo. E que as coloquem em ação. Nunca é demais ressaltar que boas idéias não geram resultados — é a implantação delas com excelência que os produz.

A SOCIEDADE COMO UM SISTEMA IDEAL, LIVRE DE CONDICIONAMENTOS

Referência: Grupo Agora

O ponto de referência para a definição de uma sociedade ideal adotado neste trabalho é uma lista compilada pela Universidade Brahma Kumaris em conjunto com a Organização das Nações Unidas. Esta compilação foi feita entre os anos 1988 e 1990, mas ainda tem plena validade. Os pontos listados são:

1. Reverência à vida.
2. Reconhecimento e respeito pela dignidade e integridade de cada ser humano.
3. Meio ambiente limpo, fresco, verde e com equilíbrio ecológico.
4. Todos os seres humanos saudáveis e alegres em espírito, mente e corpo.
5. Todos os seres humanos com abrigo, alimento e água saudáveis.
6. Todos os indivíduos em paz consigo mesmos.
7. Justiça social, econômica e política, com total respeito aos direitos humanos.
8. Amor, confiança, amizade e entendimento em todos os relacionamentos.
9. Vida em família cheia de amor, preenchedora, contribuindo para o sentimento de uma família universal vivendo em harmonia.
10. Todos os indivíduos com oportunidades iguais para o crescimento, progresso educacional e emprego, com total encorajamento para o desenvolvimento de suas potencialidades.

11. Todos os indivíduos gozando de liberdade de expressão, movimento e ação, respeitando as liberdades e direitos dos outros.
12. Comunicação aberta e franca em todos os níveis da sociedade.
13. Honestidade e senso de responsabilidade dentro dos organismos governamentais e em todos os setores da sociedade.
14. Compromisso dos governos de trabalhar para o bem-estar e o progresso dos povos.
15. Cooperação nos âmbitos local, nacional e internacional.

Levando em conta a relatividade do conceito de ideal (o que é entendido como ideal por uma pessoa pode não ser entendido da mesma forma por outra), torna-se necessário identificar um elenco mínimo de valores que possam ser percebidos como "universais". A partir da lista acima, é possível chegar a três conjuntos:
- reverência à vida
- liberdade e responsabilidade
- amor, generosidade e confiança

A reverência à vida é a busca de cada indivíduo pelo equilíbrio dinâmico entre mente, corpo e espírito, reconhecendo que todos os outros indivíduos estão buscando o mesmo, cada um de sua própria maneira. É um processo de evolução da consciência para a percepção de que "eu, a humanidade e a natureza como um todo somos um só". Este processo acontece através da ampliação do autoconhecimento, que permite a evolução do egoísmo para o altruísmo.

Liberdade é o reconhecimento das limitações da condição humana, que podem se manifestar nos medos, no egocentrismo, nos impulsos e nos condicionamentos. A aceitação dessas limitações e a capacidade de lidar com elas de forma natural é o verdadeiro sentido da liberdade. A responsabilidade é o respeito pela individualidade do outro (o que inclui suas limitações), pelas suas peculiaridades únicas, a valorização da diversidade. Em certo sentido, liberdade e responsabilidade são conseqüências da maior compreensão de si mesmo e da natureza humana.

Amor é o entendimento do sentido maior da vida, que é estar a serviço do outro sem esperar recompensa ou reciprocidade. A generosidade é o amor sem limites e sem restrições de qualquer tipo. A confiança é a certeza de que todos os outros também têm estes valores como princípios direcionadores de sua existência, embora circunstancialmente eles possam estar entorpecidos.

SOCIEDADE BASEADA EM VALORES

Uma sociedade ideal pode ser encontrada onde há a prática generalizada destes valores sem que as pessoas sejam obrigadas a observá-los nem haja punição pelo seu descumprimento. É verdade que a prática universal pode ser utópica, já que mesmo em sociedades altamente evoluídas podem ocorrer desvios. Estes desvios, entretanto, são vistos como sinais de que é preciso evoluir ainda mais. Neste sentido, os desvios são necessários para lembrar a natureza imperfeita do ser humano e estimular a evolução. E se a evolução é algo permanente, a sociedade ideal não é um destino, mas uma jornada.

Como funciona uma sociedade baseada em valores e em permanente evolução? Provavelmente através de processos que levem as pessoas a desejarem ser cada vez melhores e buscarem efetivamente ser melhores em cada momento de suas vidas. Fazendo paralelos entre os processos atualmente vigentes na sociedade, que condicionam as pessoas ao consumismo, ao acúmulo de bens materiais e ao egoísmo, podemos imaginar processos orquestrados que despertem o crescimento pessoal e a contribuição com a evolução do coletivo.

O primeiro elemento destes processos é o da formação familiar. Nesse ambiente, no qual a criança recebe suas primeiras lições de vida, é necessário que estejam presentes exemplos abundantes dos valores preconizados para uma sociedade ideal. Eles devem estar nos relacionamentos, na forma como as pessoas falam umas com as outras, nos assuntos que são trabalhados e o foco que se dá a eles (destaque de coisas positivas, construtivas), na atenção que se dedica a todos os seres, animados ou não, revelando carinho, zelo, respeito. Nos primeiros anos de vida, nos quais a criança procura copiar o que observa no comportamento dos adultos, estas são lições valiosas para a formação de pessoas autoconfiantes e que se importam com o todo.

| 175

Depois da família vem o processo de educação formal, através do qual a criança/adolescente vai desenvolver sua capacidade de pensamento autônomo e vai buscar sua afirmação como indivíduo. A educação, portanto, é um instrumento poderoso para a disseminação dos valores que devem reger as relações da pessoa com outras pessoas e com todos os demais integrantes do mundo que a cerca. Além de passar informações e conhecimento, é objetivo da educação em uma sociedade ideal a formação do caráter.

O trabalho é outro ambiente em que se dá a complementação da formação. Na sociedade ideal, o trabalho é um canal de realização das potencialidades da pessoa e a principal forma dela retribuir para a sociedade e o ambiente todos os investimentos que são feitos nela. Visto desta maneira, o trabalho, qualquer que seja sua natureza (desde as tarefas mais simples até as decisões mais complexas), é uma fonte de realização através da prática do amor. É claro que ambientes de trabalho com estas características são regidos por princípios de cooperação e economia solidária, e não por competição predatória e ganância.

Outro âmbito no qual a sociedade ideal se realiza é o da mídia. Por sua própria definição, a mídia é a intermediação entre os acontecimentos e as pessoas. Esta intermediação pode ser feita visando desenvolver a consciência das pessoas sobre o papel que têm na melhoria da qualidade de vida de todos, noticiando melhores práticas e formas criativas de solução dos problemas e desafios enfrentados no dia-a-dia. Além disso, a mídia pode ser um instrumento poderoso para a formação cultural e artística, produzindo programas de lazer e entretenimento com obras de autores consagrados e iniciantes de primeira linha. Em obras desse tipo, certamente os dramas e as alegrias da evolução do ser humano são retratados de forma brilhante. Os anunciantes, por seu turno, contribuirão de bom grado com a manutenção das organizações, tendo em vista os retornos que terão junto aos espectadores satisfeitos com a alta qualidade da programação.

O governo é mais uma instância da sociedade ideal. Nas sociedades não-ideais, os papéis básicos do governo são fazer leis que devem ser obedecidas por todos, implementar estas leis e julgar os casos de desvios em relação às leis, definindo as punições, se for o caso. Na sociedade ideal o papel fundamental do governo é de articular as diferentes forças para obter a melhor produtividade dos recursos disponíveis, visando assegurar condições de vida digna a todos, com total respeito ao meio ambiente. Neste sentido, na sociedade ideal não há necessidade de leis, pois todos estão voltados para o bem comum. Um dos indicadores de evolução da sociedade rumo ao ideal é a diminuição do número de leis. Quanto menos leis houver, mais as pessoas demonstrarão ter incorporado os valores do altruísmo, da solidariedade, do respeito, da justiça, da liberdade, do amor.

Família, escola, trabalho, mídia e governo são instituições permanentes da sociedade. Poderiam ser suficientes se ela fosse estática e, de certa forma, estivesse pronta e acabada. Mas a vida é dinâmica e está em processo contínuo de evolução. Para garantir que não haja estagnação social, são necessárias as Organizações Não-Institucionais (ONIs), sucessoras das Organizações Não-Governamentais (ONGs). Na sociedade ideal, cabe a elas o papel de criação contínua de desafios voltados à busca de novos padrões, mais elevados, de vida, bem como de ampliar a percepção das pessoas para sua ligação com o cosmos, em planos muito mais elevados de consciência.

Todos estes componentes atuam na forma de processos contínuos, interligados e interdependentes, ou seja, modificações em qualquer um deles têm impacto em todos os demais. A compreensão clara deste fato é indispensável para entender o funcionamento da sociedade, bem como para identificar os pontos de intervenção mais promissores para favorecer sua evolução. E, por fim, é necessário destacar que todas as organizações são compostas de pessoas que se agrupam para realizar algo em comum. Assim, a transformação das organizações acontece pela transformação das pessoas que, livres de condicionamentos, passam a buscar a construção da sociedade ideal.

É importante destacar que uma sociedade ideal não é sinônimo de sociedade perfeita. Esta pode ser a utopia a ser buscada e que provavelmente nunca será alcançada, já que os seres que habitam este planeta devem continuamente reconhecer sua natureza incompleta, falha, mas cheia de potencial para crescimento contínuo, talvez ilimitado.

Como fazer acontecer este funcionamento ideal?

A evolução para a sociedade ideal deve ser feita a partir da realidade vigente nos dias atuais. Duas vertentes de ação podem ser necessárias: iniciativas visando vencer a inércia e iniciativas voltadas para a demonstração de que a sociedade ideal é possível.

VENCENDO A INÉRCIA

As pessoas podem estar em estado de inércia por vários motivos. Provavelmente os dois principais sejam o fato de se acharem bem no estágio em que se encontram e o fato de acharem que não vale a pena qualquer esforço para mudar, porque nada vai acontecer. De um lado a acomodação e de outro o desânimo. Em ambos os casos os desafios são grandes e ligados aos condicionamentos a que as pessoas são submetidas.

Para romper a acomodação será preciso demonstrar que a eventual tranquilidade de hoje, num mundo turbulento, revolto e cheio de desigualdades, é ilusória. Para isso será necessário evidenciar os condicionamentos a que as pessoas são submetidas ao longo de suas vidas. Estes condicionamentos foram introduzidos no mundo interior delas desde, talvez, a concepção e estão presentes até os dias atuais por meio da propaganda que exalta o consumo e a acumulação de riquezas como fontes de segurança e felicidade. Mas o mesmo consumo sem regras, de produtos que provocam imensos danos ao ambiente, e a mesma acumulação, que produz desigualdades indecentes, são as fontes da violência que ameaça a posse de bens e a capacidade de usufruir as coisas boas da vida, além de degradar o futuro das gerações que estão por vir, como seus próprios filhos e netos. Esta demonstração, se feita com alto grau de impacto, poderá sensibilizar os acomodados para a busca de outros meios e modos de garantir uma vida saudável, tranquila e feliz. Mas não bastará, pois muitos que se encontram nesta situação acreditam que alcançaram uma condição de vida abastada por serem superiores aos demais e que o que conquistaram é um direito do qual não devem abrir mão. O que não se dão conta é que confundem direito com privilégio numa sociedade tão desigual. Dessa forma, será necessário questionar o próprio sentido de felicidade. Aqui entra a elevação do nível de consciência, do entendimento de qual é o propósito da própria vida. Para que os seres humanos estão neste planeta? Qual é a razão de sua existência? O entendimento de que a humanidade existe para servir à vida, para garantir todas as possibilidades de sua manifestação, e que ao ser humano cabe, com destaque, o papel de ajudar toda a sua espécie a ter condições dignas de vida, para que possa servir a outros seres e ao cosmos, transforma por completo o sentido do que seja felicidade. Realizar-se como Ser torna-se mais importante do que acumular e servir-se do mundo. Para chegar a convencer as pessoas dessa nova razão de ser, demanda trabalho estratégico, paciente, persistente e, provavelmente, infinito.

No outro lado da acomodação está o desânimo. Muitas pessoas, talvez até a ampla maioria delas, estão condicionadas a pensar que não têm condições de alcançar um padrão de vida mais elevado, mais digno. Mais uma vez, o condicionamento começa "no berço" e se prolonga por toda a vida. Ele se dá, inclusive, por formas extremamente sutis, como, por exemplo, as letras de músicas populares ("tristeza não tem fim/felicidade sim"), enredos de novelas, noticiários que destacam o conformismo com o infortúnio, expressões usuais do cotidiano repetidas permanentemente ("é preciso carregar a cruz com classe").

A superação do desânimo não pode ser feita através de exortações, por mais inspiradas que sejam. É necessário agir concretamente para, dando condições dignas, pelo menos mínimas de sobrevivência (o que inclui alimentação regular, higiene, habitação e segurança), alcançar o estágio de investir no desenvolvimento da auto-estima, caminho para a autoconfiança e, conseqüentemente, autonomia. Só então as pessoas outrora desanimadas estarão aptas a buscar alternativas de vida com significado, com um propósito elevado. Chegando neste estágio, a pessoa precisa encontrar um mundo em que a solidariedade já esteja sendo praticada, ainda que não amplamente. Se isto não acontecer, os desvios de comportamento poderão ser muito acentuados e os resultados desastrosos, como aumento da discriminação e da criminalidade baseado em supostas reivindicações de "resgate da exclusão" feitas até de maneira violenta. Esta não é apenas uma mera hipótese, pois fatos como estes são verificados em várias partes do mundo e produzem guerras extremamente sangrentas.

DEMONSTRANDO A VIABILIDADE DA SOCIEDADE IDEAL

O ponto de partida para a demonstração é a prática genuína do respeito incondicional. Provavelmente todas as pessoas têm a sua concepção de sociedade ideal, e elas podem ser muito diferentes umas das outras. Assim, em primeiro lugar será necessário estimular conversas sobre o que significa sociedade ideal para as pessoas. A competência de fazer perguntas estimulantes é fundamental e se compõe com a competência de saber ouvir ativamente. Isto inclui a capacidade de dar sinais verbais e não-verbais de que está acompanhando a exposição do outro, parafrasear o que foi dito, confirmar entendimento, refletir conteúdo e sentimentos. Com essas demonstrações de apreço pelas idéias do outro, a pessoa conquista o direito de apresentar as suas. Com isso poderá oferecer alternativas de percepção da realidade e de comportamentos que podem viabilizar uma sociedade ideal, sem exclusões e discriminações de qualquer tipo.

Diálogos produtivos devem também levar a ações concretas para construir uma nova realidade. Nesta direção, quem lidera o processo de evolução precisa aceitar as iniciativas dos outros. Isto implica a delegação de autonomia, deixar que os outros tenham iniciativas, reconhecer o direito de errar (praticar erros nobres, cometidos apesar de extrema dedicação e empenho em fazer o melhor) para aprender, deixar que as pessoas sejam quem realmente são (respeitar as individualidades), apoiar nos momentos difíceis, confortar nas crises, compartilhar sentimentos e emoções.

Todas estas atitudes e posturas devem fazer parte do repertório de quem lidera o processo de transformação. A questão central aqui é: quem educa as lideranças desse processo? Pessoas com nível de consciência mais elevado, que já têm a percepção clara de que não há alternativas de futuro viável para a humanidade e para o planeta que não sejam uma transformação pela raiz das relações do ser humano com o ambiente do qual ele é parte e do qual precisa para sua sobrevivência como espécie. Para que a empreitada tenha sucesso em prazo viável, é necessário que essas pessoas juntem suas energias e, orquestradamente, façam as transformações acontecerem. Uma rede invisível já existe. Cabe aos que tomarem conhecimento dela fazer com que se transforme em um movimento inelutável para libertar a sociedade dos condicionamentos impostos pelo sistema atual.

A SOCIEDADE IDEAL COMO UMA TEIA DE RELAÇÕES EVOLUTIVAS

Referência: Grupo Árvore da Sinergia

A busca de relações mais significativas pode ser um passo fundamental para encontrar um propósito de vida elevado, que conduza a um sentido de realização completa. Há um conjunto de indicadores que podem ajudar nas análises da importância das redes sociais e de sua eficácia para o processo de evolução da sociedade como um todo. Alguns desses indicadores são:

Conectividade: o grau de ligação de um indivíduo com outros indivíduos na rede. Pode ser verificado em relação às conexões internas, entre indivíduos que participam da mesma rede, e/ou em relação às conexões externas, com outras redes.

Proximidade: o grau de contigüidade entre as pessoas que mantêm conexões. Pode ser verificado através de distâncias físicas, geográficas ou emocionais e o quanto as pessoas se identificam umas com as outras.

Centralismo: é a medida da importância de cada nó na rede como um todo. Redes mais fortes são aquelas em que o centralismo é baixo, pois as conexões são amplamente distribuídas.

Coesão: o grau em que os participantes da rede sentem que os demais estão dispostos a efetivamente colaborar, dar suporte para que todos e cada um estejam evoluindo.

Densidade: o grau de conhecimento efetivo que cada participante da rede tem dos demais. Em geral a densidade é maior em pequenas redes e menor em redes mais amplas.

Irradiação: grau em que cada participante da rede alcança outras redes para levar informações e trazer novidades para sua rede principal.

Indicadores como estes estão na base dos estudos sobre o grau de separação entre as pessoas. O pioneiro foi Stanley Milgram, que em 1967 realizou um experimento (*Small World Experiment*), demonstrando que qualquer pessoa, escolhida ao acaso, pode encontrar outra, também escolhida ao acaso, através de seis contatos. Estudos como estes continuam sendo replicados em diversas escalas globalmente e definem que entre quaisquer pessoas existem apenas seis graus de separação. Sempre é possível chegar a qualquer pessoa no planeta através de alguém que conhece alguém que conhece alguém, até chegar, em seis passos, à pessoa visada. Uma conseqüência prática disso é que, tendo um projeto a realizar que necessita do apoio de alguém, é possível chegar até essa pessoa de forma bem mais rápida e eficaz do que poderia ser imaginado. As teias de relacionamento ajudam a superar quaisquer barreiras de distância física ou emocional.

COMPARTILHAR SONHOS

A construção de uma sociedade ideal certamente está na mente e no coração de muitas pessoas. O que as impede de começar as ações efetivas pode ser a sensação de que é muito difícil encontrar quem tenha sonhos semelhantes. Esta sensação faz com que as iniciativas necessárias nunca saiam do plano das intenções e jamais se realizem. Para romper com a sensação de isolamento e a incerteza quanto aos resultados das iniciativas é preciso agir, dar o primeiro passo.

Em nosso condomínio hipotético descrito no capítulo anterior, foi isso que aconteceu depois dos eventos traumáticos vividos por seus integrantes.

A reunião extraordinária do condomínio ficou apenas no cumprimento das formalidades depois que Adriana se retirou. Correu uma lágrima na face de Cleusa. Era como se de repente ela tivesse percebido a efemeridade da vida. Um segundo antes tudo era importante, urgente, um segundo depois nada mais fazia sentido. Ela se levantou, deixou os outros e foi atrás de Adriana. Marilena viu o movimento de Cleusa, percebeu sua intenção e, apesar de não gostar do comportamento delas, achou que não era momento para julgamentos. Resolveu ir atrás delas.

Cleusa chegou perto de Adriana, enlaçou-a pela cintura e não disse nada. Adriana não reagiu. Deixou-se levar. Em vez de irem para a casa de Adriana, foram para a casa dela. Marilena as alcançou quando Cleusa abria a porta. Entrou sem dizer nada. Cleusa deixou Adriana no sofá e seguiu para a cozinha. Marilena sentou-se ao lado de Adriana, pegou sua mão e a apertou de maneira acolhedora. Cleusa voltava com um copo de água com açúcar ... Enfim Adriana conseguiu chorar. Deitou a cabeça sobre o ombro de Marilena, que a consolava sem dizer nada, apenas afagando seus cabelos para que ela sentisse que não estava sozinha. Cleusa fez com que Adriana tomasse a água, mas isso pouco ajudou a acalmá-la. Adriana enxugou as lágrimas, passando o dorso da mão sobre os olhos. Desabafou:

— Não somos tão ruins assim. Somos gente igualzinha a vocês, com problemas, alegrias e sentimentos. Eu sempre me senti vigiada, cobrada e julgada por vocês. Nunca me senti bem aqui. Ninguém nunca se preocupou em nos ajudar. Por que vocês estão fazendo isso agora?

Aquela pergunta calou fundo em Cleusa. Realmente parece que as coisas têm que chegar a um ponto sem retorno para a gente perceber que não devemos julgar as pessoas pelos nossos valores. Marilena também se sentiu muito mal. A reação de Adriana colocou em xeque o quão verdadeiro era o seu espírito cristão que tanto apregoava.

A manhã do dia seguinte não trouxe melhores notícias. Alguns foram ao velório, alguns não se abalaram. O enterro foi simples. O acidente com o carro tinha sido horrível. Os poucos familiares que tinham estavam muito longe para chegar a tempo. Adriana assistia tudo olhando para o nada. O enterro foi às onze. Às onze e trinta, Adriana já estava no apartamento e preparava suas malas quando Cleusa tocou a companhia :

— Bom dia, como você está? — perguntou Cleusa.

— Indo ... — respondeu Adriana sem muito ânimo para conversar.

— Estive pensando no que você me perguntou. Isso me fez ver que a gente se envolve tanto com os próprios problemas que nem percebe os dos outros. Eu queria lhe pedir desculpas por nunca ter procurado você antes. Sei que isso não muda o que aconteceu, mas eu podia ter sido mais solidária com você para outras coisas. Agora, acho uma besteira pensar que vai resolver seus problemas

| 183

simplesmente saindo daqui e queria pedir pra que ficasse. Gostaria de conversar sobre umas idéias que eu ando tendo e acredito que você pode me ajudar. — Cleusa concluiu com uma grande pausa, quase como se fosse uma interrogação.

— Eu já tenho meus problemas, como vou poder arrumar tempo pra ajudar você com o que quer que seja? — perguntou Adriana de maneira seca, mas sem agressividade.

— Se você pensar assim, vai estar agindo comigo como nós agimos com você — retorquiu Cleusa.

Adriana pareceu eletrocutada. Aquela frase tinha sentido. Parou, pensou e marcou com Cleusa um novo encontro no domingo. la tirar o sábado para arejar as idéias e pensar no futuro, ver que rumo tomar.

Cleusa voltou para casa com um ar de felicidade. Encontrou Marcos remexendo em algumas coisas no armário.

— O que você está fazendo?

Marcos tinha separado um monte de material do tempo da escola, que colocou sobre a mesa.

— Estive conversando hoje pela manhã com o Roberto. Aquilo que aconteceu ontem nos fez refletir sobre o nosso papel como seres humanos e cidadãos. Há tempos ele já acalentava o desejo de fazer um trabalho junto à comunidade. Hoje ele me expôs seus planos e cheguei à conclusão de que tem razão. Aqui só será um lugar melhor pra se viver se a gente quiser que ele seja um lugar melhor. As coisas dependem de nós. Resolvemos fazer um trabalho para desenvolver a reciclagem de lixo do prédio junto com a comunidade da favela. Procuramos a Mazé, que nos deu todo o apoio e nos indicou algumas pessoas da favela pra começarmos um trabalho. De quebra, estou aproveitando para doar alguns livros de escola para o centro comunitário que estão tentando montar. Pra que servem livros guardados no armário? Com certeza, as crianças farão uso melhor deles.

Cleusa ouviu tudo, boquiaberta. Depois de tantas notícias ruins, tinha recebido três excelentes em menos de quinze minutos. Deu um beijo no marido e foi saltitante, como quem acaba de fazer uma traquinagem, acabar de pôr a mesa para o almoço. Aquele almoço de sábado teria um sabor diferente.

Outra que ganhou o dia foi Mazé. Nem bem o dia começava, foi procurada pelo "trio cajazeira" (Ana, Marilena e Zulmira). Marilena parecia outra pessoa. Tinham voltado da missa e parece que no lugar de rezar, esperando a providência divina, tomaram resoluções mais terrenas. Queriam saber em que elas podiam ajudar em relação ao trabalho que ela, Mazé, vinha fazendo com as crianças da favela. Elas tinham que dar sua contribuição para melhorar as coisas e não só ficar criticando. Mazé não acreditou no que ouviu, mas como a cavalo dado não se olha o dente, desfiou uma série de idéias em que elas poderiam ter participação ativa. Para sua surpresa, o trio ficou entusiasmado com a possibilidade de criar uma creche para atender as famílias de baixa renda. Para quem não queria ver as crianças da favela transitando no condomínio, tomar conta dessas mesmas crianças parecia um sonho.

— Milagre, só pode ser um milagre — concluiu rindo baixinho.

O que ela não sabia era que, depois da conversa, elas já tinham se colocado em ação. Marilena começou por procurar todos os vizinhos do prédio e ver quem podia contribuir com algum material para a creche. Zulmira foi procurar os comerciantes locais e levantar tudo em que eles poderiam ajudar, desde material de higiene e limpeza, até fraldas e alimentos. O que tivesse. Ana, por sua vez, foi procurar o responsável por uma obra que estava parada fazia anos e pediu autorização para usar o velho dormitório dos operários para abrigar temporariamente as instalações da creche. A princípio ele não se sentiu muito confortável em ceder as instalações. Tá certo que a obra já estava parada fazia 5 anos, mas um dia ela acabaria sendo concluída. Só cedeu quando ela se comprometeu não só a devolver as instalações quando necessário, como ajudar a preservar a área da construção. Com certeza isso era uma solução mais inteligente e barata. Haveria gente tomando conta para que o que já havia sido construído não fosse destruído, e a custo zero. Essa era a grande vantagem das três senhoras; dividiam esforços e multiplicavam resultados. O almoço foi no restaurante da esquina, para comemorar. Seu Joaquim, o proprietário, não entendia nada, mas não se recordava de ter visto as três tão alegres desde que as conhecia: parecia que tinham rejuvenescido uns dez anos, pensou lá com seus botões.

Hilário não tinha passado uma boa noite. Os pensamentos rondavam sua cabeça e não tinha conseguido dormir direito. Tinha acabado de almoçar e colocara Alice na cama para descansar. A campainha tocou. Meio a contragosto, ele foi até a porta, abriu e deu de cara com Cleusa.

— O que a senhora deseja? — pergunta meio grosseiramente.

— Como o senhor sabe, eu sou massagista formada. Eu soube que sua esposa está precisando de acompanhamento e que o senhor não tem tido condições de levá-la ao hospital. Eu sei que o senhor não gosta muito de mim, não tiro sua razão, mas eu estou aqui pra me oferecer para cuidar de dona Alice, pelo me-

| 185

nos duas vezes por semana, gratuitamente. Eu tenho muita experiência e com a orientação do médico dela tenho certeza de que posso ajudá-la. — Ela fez a pergunta como se fosse uma metralhadora de palavras, sem dar tempo ao Hilário de argumentar. Terminou a tempestade de palavras e abriu um sorriso cativante.

Hilário quase caiu das pernas. Não podia acreditar que aquela moça, que ele sempre vira com maus olhos, se apresentasse agora como sua tábua da salvação. Levou algum tempo tentando acreditar no que estava acontecendo. Balbuciou alguma coisa ininteligível, abriu a porta e num movimento ofereceu o sofá para Cleusa se sentar. Conversaram como se fossem amigos de longa data.

— Yes! — gritou ela baixinho, fazendo aquele movimento com o punho cerrado, de baixo para cima, como que socando o ar. Vibrava como uma adolescente, comemorando como quem ganha a Copa. Cleusa não só tinha convencido o Hilário, como pôde ver o sorriso de satisfação estampado no rosto de Alice. Foi para casa pensando em Adriana e como ela poderia ser envolvida nessa nova empreitada. Adriana precisava encontrar um caminho em sua vida para ela mesma ser ajudada.

Marcos e Roberto passaram o domingo planejando o seu plano de ação. Resolveram que iam começar o centro de reciclagem orientando os moradores do prédio a separar o material. Não seria necessário nada de especial a não ser colocar papéis, embalagens de alumínio, plástico e vidro em um local específico na lixeira. Combinaram com o Zé que ele faria a coleta seletiva e armazenaria o material num espaço da zeladoria. Roberto ficou de conseguir alguns recipientes nas cores padronizadas através de um convênio que a Universidade mantinha. Além disso, ele aproveitaria alguns materiais que já tinha usado em palestras para estudantes a fim de sensibilizar os moradores nessa empreitada. Começaria pelas crianças da catequese e para isso tinham todo apoio de Mazé. O Zé tinha ficado de orientar os funcionários a colar os cartazes nas lixeiras. Conseguiram, através da Mazé, conversar com as pessoas que retiravam o material da lixeira da rua. Marcaram uma reunião com os catadores da comunidade e repensaram os trabalhos que eles realizavam. A idéia era valorizar o trabalho que eles prestavam e estudar o que poderia ser feito para além dos portões do condomínio. Haviam ouvido falar de projetos de empreendedores ambientais e ficaram de conhecer o modelo para ver se podia ser aplicado lá.

Lúcia, a que morava na favela, também teve sua cota de novidades. Mazé não cabia em si quando soube tudo o que o "trio cajazeiras" tinha "aprontado" e não perdeu a oportunidade de visitá-la. Afinal, somente nos domingos Lúcia podia ficar em casa com os filhos. A simplicidade de Mazé, junto com a afetividade que demonstrou para com seus filhos, cativou Lúcia. Ela temia ter que dizer que não poderia deixar sua filha participar da catequese, mas depois de ouvir tudo o que Mazé tinha para lhe contar, viu que tinha encontrado uma solução muito melhor. Se tudo o que ela contou se transformasse em realidade, não só poderia deixar a menina participar da catequese, como teria com quem deixar os pequenos enquanto fosse trabalhar. Finalmente sua "doutora" poderia voltar para a escola. Mazé ficou de falar com uma nova moradora, de nome Joana, que havia se mudado há pouco para o prédio e que poderia precisar de uma pessoa para fazer faxina em sua casa. Finalmente ela iria encontrar serviço bem perto e poderia ter um tempinho a mais para ficar com as crianças.

Mazé foi conversar com Joana e ver se ela já tinha encontrado uma pessoa para trabalhar. Não se conteve e contou tudo em que estava se envolvendo e, ao final da conversa, mais que um emprego para Lúcia, descobriu em Joana uma pessoa muito engajada. A creche não só estava nascendo, como já tinham encontrado uma pessoa com especialização em educação infantil e que já havia participado de vários programas sociais e movimentos comunitários. Um sentimento maior as havia unido e passaram a tarde trocando figurinhas. Saíram ambas encantadas do encontro.

"Acho que o lugar é aqui e a hora é agora", respondeu para si mesma a uma pergunta que não lhe saía da cabeça desde o dia em que se mudara para seu novo apartamento e ficara sabendo dos problemas do condomínio:. — Será que eu fiz a escolha certa?

AÇÃO QUE ABRE OPORTUNIDADES

A ação pode revelar as conexões ocultas que formam as redes de relacionamentos e os potenciais que elas possuem. A partir dos primeiros passos, os acontecimentos vão se desdobrando e as transformações se realizam. Algum tempo depois, a realidade pode ser profundamente diferente. Os ideais passam a fazer parte do cotidiano. Um observador que tivesse conhecido aquela localidade na época desses acontecimentos, se afastasse dela durante alguns anos e voltasse depois para saber o que tinha acontecido, poderia encontrar as coisas muito diferentes. Depois de conversar com as pessoas do local para entender o que havia ocorrido, poderia fazer um relato como este.

COMO CHEGAR LÁ?

Parece um sonho. Apenas dez anos se passaram, mas sinto como se houvesse uma esperança para a humanidade. Não que as coisas estejam perfeitas, mas já se pode sentir que os homens se descobriram como parte desta natureza. Não todos, mas pelo menos a maior parte deles parece que encontrou um novo caminho para viver em paz, e o mais importante é que, ao encontrarem seus caminhos de forma mais humana e solidária, descobriram a razão da existência dos demais, não como meros coadjuvantes no teatro da vida, mas como personagens tão importantes quanto qualquer outro.

A favela nem parece mais a mesma. Hoje não existe mais gente vendendo drogas e faz muito tempo que não se tem notícia de crime nas redondezas. O último mutirão pela natureza foi um sucesso. Crianças, adolescentes, adultos, homens e mulheres, sem nenhum tipo de discriminação, se juntaram e, além de limpar todas as áreas verdes, que agora não são poucas, plantaram mais duzentas mudas. A praça de entrada do que era a favela, que no início era apenas depósito de sujeira e ponto de venda de drogas, hoje é uma coisa linda. A pracinha já tem tantas árvores que, além da passarada, já tem alguns outros bichinhos que vêm buscar alimento e proteção. Ao lado da quadra de esportes, que sempre tem gente usando de manhã até a noite, colocaram uma série de novas plantas, numa área onde eles querem fazer a ampliação do parque de recreação que funciona junto com a creche comunitária. É um sonho.... as mães agora não têm com que se preocupar quanto ao lugar para deixar seus filhos. As funcionárias da creche são todas moradoras da comunidade, sabem da importância que elas têm para as futuras gerações e mais, dão às crianças todo o amor e carinho que elas merecem. Tem criança que chora quando tem que ir embora para casa.

O trabalho comunitário ganhou prêmios de gestão por conseguir fazer com pouco muito mais do é feito pelo poder público. A comunidade montou um grupo de monitoras que se responsabilizou por levar e trazer as crianças que vão estudar na escola pública. Mais que servirem de guias durante o percurso, elas acompanham as crianças no seu estudo de casa, dando apoio e, quando necessário, aulas de reforço, além de atividades esportivas e educativas como teatrinho, dança, pintura, música e outras coisas. Entre aulas e atividades, a criançada passa o dia todo acompanhada, e não se vê mais ninguém largado na rua. O índice de repetência dos estudantes da comunidade é zero. A repercussão do que os moradores conseguiram foi tão grande que tem sempre gente vindo visitar e tentar saber como fazer as coisas como essa gente que aprendeu a fazer sozinha, mas com muita perseverança.

Todo esse trabalho é desenvolvido a partir de reuniões no salão comunitário, que levou três anos para ficar pronto mas que ficou uma belezinha. É lá que a comunidade se encontra para dançar, ver as peças de teatro que as próprias crianças da comunidade encenam, participar de bailes, quermesses e todo tipo de festa. Mas não é só de festa que se vive. É lá também que eles se encontram para discutir suas dificuldades, estabelecer caminhos, gerar idéias, arranjar dinheiro e apoio para desenvolver seus sonhos e transformá-los em realidade. Também se encontram para prestar contas uns aos outros, operando com toda transparência, sem dar espaço para interesses individuais. É lá que se encontram não só os moradores da "ex-favela", mas toda a comunidade do entorno, que estabeleceu o Centro Comunitário como o ponto de encontro, não das necessidades dos ex-favelados, mas como um local próprio para encontrar soluções para todos. É um laboratório vivo de cidadania! E não é pouco. Todos perceberam que, com o engajamento para o bem comum, não sobrou espaço para a parte sombria do ser humano. As pessoas aprenderam a conviver com as diferenças porque se desfizeram dos preconceitos.

Maus elementos, que viviam roubando e praticando outros delitos, foram se afastando da comunidade. Mais tarde, com a reformulação da pracinha, os traficantes acabaram saindo da favela, porque a "clientela" tinha receio e vergonha de aparecer no meio de todos para comprar suas drogas. Aos poucos, sem necessidade de "força policial", aquela região tornou-se uma das mais seguras da cidade, trazendo tranqüilidade para todos os moradores, atraindo novos negócios e gerando mais empregos.

Por falar em emprego, a cooperativa de serviços, que a comunidade organizou desde o começo, é quem treina e destina os candidatos às vagas que são oferecidas. Fizeram um convênio com escolas técnicas e alguns cursos de maior procura têm as aulas teóricas dadas no centro comunitário e, aos sábados, o pessoal segue para as oficinas para fazer as aulas práticas.

A primeira preocupação da comunidade foi acabar com o analfabetismo. Moradores da comunidade que já estavam cursando o segundo grau, orientados por Joana e um grupo de voluntários da Universidade, organizaram um curso de alfabetização. Antes de treinar um funcionário para o mercado de trabalho, era necessário acabar com o analfabetismo funcional. Convênio com uma entidade internacional proporcionou os recursos necessários e permitiu a criação de bolsas para escolas supletivas de primeiro e segundo graus. Com o passar do tempo, a comunidade conseguiu implantar os cursos na própria escola pública local, no horário noturno, gerando mais vagas que passaram a atender não só as necessidades da favela, mas de toda a comunidade. Tornaram-se mais uma vez referência, criando cursos com diferencial de qualidade e produtividade. Hoje o mercado local valoriza e busca na cooperativa de serviços essa mão-de-obra mais afinada com as necessidades das novas tecnologias. O empregado já chega pronto à empresa. Com isso ganha a empresa e ganha o funcionário.

A profissionalização e a disponibilidade de maiores recursos foram investidos na melhoria das moradias. Não existem mais casebres. Ninguém acredita, olhando hoje, que ali já foi um acúmulo de barracos sobrepostos sem condição alguma de habitabilidade.

Não foi um movimento fácil. Não existiam recursos, não existia união. Os primeiros projetos, desenvolvidos em parceria com a universidade, eram chamados de "casa dos sonhos", já que ninguém acreditava que fosse nascer alguma coisa. Onde hoje existe o Centro Comunitário, havia um salão para onde as primeiras famílias foram removidas enquanto se reurbanizava o lugar onde eles estavam. Isso exigiu um grande esforço, porque nada cai do céu. A comunidade começou coletando pela região doações e restos de materiais de obras. Uma pequena construtora emprestou as máquinas e um fabricante de tubos e conexões, que já desenvolvia trabalhos sociais, entrou com os materiais necessários para levar água e canalizar o esgoto para todas as novas moradias. Pouco a pouco, a cada final de semana, as áreas foram sendo modificadas, as moradias começaram a surgir e, pela primeira vez, o morador tinha uma casinha com dois quartos, cozinha, sala e banheiro, com água, esgoto, luz e o melhor, o único custo era continuar trabalhando no projeto para os outros da comunidade. Nada para se pagar em dinheiro, mas muito para se dever em solidariedade e espírito comunitário.

Roberto, com seu grupo de estudantes, desenvolveu um trabalho muito sério de criação de áreas verdes e, diferentemente de outros locais onde o cimento toma lugar de tudo, o novo bairro que surgia tinha um gramadinho aqui, uma plantinha ali e, quando possível, uma árvore. Em alguns lugares foram deixados espaços para criação de pequenas hortas e para a plantação de ervas medicinais, que passaram a ser usadas no programa de medicina preventiva que Roberto e um grupo de médicos voluntários resolveram implantar, como parte de um programa apoiado por um grande laboratório internacional, que viu aqui a oportunidade de resgatar sua dívida social. Este programa foi complementado pelo trabalho voluntário de Marcos e sua esposa Cleusa que, com o apoio de pequenos comerciantes e colegas da faculdade, implantaram um programa de saúde bucal para evitar que adultos e crianças tivessem doenças decorrentes de cáries e falta de dentes. A água encanada e a coleta de esgoto, em conjunto com estes projetos, associado ao programa "Barriga Cheia", fizeram com que os índices de doenças caíssem praticamente a zero. Este programa não inventou coisa alguma. Voluntárias, orientadas pela Mazé, desenvolveram um restaurante comunitário que, trabalhando com sobras de produtos dos sacolões e centros de abastecimento e dos restaurantes locais, se tornou capaz de fornecer refeições e alimentos às famílias mais carentes da favela.

Mas não foi só com o "dar o peixe" que a comunidade resolveu seus problemas. As voluntárias também ensinaram a pescar. Através de um programa de educação, ensinaram todas as mães a fazer e a usar o soro caseiro e a aproveitar restos de folhas, talos, ovos e sementes para produzir farinhas e pós para enriquecimento alimentar. Nunca mais aconteceu de uma criança ficar desidratada ou magrinha por desnutrição. E criança bem alimentada é criança que aprende muito mais facilmente. Hoje, com a melhoria da situação geral das famílias, o restaurante continua funcionando não mais para atender às necessidades da ex-favela, mas como um serviço social para atender a comunidade. O triângulo Educação, Saúde e Alimentação conseguiu transformar um lugar que nada tinha em um lugar onde muitas pessoas, inclusive aqueles de situação social considerada melhor, gostariam de viver. Quem hoje vê os lotes urbanizados, aquelas casinhas tão bem cuidadas, não tem idéia que aquilo nasceu do esforço coletivo.

Parcerias com a universidade e duas indústrias locais permitiram o desenvolvimento de um programa de aproveitamento de energia solar para uso doméstico. O primeiro teste foi usado na geração de calor para o cozimento de alimentos na cozinha comunitária. O segundo projeto foi usar a energia solar para gerar luz e iluminar as áreas comuns, o Centro Comunitário e as ruas da antiga favela, permitindo grande economia de recursos e, ao mesmo tempo, aumentando a segurança à noite. Destes projetos, nasceu o modelo que hoje é aplicado em todas as casas, o que permite aos seus moradores ter um dinheirinho a mais economizado com gás e energia elétrica, ao custo de manutenção zero. O resultado é tão bom, que foi documentado e colocado em domínio público e hoje é compartilhado por muitas outras comunidades, através de programas internacionais de erradicação da pobreza e melhoria da qualidade de vida.

A coleta e o processamento do esgoto também se transformaram em um projeto premiado. Na fase de reurbanização, foram construídas duas redes independentes: uma para coletar a água pluvial, que viria posteriormente a ser usada para regar os gramados, hortas e limpeza urbana, e outra exclusivamente para a coleta do esgoto domiciliar. Mais que uma simples coleta, o trabalho de educação ambiental desenvolvido por Roberto reeducou a coletividade para o uso de produtos biodegradáveis e para o manejo adequado do processamento do esgoto. Um equipamento simples, de biodigestão, conseguiu fazer com que parte do esgoto se transformasse em gás, que passou a ser usado para aquecer a água do banho das crianças na creche comunitária. Numa segunda fase, a comunidade pretende fazer o reaproveitamento de resíduos como insumo para fabricação de blocos de construção.

Não só a antiga favela mudou. As mudanças de cabeça e idéias fizeram com que todos crescessem e participassem, dentro de suas limitações e competências, em projetos que resultaram em melhor qualidade de vida. Imaginem que durante a construção da churrasqueira do prédio, descobriu-se água límpida e saudável que existia antes da construção e que havia sido soterrada. O pessoal resolveu não só aproveitar a mina, como disponibilizar a todos da comunidade, canalizando a água até uma bica que fica fora da área do prédio e para onde vem gente de todo lugar buscar. O excedente é acumulado e canalizado para o Centro Comunitário e para a creche. Isso é igual a menos dinheiro gasto comprando água tratada.

O filho mais velho da Ivete, que estava a caminho de se tornar um marginal, por seu envolvimento com drogas, hoje coordena, junto com Ana, a venda do artesanato produzido pela Cooperativa de Artesanato "Raízes", um movimento que integrou definitivamente o pessoal do Edifício com a comunidade "do outro lado do muro" e o bairro todo. O que parecia uma obra para ocupar as horas ociosas de velhinhas bordadeiras, na verdade hoje vende os mais diversos materiais de artesanato, produzidos em sua maioria com materiais reciclados e reaproveitados. A Cooperativa conseguiu isso através de contatos com ONGs e parceria com uma rede de lojas de um magazine multinacional, no qual usam seu artesanato como decoração de vitrines e balcões expositores com o selo de produto ecologicamente correto. Até na matriz, que fica na Europa, pode-se encontrar os produtos. É uma fonte de renda para diversas famílias, que hoje desenvolvem trabalhos de pintura, modelagem, carpintaria, vidraçaria, cerâmica, bordado e tantas outras, o que levou a Cooperativa a fazer um catálogo com toda sua linha de produção. Várias técnicas, que foram aprendidas nos rincões do nosso país e passadas de geração para geração, foram redescobertas e divulgadas pelo pessoal da comunidade.

Isso também gerou a necessidade de se reviver festas culturais, que são encabeçadas pela Joana. Ela desenvolve uma programação artística através de festas, quermesses com comidas típicas, encontros musicais e outros eventos, cuja renda é revertida para o fundo patrimonial da Comunidade e aplicada em suas atividades sociais.

Só vendo para crer o quanto as coisas podem ser mudadas quando as pessoas querem e se organizam para tanto. Alguns chamarão isso de destino, outros dirão que a comunidade soube aproveitar a oportunidade. Eu, do meu lado, acho que as pessoas descobriram que é possível viver buscando uma melhor qualidade de vida para todos, e isso inclui a natureza que os cerca. Chamam a isso de Desenvolvimento Sustentado e eu, de viver em paz, respeitando a vida.

Os homens muitas vezes dependem de tragédias para encontrar os melhores caminhos para sua espécie. Mas será esta a única alternativa? Certamente não. Também é possível evoluir através da capacidade de sonhar o impossível e trabalhar decisivamente para viabilizar os sonhos. No caso deste condomínio, foi necessário apenas que alguns poucos se dessem conta da tragédia que o desprezo ao semelhante poderia acarretar, para mudar a vida de centenas de pessoas. Olhando para trás, alguns ainda se perguntam como o mundo poderia ser melhor se tivéssemos começado nossa transformação antes e se pudéssemos contar a todos, no mundo todo, as experiências que vivemos.

Assim como num imenso bosque, somos como árvores conectadas umas com as outras. Através de um sistema de raízes, encontramos nossa força nas forças das outras. O bosque é mais que a soma de cada parte individual. Aqui, um mais um é sempre igual a três ou mais. Através da ação conjunta e cooperação os humanos chegam à Sinergia.

As teias de relacionamento são encontradas em microcosmos, como um condomínio ou um bairro, e na sociedade como um todo. Sonhar o ideal e buscar sua realização no ambiente imediato que nos cerca pode ser o ponto de partida para a transformação da sociedade como um todo.

A SOCIEDADE COMO UM SISTEMA COMPLEXO ADAPTATIVO IDEAL

Referência: Grupo Barbante Invisível

Os sistemas complexos adaptativos são emergentes, ou seja, eles surgem espontaneamente e se desenvolvem permanentemente. Assim, imaginar uma sociedade ideal como um sistema deste tipo significa formular um processo que favoreça a sua emergência e evolução, e não um estado final.

O ponto de partida para um processo de transformação social provavelmente é a vontade de um indivíduo. Diante de um estímulo, ele age e dá início a eventos que vão se desdobrando e, através de ciclos de *feedback*, podem se ampliar indefinidamente, estagnar em algum ponto ou desaparecer.

Vamos percorrer algumas possibilidades através de um enredo.

Um morador de um prédio chega em casa e encontra uma carta anônima propondo que, se ele não está satisfeito com as condições do mundo atual, faça alguma coisa em sua circunstância mais imediata. Qualquer coisa. A reação do homem a essa provocação vai depender de inúmeros fatores (fundamentalmente, sua história, outra característica dos sistemas complexos adaptativos) e poderá ser em muitas direções. Para simplificar, podemos nos concentrar em três alternativas: ignorar, considerar a possibilidade de fazer algo e agir imediatamente. As conseqüências da decisão de nada fazer nem sempre são bem avaliadas. O desdobramento é que as coisas não mudam de imediato e, por efeito de um *feedback* positivo (o que está mal reforça a si mesmo), tendem a piorar com a não-ação. Um agente de transformação deve destacar isso para os públicos com quem trabalha. Considerar a possibilidade de agir e deixar isso para depois pode ter conseqüências tão drásticas quanto a da atitude de ignorar a provocação. Na prática, deixar para depois é o mesmo que nada fazer. A terceira possibilidade é exatamente a ação. Pode ser algo bem simples, como chamar algumas pessoas e conversar sobre coisas que possam ser feitas. A partir daí, as possibilidades são infinitas. Vamos supor que, além de se conhecerem melhor, o que já pode ser considerado um resultado efetivo da ação, as pessoas decidam iniciar a coleta seletiva do lixo e montar um rodízio de "monitores" para dar atenção às crianças do prédio em momentos de folga. Estas ações tão simples já trazem em si elementos de grande valor. A coleta seletiva do lixo (com o encaminhamento apropriado, é claro) é decorrente da consciência de que o meio ambiente não dá conta de processar todos os detritos produzidos pelo ser humano e também de que os recursos são finitos e precisam ser muito bem aproveitados, através do reuso e da reciclagem. A disponibilidade para dar atenção às crianças contém a prática de valores nobres, como a solidariedade e o altruísmo. Estes já são resultados de grande valor, que alteram as circunstâncias imediatas das pessoas envolvidas. O sucesso alcançado pode produzir satisfação e acomodação ou pode ser o ponto de partida para outros desafios. Ainda que nada mais seja feito naquele prédio, o fato das pessoas que participam do movimento contarem para outras de seu círculo de relacionamentos o que estão obtendo poderá ser suficiente para dar a partida em projetos semelhantes em vários outros lugares. Outras iniciativas poderão emergir numa seqüência positiva sem controle. Além disso, as mesmas pessoas que colheram os primeiros resultados podem começar a pensar além dos limites do prédio.

Os moradores do prédio são pessoas com bom poder aquisitivo e podem manter seus filhos em escolas de bom padrão. Mas naquela mesma rua em que o prédio se situa há uma escola pública que atende filhos dos empregados dos prédios das redondezas, das empregadas domésticas que trabalham neles e de pessoas que moram em cortiços que ficam nas proximidades. Muitas das pessoas que trabalham nos prédios moram em alguns desses cortiços. Uma moradora mais ousada sugere que se matriculem as crianças que moram no prédio na escola pública. **Esta proposta é mais um exemplo da emergência, do surgimento espontâneo de novas possibilidades**. Certamente esta idéia vai gerar muitos debates, muitas argumentações a favor e contra. A convivência poderá ajudar as crianças a perceberem com muita clareza as diferenças sociais. Se esta percepção for bem trabalhada, contribuirá para o entendimento e a solidariedade que, por seu turno, pode levar a medidas visando à redução das desigualdades. Alguns mais céticos poderão dizer que isso é papel do governo e, se nem ele consegue atuação eficaz neste sentido, não serão os moradores daqueles prédios que vão conseguir alguma coisa. Os mais esperançosos poderão afirmar que a simples convivência será suficiente para que oportunidades surjam para outras ações de integração. Alternativas podem ser consideradas. Que tal os moradores dos prédios se colocarem como voluntários para dar suporte à escola pública, visando dotá-la de melhores recursos, mais atividades educativas e de recreação, talvez alguns monitores para programas de reforço da aprendizagem? **Estas especulações são exemplos de como sistemas abertos funcionam: eles têm suas fronteiras, mas elas são permeáveis de forma a receber energia do ambiente, lançar energias no ambiente e, com isso, permanecer em estado de evolução permanente.**

SUPERANDO RESISTÊNCIAS

Depois de contornar muitas resistências, que podem ir da desconfiança em relação aos menos favorecidos (marginais) até o desconforto deles em freqüentar ambientes mais abastados, as ações efetivas podem deslanchar e levar a situações jamais imaginadas. Por exemplo, o trabalho voluntário na escola pode introduzir atividades de artesanato nas quais as próprias crianças fazem brinquedos com materiais reciclados. Alguns desses brinquedos são usados pelas crianças e o excedente pode ser vendido, gerando recursos para a associação de pais que pode investir na aquisição de melhores recursos didáticos para a escola. A atenção com o meio ambiente, suscitada pelo trabalho com material reciclável, pode despertar nos professores de diversas disciplinas a busca de maior integração entre elas e o planejamento de atividades interdisciplinares visando demonstrar a interdependência que existe em todas as manifestações da natureza. Isso contribuirá para o desenvolvimento do pensamento sistêmico dos alunos, em oposição ao pensamento fragmentado tão freqüentemente demonstrado nas atividades escolares tradicionais. Pais de alunos desempregados podem descobrir a possibilidade de prestar algum serviço não-remunerado à escola em troca de indicações para fazer pequenos serviços de manutenção para os moradores dos prédios. Dessas atividades pode surgir a idéia de mutirões para a recuperação dos cortiços, contando com a mão-de-obra dos próprios moradores e ajuda de profissionais e empresários que moram nos prédios. Com a aproximação mais intensa entre eles, surge a idéia de programar estágios de alunos da escola pública nas escolas particulares freqüentadas pelas crianças que moram nos prédios e vice-versa, para que conheçam as condições umas das outras e possam compartilhar conhecimentos (os menos favorecidos certamente têm um conhecimento da vida que os mais abastados nem sequer imaginam). **Isso demonstra a não-linearidade dos sistemas complexos e adaptativos: uma perturbação pequena pode causar um efeito grande, um efeito equivalente à intensidade da perturbação ou nenhum efeito. Em sistemas humanos, um componente essencial para os desdobramentos dos efeitos é a decisão das pessoas de fazer algo para transformar a sua realidade imediata.**

Essas ações podem ficar delimitadas ao ambiente em que os prédios se localizam e a escola próxima ou podem se expandir para outras localidades. Isso poderá ocorrer espontaneamente a partir da circulação de informações entre pessoas ou por decisão das personagens que estão atuando naquela circunstância. Alguns daqueles voluntários podem, por exemplo, considerar a idéia de usar sua experiência acumulada para constituir uma Organização Não-Governamental (ONG) com o objetivo de estimular outras comunidades a adotarem procedimentos semelhantes visando maior integração, compartilhamento de conhecimentos e encontrar caminhos para alcançar melhor qualidade de vida. Os limites para a atuação dessa ONG não são determinados. Podem ser infinitos. **Esta é outra característica dos sistemas complexos adaptativos. Não é possível estabelecer onde ficam seus limites. Quem decide isso, em última instância, é o observador do sistema.** No caso dessa ONG hipotética, seus próprios participantes.

AMPLIANDO HORIZONTES

Ao conseguir mobilizar várias comunidades para que elas próprias ajam de forma a efetivamente evoluírem para padrões de vida superiores, tanto em termos materiais como de relacionamento mais nutriente com o seu entorno, a ONG pode atrair a atenção da mídia. Uma das possíveis conseqüências disso pode ser o surgimento de outros movimentos semelhantes em vários pontos do país e, eventualmente, em outros países. As diversas ONGs poderão, num momento seguinte, buscar compartilhamento de experiências para aperfeiçoar sua ação e contribuir de maneira ainda mais incisiva para a transformação das comunidades em que atuam. É provável também que essas organizações chamem a atenção de políticos, tanto os que queiram verdadeiramente contribuir com suporte institucional para a realização de ações mais amplas, que dependam de legislação ou de medidas típicas de governo, quanto daqueles que visem se valer da capacidade de liderança existente nas comunidades para garantir votos e tirar proveito pessoal. Estes poderão tentar cooptar as lideranças locais com ofertas de vantagens provenientes da proximidade com o poder. Esta poderá ser a "hora da verdade" para as organizações e as pessoas que as formam. Um fenômeno bem estabelecido na sociologia de grupos é que, quando movimentos espontâneos se formalizam, boa parte de sua energia passa a ser dedicada à manutenção do próprio grupo, desviando a atenção do propósito para o qual ele foi constituído. O desvio pode ser tão grande que o propósito fica completamente esquecido, sendo mencionado apenas formalmente, como uma lembrança de fachada. Embora estes grupos desviantes possam ainda sobreviver por algum tempo, sua existência não será muito duradoura, pois sua contribuição para a comunidade será praticamente nula.

Como os sistemas complexos adaptativos existem uns dentro de outros, aquele movimento inicial de alguns moradores de um prédio sempre esteve atuando dentro de sistemas maiores, incluindo os sistemas de governo. Em determinados momentos, as ações da ONG poderão entrar em conflito com normas estabelecidas, regulamentos e leis que podem não ser justas, por privilegiarem alguns segmentos sociais em detrimento de outros. Neste caso, ficará evidenciada a necessidade de uma atuação política efetiva visando alterar esse quadro. A atuação poderá ser através dos representantes já eleitos e que se identifiquem com o movimento, através da busca de comprometimento de candidatos escolhidos por seus partidos com o propósito da ONG ou ainda através da eleição de representantes da própria ONG para ocupar posições de maior influência no governo. Esta última alternativa demandará a filiação a algum partido político e a participação no jogo de interesses já instalado, o que deverá ser muito bem avaliado para que não ocorra o desvio do propósito citado anteriormente.

Se optar por uma aproximação com representantes já eleitos, a ONG poderá criar um grupo especializado nesta tarefa, que terá o objetivo de identificar os políticos que demonstrem compartilhar os ideais da organização e das comunidades em que atua, promover encontros para a obtenção de compromisso e definição de formas de acompanhamento deles para verificar a eficácia de sua atuação. Uma das competências que este grupo deverá dominar com maestria é a da negociação, para buscar comprometimento inequívoco dos políticos contatados.

A alternativa de eleger pessoas de fora da comunidade, mas que estejam comprometidas com o propósito do movimento, passa pela "sabatina" dos candidatos. Eles poderão ser convidados a comparecer a reuniões das comunidades para ouvir o que esta deseja e, em conjunto, traçar um plano de ação para obter o que for definido como prioritário. É importante destacar que a idéia não é ouvir o que os candidatos têm a dizer ou a propor, mas que eles ouçam o que as comunidades consideram mais importante e necessário. Aqui também a competência em negociação será fundamental, como também a capacidade de articular e expor de forma clara o que a comunidade considera essencial.

A terceira alternativa, eleger alguém da própria comunidade para representar seus interesses em alguma instância de governo, será mais desafiadora, já que as estruturas dos partidos políticos estão definidas e têm seus critérios próprios para a definição de quem pode ou não ser candidato. Certamente há muitos jogos de interesses em ação e penetrar nesse meio não será tarefa fácil. Neste caminho árduo será absolutamente indispensável manter sempre muito claros os propósitos da atuação política, voltados para o bem comum. Isto é indispensável para não ser inserido no jogo de busca de vantagens e privilégios pessoais ou para determinados grupos. Se a atuação dentro dos propósitos for eficaz, poderá inclusive contribuir para a transformação do sistema político como um todo, visando torná-lo mais sintonizado com os verdadeiros anseios da sociedade. Os limites são estabelecidos pelos observadores ou autores da história.

Olhando a sociedade como um sistema complexo adaptativo, percebe-se que ela pode ser transformada pela raiz a partir de uma ou algumas iniciativas que tenham um foco bem determinado. As escolhas que as pessoas fazem é que irão determinar os desdobramentos e a intensidade do impacto que elas podem produzir.

O que você escolhe?

A SOCIEDADE IDEAL COMO UM SISTEMA DE JOGOS INTERDEPENDENTES

Referência: Grupo Cassino Pyxis

Para descrever uma sociedade ideal e os caminhos que podem levar até ela, uma possibilidade é utilizar elementos da teoria evolutiva dos jogos. Esta teoria, cujo pioneiro foi David Gauthier (1986), é particularmente interessante, pois evita, como acontece com outras, considerar que todas as pessoas são puramente racionais e sempre buscam conscientemente maximizar os resultados de suas ações. Pela teoria evolutiva dos jogos, é a interação repetida e constante entre pequenos grupos que demonstra os caminhos que levam aos melhores resultados e faz emergir a ética nos relacionamentos (ética definida aqui como a busca do bem comum). Em outras palavras, é ao praticar persistentemente determinados atos que as pessoas constroem o caminho que é, ao mesmo tempo, o melhor para o grupo e para os indivíduos.

Na teoria evolutiva dos jogos a norma ética não é o objetivo das interações entre pessoas e grupos, mas um efeito colateral das ações repetidas e interligadas de agentes racionais. A função da norma ética é buscar um estado de equilíbrio nas relações quando existem várias alternativas disponíveis, sendo que nem todas levam à máxima eficiência. Embora não haja relação causal entre eficiência e ética, pois o que se busca é o equilíbrio, a norma ética é a que produz a eficiência máxima. Seguindo essa linha de raciocínio, podemos encontrar a resposta para a pergunta: por que ser ético? Seguir a norma ética é uma decisão individual. Quando essa decisão produz os melhores resultados para a pessoa e para o grupo, simplesmente não há razão para se desviar dela. O desafio que permanece é como estimular as pessoas, que não são apenas racionais, a avaliar as diversas alternativas de ação para identificar aquelas que produzem os melhores resultados para todos. Os primeiros passos nessa direção, provavelmente, estão no campo da educação para o pensar.

Na proposta de olhar a sociedade como um sistema de jogos interdependentes, o ponto de partida é considerar o estado ideal como aquele em que todos os seus integrantes buscam o bem comum, se auto-regulam e buscam a máxima eficiência no uso dos recursos, considerando não apenas a satisfação das necessidades atuais, mas também as das futuras gerações de todos os seres que compõem a natureza. Todos os jogos em ação na sociedade são interligados e interdependentes. As mudanças em qualquer deles afeta todos os demais. A arte consiste em identificar pontos de acupuntura, aqueles em que o mínimo de esforço pode produzir o máximo de transformação.

PONTOS CENTRAIS

A educação, que acontece em todos os ambientes da sociedade, pode ser um desses pontos. A educação básica mais elementar é proporcionada no âmbito da família. Dessa forma, é necessário estimular as famílias a se comportarem eticamente, colocando questões éticas em diálogo nas diferentes interações entre pais, filhos e outros parentes. Podem ser questões simples como: qual é a origem dos desvios de conduta dos políticos, tão intensamente noticiados na imprensa? Como o tema já está presente no cotidiano de todos, a proposta de conversa sobre ele será natural. Investigando as causas, pode-se chegar a que elas estão nos exemplos que os próprios pais dão aos seus filhos, quando buscam levar vantagens sobre outras pessoas, seja a caixa do supermercado que se engana no troco, o vendedor da feira que coloca um produto a mais no pacote e não percebe, o colega de trabalho que se dedica mais e recebe o mesmo que outros que "encostam o corpo"; quando demonstram desrespeito ao coletivo, como na tentativa de subornar um guarda que quer multar por uma infração no trânsito, parar em lugar proibido onde não há fiscalização, obedecer o limite de velocidade só onde há radares, furar filas, comprar produtos pirateados, falar mal das pessoas em sua ausência (e ser só gentilezas na sua presença), entre tantas outras formas de falar e agir. Conversas como estas poderão ser estimuladas a partir da ação de grupos de amigos, de líderes religiosos, nos programas de entretenimento nos meios de comunicação de massa, nas escolas, nas reuniões de trabalho, nas associações de bairros. Não será necessário qualquer recurso especial, apenas a disposição para conversar, fazer perguntas, ouvir, não se fechar em verdades prontas, ter abertura para mudar pontos de vista. Parece tão simples, mas demanda muita disposição, muita vontade de fazer diferente, de jogar o jogo da ética.

Outro ambiente em que acontecem etapas importantes da formação do caráter é o do trabalho. Tanto nas organizações privadas quanto nas públicas, o ambiente costuma ser de competição acentuada, que reflete os valores praticados pelas pessoas. Além disso, é nas organizações que as pessoas conhecem com bastante clareza um mundo de hierarquias em múltiplos níveis, que implica a existência de extensas redes de relacionamentos e de interesses que precisam ser observadas para que os resultados sejam alcançados. Quando alguém se inicia no ambiente de trabalho, encontra estes elementos e precisa se ajustar a eles para que possa ser assimilado. Ao buscar a sociedade ideal, será imprescindível levar em conta as transformações necessárias nesse jogo do mundo do trabalho. A reflexão inicial será sobre o propósito, a razão de ser da organização, seja ela uma empresa privada, uma empresa estatal, um órgão público ou uma organização do terceiro setor. Para que ela existe? A quem ela deve atender? O que significa resultado, sucesso? Estes são alguns questionamentos que toda pessoa que queira fazer diferença, assumindo os riscos inerentes, poderá levantar em qualquer âmbito. Estes questionamentos poderão levar a organização como um todo a reavaliar seus objetivos, metas e o impacto que causa na sociedade. E, em última análise, reconhecer que, não importa a origem do capital, uma organização é sempre uma entidade pública que deve prestar serviços à comunidade em que atua, dentro de sua especialidade. É às pessoas cujas necessidades são atendidas pelos produtos ou serviços que a organização fornece que ela deve a maior lealdade. A sociedade dá permissão para que a organização exista somente enquanto estiver recebendo produtos e serviços adequados. Quando isto deixa de ocorrer, a sociedade "cassa" a autorização e a organização deixa de existir. Essa compreensão fará com que as organizações assumam seu papel de integrantes de uma sociedade ideal e contribuam, além da satisfação das necessidades através de seus produtos e serviços, com a formação e afirmação do caráter das pessoas que nela trabalham e se relacionam com ela.

OUTROS PLANOS DA EXISTÊNCIA

O trabalho está mais voltado para o bem-estar material. No plano do bem-estar espiritual estão as religiões. E elas também poderão contribuir para a busca da sociedade ideal, procurando dar maior ênfase à disseminação de seus ensinamentos de raiz. É proposta de todas elas ajudar o ser humano a entender o fenômeno da existência e buscar a felicidade, neste plano de vida ou em outro. Em todas elas também há o entendimento de que a vida terrena é uma etapa importante no processo de evolução do ser e que ela está vinculada à vida em comunidade. Não por outro motivo encontra-se em praticamente todas as religiões, expressa de várias formas, a regra de ouro: "Faça aos outros o que gostaria que fizessem a você." Isto implica o fato de levar o outro em conta e, num sentido bem mais amplo, *relembrar* que somos todos uma unidade. O que fazemos aos outros, fazemos a nós mesmos. A compreensão profunda desta afirmação poderá ter conseqüências intensas em todas as atividades humanas, pois leva ao repensar dos desdobramentos e dos impactos que as decisões tomadas, tanto no âmbito pessoal quanto no das organizações, têm nas vidas das pessoas, de todos os demais seres vivos e na natureza como um todo. Quando degradamos o ambiente em nome de resultados de curto prazo, estamos degradando a nós mesmos e criando um mundo de degradação. Quando somos desonestos com outras pessoas, estamos sendo desonestos conosco e participando da criação de um mundo desonesto. Quando nos omitimos em relação aos outros, estamos sendo omissos conosco e criando um mundo egoísta. Todas as pessoas que seguem alguma denominação religiosa podem tomar a iniciativa de propor este tipo de análise e buscar caminhos para, através de sua fé, ajudar a construir uma sociedade ideal.

Entre a vida em família e o ingresso no mundo do trabalho, as pessoas passam pelas escolas. Nelas, o que é passado para os estudantes, em geral, são conhecimentos que, em tese, são fundamentais para que a pessoa possa encontrar oportunidades no jogo do trabalho. O jogo das escolas, entretanto, tem alguns paradoxos: embora ela seja especializada em aprendizagem, não ensina "aprender a aprender"; embora seu foco seja a capacidade de pensar, ela não ensina a pensar; embora ela se proponha a preparar para a vida em sociedade, ela não ensina os valores que devem estar presentes nos relacionamentos. Numa sociedade ideal, estes temas necessariamente farão parte dos currículos escolares. A formação de valores poderá acontecer nas próprias interações entre os alunos. Os mais velhos, que já aprenderam vários conteúdos, poderão transmiti-los aos mais novos, em todos os níveis. O papel dos professores será radicalmente transformado: ao invés de serem os docentes que repassam conhecimentos, eles serão os provocadores e facilitadores do processo de aprendizagem e criação de conhecimento. E os estudantes serão estimulados a buscar aprendizagem em todos os ambientes que freqüentam, como suas casas, as ruas, as lojas, os grupos de amigos, os meios eletrônicos de obtenção de conhecimentos em qualquer área. Toda a comunidade será ambiente de aprendizagem, verdadeiras comunidades educativas. Em vez de séries escalonadas, matérias fragmentadas e avaliações focadas na memória, o sistema de progressão escolar será vinculado à capacidade de resolver problemas e criar coisas valorizadas no ambiente em que os estudantes vivem. O objetivo maior da escola será assumir o papel de centro de referência para a evolução da vida em sociedade. Todo o conhecimento existente e a ser criado será colocado em domínio público para que possa ser aproveitado em todos os lugares. A transformação das escolas atuais para este novo modelo poderá ser feita através de intensas redes de conversação, presencial e por meios eletrônicos, envolvendo educadores, famílias, agentes governamentais e da iniciativa privada e os meios de comunicação de massa, tendo por mote a questão: "Como deve ser a escola que contribui para a criação de uma sociedade ideal?" Estas redes de conversação poderão gradativamente se aglutinar para formar um consenso, a partir do qual as inovações serão implementadas sem estresse.

DESENVOLVIMENTO INTEGRAL

Outro campo do bem-estar das pessoas é o da cultura e do lazer. No campo da sociologia, e lazer é visto como um dos meios para as pessoas desenvolverem suas potencialidades e as diversas dimensões de seu ser. Na sociedade ideal, o jogo do lazer estará disponível a todas as pessoas, sem qualquer exclusão. Serão atividades ligadas à exposição, às artes, como cinema, teatro, música, dança, literatura, fotografia, pintura, escultura, folclore, artesanato, entre outras. Mais importante que "consumir" ou estar exposto a elas, entretanto, será a oportunidade de "produzir" arte, o que desperta a auto-estima, a autoconfiança e leva ao sentimento de ser protagonista da história e não apenas espectador. Isto será feito preferencialmente através das manifestações artísticas locais, que são aquelas que mais genuinamente revelam a cultura das pessoas. O incentivo para manifestar-se pela arte será feito também pelas entidades ligadas diretamente às comunidades e que a representam. Estas entidades cuidarão da formação de monitores especialmente preparados para disseminar as diferentes formas de arte e das manifestações culturais locais. Uma tentação a ser evitada é a de impor padrões estéticos e culturais, muitas vezes chamados de eruditos, que pouco têm a ver com as manifestações das diferentes comunidades. É claro que as pessoas devem conhecer o maior número possível de expressões culturais, mas não podem ficar restritas a algumas possibilidades apenas, especialmente se elas são impostas por alguém de fora da comunidade. Cultura é sinônimo de diversidade e é na diversidade que se encontram os melhores caminhos para a evolução.

DESCENTRALIZAÇÃO

Finalmente, o jogo da administração na sociedade ideal. Aqui, o ponto de partida é considerar que a sociedade é complexa demais para ser administrada de forma centralizada. As principais ações de governo, como a prestação dos serviços essenciais de habitação, saúde, educação, segurança e transportes, devem ser realizadas nas comunidades, nos níveis mais próximos dos cidadãos. A atuação dos governos deve ser muito mais na regulamentação e fiscalização das atividades e só em casos excepcionais, nos quais a iniciativa dos próprios cidadãos não for suficiente, de prestação direta dos serviços. As comunidades devem ser organizadas em pequenos núcleos nos quais as pessoas se conheçam e possam participar diretamente das deliberações sobre as questões que afetam suas vidas, aqui incluída a definição de quais impostos serão devidos e quais alíquotas serão aplicadas. Dessa forma, estruturas de governo serão definidas por cada comunidade, de acordo com suas necessidades e prioridades. Os executivos de governo serão escolhidos pela população em votação direta e deverão atuar como gestores das deliberações da comunidade. Terão mandatos por tempo limitado e não poderão ser reeleitos, para preservar a oportunidade de qualquer pessoa exercer a função governo. As questões que envolvam vários núcleos, como o transporte de média e longa distância, deverão ser deliberadas em fóruns regionais, com a presença de participantes das várias localidades envolvidas. Estes fóruns não serão fixos nem terão estruturas predefinidas. Eles deverão emergir das necessidades específicas que precisarão ser trabalhadas e, uma vez equacionada a solução, eles se dissolverão. Um critério fundamental para a criação de fóruns regionais será o respeito aos ecossistemas, para que não se criem soluções em desacordo com as características do meio ambiente. Uma instância permanente será a federação de comunidades. Ela será constituída por um núcleo central de governo escolhido através de eleição direta e terá a atribuição de disseminar o propósito da federação, relembrá-lo continuamente e incentivar a busca contínua de internalização dos princípios que devem reger os relacionamentos. Este núcleo também atuará na representação da federação junto a outras federações. Nos casos em que houver assuntos a serem deliberados entre as federações, também serão constituídos fóruns temporários para a busca de soluções.

Para evoluir para este tipo de administração da sociedade será necessário transformar pela raiz o modelo econômico atual. A produção e comercialização de bens e serviços baseadas em estruturas imensas serão profundamente modificadas, adotando-se a produção local, através de cooperativas, dos itens voltados para o atendimento das necessidades imediatas das pessoas, como alimentação, vestuário, habitação e energia de fontes renováveis. A produção em massa, que do ponto de vista de uso de recursos gera imensas deseconomias de escala, representadas pelos desperdícios e resíduos nem sempre recicláveis ou reaproveitáveis, será substituída pela produção individualizada sob demanda. Serviços de intermediação financeira, cuja finalidade central é facilitar a adequada alocação de recursos na comunidade, serão executados por instituições locais. Haverá uma moeda federativa, emitida pela federação de comunidades, e moedas comunitárias, para facilitar a circulação de bens e serviços localmente. Atividades que naturalmente demandam grandes estruturas, como telecomunicações, transporte aéreo e marítimo, serão executadas por consórcios de federações.

MODELOS MENTAIS

O maior desafio para a evolução da sociedade para um padrão Sete Sigma ideal será transformar os modelos mentais dos que dominam atualmente a economia e que se valem dela para acumular privilégios. Muitas iniciativas deverão ser tomadas para colocar a teoria evolutiva dos jogos em destaque, promovendo-se diálogos profundos sobre as implicações de construir uma sociedade em que os melhores resultados individuais são os melhores para todos, sem exceções ou discriminações e também sem privilégios. Certamente será um caminho árduo, que dependerá da crença inabalável de que é possível construir um mundo melhor para todos.

A SOCIEDADE IDEAL COMO UM SISTEMA DE CRENÇAS

Referência: Grupo Kwahu

Uma das crenças mais persistentes na sociedade humana é de que é possível entender o significado da existência através dos mitos. Na definição do Dicionário Houaiss, mito é um "relato fantástico de tradição oral, geralmente protagonizado por seres que encarnam, sob forma simbólica, as forças da natureza e os aspectos gerais da condição humana". Através de um sistema de crenças, incluindo nelas os mitos, também é possível delinear a sociedade ideal e imaginar os caminhos que possam levar à sua realização.

Este trabalho é composto de três partes. Na primeira há o foco no Espírito, entendido como a fonte de inspiração para a busca da sociedade ideal. Na segunda, a atenção se volta para a Mente, instrumento de organização das idéias. A terceira parte, o Corpo, é onde se delineiam as propostas de ação para transformar os sonhos em realidade.

Uma figura central na proposta apresentada aqui é a do Mestre de Cerimônias. Ele é representado por jornalistas, autores, professores, diretores de empresas e governantes, pessoas cuja atuação tem grande impacto na sociedade e a responsabilidade de delinear um paradigma de transcendência humana através de uma evolução harmônica, integrativa e auto-afirmativa dos indivíduos.

ESPÍRITO

Neste âmbito, a função metafísica do mito é levantar as questões relativas ao significado da existência. Este é o principal pano de fundo da sociedade, pois influencia o que somos e o que queremos ser. Um exemplo são os mitos mercantis que definem que as pessoas devem possuir muito dinheiro para consumir novos produtos que facilitam a vida e que a posse deles gera crescimento e desenvolvimento do indivíduo e da sociedade. Na sociedade ideal, o foco passa a ser outro. O mito é de que o cultivo da consciência proporciona engrandecimento da alma humana e, conseqüentemente, felicidade e prazer. Neste contexto, há o entendimento de que somos, ao mesmo tempo, individualidade e relação. Na relação, somos livres para pensar e agir como quisermos e, por isso, podemos viver plenamente e de forma sagrada cada instante. Esta crença estimula a criatividade, a expressão e a busca de novos conhecimentos pelo caminho da educação.

Na sociedade ideal, o ensino fundamental é tratado como a prioridade primeira, pois é nele que começa o estímulo à criatividade, ao questionamento e à investigação sincera e sem preconceitos. O professor/orientador busca uma relação de compartilhamento com o aluno, não assume postura de autoridade e repudia a hierarquia entre ambos. No ensino médio, que ocorre num período da vida do aluno em que os questionamentos são muito fortes, as atividades são orientadas para a afirmação da individualidade e de sua contextualização no todo maior. Atividades vivenciais, como intercâmbios com outras culturas, viagens, feiras de ciências, trabalhos práticos, produção artística e cultural são formas de estimular o reconhecimento das potencialidades. Com isto, o jovem pode entender a complexidade do processo da vida e seu posicionamento dentro dela. O ensino superior é orientado para o trabalho, seja ele em atividades de produção de bens ou serviços, seja na produção de conhecimento (pesquisas) ou das artes.

A atividade jornalística tem a responsabilidade de manter a sociedade informada não apenas dos problemas, como também das iniciativas voltadas para a elevação da consciência e do espírito, produzindo maior bem-estar. O jornalismo investigativo é exercido também na busca das causas reais dos problemas enfrentados pela sociedade e dos fundamentos mais profundos das alternativas de solução propostas, assim como dos desdobramentos destas soluções a longo prazo.

Os dirigentes de organizações têm claro que a razão de ser delas é atender a necessidades humanas. A partir deste entendimento, colocam toda a sua capacidade de decidir e de fazer as decisões acontecerem a serviço do bem-estar coletivo, começando pelo bem-estar dos empregados na organização, passando pela qualidade de vida das comunidades em que estão instaladas, considerando a responsabilidade pela qualidade inquestionável de seus produtos e serviços e chegando à condição de serem agentes de elevação da consciência da sociedade como um todo. As organizações operam por concessão da sociedade e a ela devem fazer retornar os resultados de sua ação.

Estas propostas levam em conta que vivemos momentos constantes. Não existe futuro ou passado, só o presente. A vida é feita de ciclos, ondas que vão e vêm, maiores ou menores, repetindo movimentos e nunca se repetindo. O indivíduo que tem esta percepção é livre, pois a liberdade vem de dentro, da própria consciência. As interações possíveis a partir da certeza da liberdade são infinitas. Em todas elas será possível encontrar o sagrado, seja nas relações com outras pessoas, animais, plantas, objetos, elementos, idéias, assim como nos diálogos e compartilhamentos de conhecimentos, emoções e sensações. Nestas interações o indivíduo tem a capacidade de dirigir suas energias para provocar mudanças e evolução. Isto implica fazer escolhas. Para ter integridade, é preciso reconhecer que as escolhas trazem conseqüências. Não porque elas nos são impostas, mas porque são inerentes à própria escolha. O indivíduo na sociedade ideal vivencia isto de forma tal a sempre deleitar-se com as escolhas, a causalidade consciente e as interações com todos os seres.

MENTE

O ser humano é Potente (tem potencialidades), Possível (pode transformar potencialidades em realidades) e Capaz (tem os meios para transformar sua circunstância). Uma de suas principais potencialidades é a de ser visionário, ter a capacidade de ver o que ainda não existe. Esta talvez seja a grande característica que distingue o ser humano dos outros seres.

Ao mesmo tempo que, a partir da capacidade visionária, o indivíduo pode criar sua circunstância, ele também é produto desta circunstância, pois vivemos todos em sistemas dentro de sistemas maiores e mais complexos. Quanto mais percebemos e entendemos estas relações entre Eu-Outro-Mundo-Totalidade, mais temos consciência das interconexões e interdependências, mais nos percebemos como parte de um todo maior e descobrimos que há muito a ser desbravado e compreendido. Esta é a dinâmica da transcendência, a capacidade de ir além daquilo que os sentidos alcançam, que favorece a sintonia da pessoa com a Totalidade, substitui a competição entre fragmentos pela cooperação entre partes integrantes e inseparáveis e, conseqüentemente, elimina os medos.

O indivíduo consciente tem o conhecimento e entendimento holístico de suas relações e ações. Assim, ele compreende a dinâmica da vida, porque as coisas acontecem com ele e porque elas acontecem de determinada forma. Ampliando sua consciência sobre os acontecimentos e os desdobramentos de suas ações, ele passa a integrar seus comportamentos por padrões éticos, voltados para o bem comum dentro da Teia da Vida.

CORPO

Para realizar a sociedade ideal, é necessário ter em mente dois blocos de ações: um destinado a eliminar as causas das patologias sociais existentes, outro voltado para a eliminação dos processos nocivos em andamento. No primeiro bloco estão as ações de elevação do nível de consciência; no segundo, aquelas que eliminam as entropias sociais.

Conscientização

O mundo é representado por mais de seis bilhões de pessoas que vivem em diferentes níveis de organização no espaço do planeta Terra. Um processo de transformação em grande escala e realmente significativo depende de ações individuais inseridas numa visão de bem comum. A transformação individual não pode ser imposta, pois tem pela frente o livre-arbítrio e a vontade da pessoa. Assim, cabe aos indivíduos, conscientes e dispostos a inspirar a transformação da sociedade, introduzir com sutileza e acuidade os mitos positivos que possam se instalar nas mentes e nos corações das pessoas. O tempo necessário para a transformação é incerto, já que a grande maioria das pessoas está alheia ao seu próprio papel na sociedade. Por outro lado, a seleção de alguns públicos preferenciais pode acelerar o processo.

Os "mestres-de-cerimônias" são um destes públicos. Eles são pessoas que têm grande impacto na sociedade, em função de seu desempenho destacado, preparo intelectual ou fama. São artistas, esportistas, educadores, líderes empresariais e comunitários, jornalistas, entre outros. Além das pessoas, instituições presentes na sociedade como empresas, governos, meios de comunicação também podem ter o papel de "mestres-de-cerimônias". Todos precisam ser "educados" para a ampliação do nível de consciência em todos os âmbitos da sociedade.

Atenção especial deve ser dada aos meios de comunicação. Seu poder de tocar as emoções das pessoas e sua capacidade de mobilização precisa ser bem aproveitado.

A sensibilização para a necessidade de transformação deve tocar a razão e a emoção. Só assim serão produzidas as ações necessárias. O ponto de partida pode ser a realização de diálogos intensos, usando exemplos bem concretos, demonstrando a influência que os detentores de poder, como "mestres-de-cerimônias", têm sobre as pessoas em geral. Isto pode ser feito através do uso intensivo de vivências, recursos audiovisuais e dinâmicas que revelem as crenças das pessoas e despertem suas emoções. A construção de novos mitos pode ser extraída de encontros como estes. A disseminação deles ocorrerá inicialmente através dos meios de comunicação de massa, que incluirão os mitos em suas programações, tanto as informativas quanto as de entretenimento. Como empresas conscientes, os meios de comunicação de massa não aceitarão a busca cega por lucros, eliminando programas degradantes e recusando anunciantes que passem mensagens nocivas para o público. Esta rede de relacionamentos poderá provocar mudanças significativas nas estratégias das corporações que contribuem para a sustentação dos órgãos de comunicação de massa. Executivos conscientes irão avaliar com muito mais acuidade o que resulta da ação de suas empresas na sociedade e no meio ambiente. Também eles passarão a recusar o lucro a qualquer custo. Artistas e esportistas cons-

cientes, que devem muito de sua fama aos meios de comunicação, buscarão associar suas imagens ao processo de transformação social e deixarão
de ser porta-vozes de mensagens comerciais de produtos que em nada
contribuem para a busca de uma sociedade ideal.

Outro público preferencial está nas escolas e é constituído tanto pelos professores e administradores do processo educacional quanto pelos
alunos e seus familiares. As escolas da sociedade ideal são pontos de partida para um ciclo virtuoso de disseminação dos valores que formam a
base da transformação. Levando em conta a fragmentação existente no
processo de ensino/aprendizagem, com matérias totalmente segregadas
umas das outras, poderá ser necessário criar uma nova disciplina, voltada para estimular a consciência crítica e disseminar novos mitos entre os
alunos e familiares. Os professores desta disciplina deverão necessariamente ter uma visão ampla da sociedade, conhecimento das mais diversas matérias (para trabalhar integradamente com todas elas) e serem líderes inspiradores capazes de identificar diferentes potencialidades e
dificuldades dos alunos para encaminhar da melhor forma sua evolução.
O processo de aprendizagem nestas escolas deverá ser intensamente vi-
vencial, fazendo com que seus freqüentadores não apenas absorvam intelectualmente conhecimentos, habilidades e atitudes apropriadas para a
vida na sociedade ideal, mas que incorporem tudo isto em suas entra-
nhas. O que se buscará não será apenas o desempenho acadêmico, mas
a formação significativa para a vida. Os alunos formados por escolas que
operam desta forma e seus familiares que participam do processo serão
agentes multiplicadores da transformação nos ambientes que freqüentam, estabelecendo um círculo virtuoso de progressão exponencial.

Além dessas medidas, pode ser conveniente realizar intervenções
impactantes nas diversas comunidades. Isto poderá ser necessário para
romper a mesmice, a rotina e o excesso de má informação. Numa pequena localidade isolada no interior, o impacto pode ser causado por uma
companhia de teatro volante. Em grandes centros, poderá ser necessário
realizar megaeventos multimídia. Muitas outras possibilidades existem e
podem ser levadas a efeito se a vontade de realizar estiver presente. Em
qualquer dos casos, o foco será transmitir não apenas o sonho da sociedade ideal, mas também a viabilidade dela se as pessoas acreditarem que
ela é possível e decidirem que ela será realidade.

Entropias sociais

Cuidados especiais precisam ser tomados para bloquear as entropias sociais, as tentativas de drenar as energias do movimento para que ele estagne e desapareça. Certamente haverá oposição às transformações, vindas especialmente daqueles que detêm privilégios e não querem abrir mão deles. Para neutralizar estas tentativas deverão ser criados centros de informação e células de ação, todos interligados e se apoiando mutuamente. Os centros de informação serão responsáveis por rastrear os desvios de percurso no processo, tanto os induzidos pelas forças contrárias às mudanças quanto os provenientes de falhas nas estratégias de ação. A partir destas informações, as células de ação, formadas por indivíduos amplamente conscientes e íntegros que, com base em valores elevados, como o respeito incondicional, desenvolverão ações voltadas para a integração até mesmo dos mais resistentes. A forma de atuação, obviamente, será decidida em cada caso.

> "Corremos de nossos chamados, nos escondemos e buscamos
> formas de barrar os sentimentos. Não desejamos caminhar pelo
> desconhecido, preferimos a segurança de um cotidiano predefinido e
> determinado. Então criamos mecanismos para manter a estática,
> para glorificar sempre o passado em detrimento do futuro.
> Mas vivemos o ciclo do fim deste mecanismo e seus componentes.
> É neste momento que vemos surgir tudo o que estávamos enterrando
> bem fundo em nossas almas e que, como vulcões, erupcionam
> de nossos momentos mais inconscientes para a luz."

> "Se nos centrarmos em nossa humanidade e buscarmos a nossa
> sinceridade, começaremos um processo de metamorfose. Começarão
> as agitações e as erupções de nossos vulcões. Centrar em nossa
> humanidade é aceitar nossos dramas, aceitar nosso lugar no mundo,
> é saber nosso lugar nele. Senti-lo e experienciá-lo plenamente.
> Mas sem esquecer o principal: a sinceridade, a verdade.
> Este compromisso é a corda guia para todo o processo."

> *Grupo Kwahu*

A SOCIEDADE IDEAL COMO UM SISTEMA DE HISTÓRIAS CONTADAS

Referência: Grupo Manga Rosa

Um contador de histórias procura seguir um caminho, também chamado de "jornada do herói", para apresentá-las ao seu público. Este caminho é basicamente formado de cinco etapas. Na primeira delas, o personagem principal está numa situação de conforto e recebe um chamado, que pode ser percebido como uma missão a ser cumprida ou a possibilidade de alcançar níveis de felicidade nunca imaginados. Na segunda, inicia sua jornada e tem de passar por lugares desconhecidos, enfrentando seus medos. Na terceira, encontra barreiras, desafios, ameaças e deve enfrentar tudo para poder seguir. Na quarta etapa, surgem as ajudas, os apoios que permitem que os desafios sejam superados. Na última etapa, o personagem chega ao ponto buscado, realizando sua missão ou realizando as oportunidades. Mas este não é o fim da história, porque tudo vai começar novamente, o ciclo vai se repetir.

A descrição da sociedade ideal e a indicação dos caminhos para se chegar lá podem ser feitas através da técnica de contar histórias. Uma possibilidade para fazer isto é através de um narrador. Neste caso, ele será um personagem fictício, Dias de Aguiar, um brasileiro comum que relata a forma como viu e viveu a história da evolução do país para uma sociedade ideal.

Nunca fui chefe, nem líder, nem herói. Mas vivi intensamente a história da minha vida e acredito que contribuí para que muita gente pudesse ter uma vida melhor. Eu sinto que ainda tenho muita coisa a fazer e uma delas é contar um pouco dessa história. Quem sabe isso possa ajudar outras pessoas a sentirem que elas também podem fazer diferença nas suas próprias vidas e nas de outras pessoas.

Eu me lembro que, faz um bom tempo, a gente vivia muito triste. As coisas que aconteciam no Brasil, nos Estados, nas cidades, nas escolas, nos clubes (principalmente no futebol), nas empresas, nos governos, até nas casas, deixavam todo mundo desanimado. Tinha gente que tinha tudo o que podia imaginar. Parece que pra eles sobrava dinheiro. A gente via na televisão aquelas festas maravilhosas, os carrões que eles compravam, as casas imensas que construíam, o quanto eles gastavam em viagens e ficava se perguntando: de onde vem tanto dinheiro? A gente tinha umas suspeitas. Volta e meia apareciam notícias de que uma empresa estava demitindo gente porque tinha custos muito altos e se não fizesse isso iria fechar. Era melhor ter menos empregos do que nenhum emprego. Só que o pessoal demitido não tinha onde trabalhar. Aí ia morar em favelas, cortiços, nas ruas. E passava a viver de esmolas. Será que aquele dinheiro que não precisava mais para pagar os salários dos demitidos não foi parar naqueles barcos maravilhosos? Afinal, o preço dos produtos que as empresas produziam nunca diminuía, só aumentava. Mesmo com a "redução de custos". Andando pela cidade a gente via que cada vez mais tinha favelas por todo canto. E parecia que os ricos tinham cada vez mais dinheiro. Também tinha, todo dia e em todos os noticiários, aquelas notícias de corrupção. Era gente do governo que levava propina, era gente de empresas que pagava propina, era policial que aceitava dinheiro pra facilitar contrabando e outras coisas, era juiz que era pago pra julgar a favor de gente de mau caráter. E parece que todo mundo era cínico. Sempre negava, mesmo quando tinha provas contra eles. Tudo isso fazia a gente ficar muito aborrecido, mas ninguém fazia nada. Quando a gente conversava com outras pessoas, todo mundo concordava que as coisas não podiam continuar assim, mas ninguém sabia o que fazer. Na verdade, acho que todo mundo, inclusive eu, era muito acomodado. Afinal, falar mal das coisas é fácil. Fazer alguma coisa pra mudar é bem difícil.

Um dia, numa dessas conversas de boteco, não sei bem por que a gente começou a lembrar de coisas que iam bem no país. Acho que o assunto apareceu por causa de uma notícia de jornal de que os Estados Unidos e o Japão tinham mandado especialistas em energia para cá pra conhecer o que o Brasil estava fazendo para ter energias de fontes que pudessem ser renovadas. Assim como o álcool combustível. A notícia falava que o Brasil era o país mais adiantado no mundo nessa área. Aí começamos a lembrar de outras coisas nas quais somos muito bons. Falamos da agricultura. Com a ajuda das pesquisas feitas pela Embrapa, o país é atualmente um dos mais avançados neste campo (com o perdão do trocadilho). Por falar em pesquisa, lembramos que o Brasil também foi um dos poucos países que participaram do projeto Genoma, de seqüenciamento do código genético humano. Alguém também lembrou que temos a terceira maior indústria de fabricação de aviões do mundo e uma das maiores mineradoras. Outra pessoa da roda falou que devíamos também lembrar de alguns esportes, como o vôlei, tanto masculino quanto feminino, nas quadras e na praia. Nele o Brasil é considerado o melhor do mundo. Até no futebol, com tantos problemas, temos a única seleção cinco vezes campeã do mundo. É verdade que quase todos os jogadores da seleção jogam no exterior, mas eles nasceram e se revelaram aqui.

A sensação que veio foi meio esquisita. Se temos tantos problemas e ainda assim temos coisas tão boas, será que dá para pensar em uma sociedade em que existam só coisas boas? Uma sociedade ideal? Começamos a imaginar como seria essa sociedade. A primeira coisa que apareceu é que nela todas as pessoas teriam oportunidades iguais para se desenvolver. Todos teriam alimentação, saúde, moradia digna e educação para poder aprender o que quisessem. Com isso teriam oportunidade de escolher o trabalho que desse a eles mais satisfação e no qual, com certeza, iriam produzir muito e muito bem. Isso faria com que todas as pessoas se sentissem realizadas, felizes, de bem consigo mesmas e com todas as outras. Nesta sociedade ideal, outra pessoa lembrou, todo mundo se comportaria de acordo com valores morais muito nobres. Todo mundo respeitaria todo mundo em qualquer situação: no trabalho, em casa, nas lojas e nos bancos, no trânsito, na escola. Todo mundo seria educado e gentil. Além disso, todos seriam solidários uns com os outros. Em qualquer situação em que alguém precisasse de outra pessoa, sempre haveria alguém pronto para ajudar. Aliás, as pessoas não precisariam pedir ajuda, pois todos estariam pensando no bem-estar dos outros e se oferecendo para o que fosse necessário. Mas não haveria intromissão de ninguém na vida dos outros. Todo mundo se sentiria livre para fazer suas escolhas, viver como achasse melhor e ser respeitado pelo que é e não pelo que aparenta. Isto seria possível porque a verdade estaria sempre presente. Ninguém precisaria mentir nem falsear qualquer coisa, porque tudo seria muito transparente e claro para todos. E a justiça também seria um valor muito importante para todos. As pessoas não seriam tratadas de maneira pasteurizada, como se todas fossem iguais, mas de acordo com suas características únicas, respeitando sempre as diferenças. Nesse ponto da conversa alguém falou que tudo isso poderia ser resumido em uma palavra: ética. E explicou que entendia ética como a busca do melhor para todos sempre, em qualquer situação. Se alguma coisa fosse feita de modo a favorecer alguém ou algum grupo, isso não seria ético. Na sociedade ideal tudo seria feito sempre pensando no melhor para todos, sem exceção. Com isso, todas as pessoas estariam sempre em paz consigo mesmas, sem dores de consciência. Toda a sociedade estaria satisfeita. Toda a humanidade poderia evoluir sempre. E até mesmo o meio ambiente, com todas as outras formas de vida e até as coisas sem vida, seria respeitado.

Aquela conversa no boteco foi uma coisa fantástica. Conseguimos "desenhar" uma sociedade na qual todos nós gostaríamos de viver. Que visão maravilhosa! Como seria bom se isso fosse possível. Mas ...

Nem deu tempo para a gente começar a se lamentar dizendo que sociedades assim não existem e nunca vão existir. Um dos amigos, que talvez tivesse bebido um pouco além da conta, lembrou de uma frase do Walt Disney: "Tudo o que você for capaz de imaginar, você será capaz de fazer". Ele, o Disney, realmente acreditava nisso, pois construiu coisas que todos diziam que eram impossíveis. Outro amigo emendou com outra frase, que ele disse que era do Michelangelo: "Perigoso não é almejar muito alto e não alcançar, mas querer pouco e alcançar". Então, se for assim, o que é preciso para começar a construção da sociedade ideal? Começar, dar os primeiros passos. Mas em que direção? Por onde começar? Uma coisa estava clara pra todos: o caminho era totalmente desconhecido. Ninguém tinha tentado isso antes. Até que existiam alguns livros a respeito. Lembra da *Utopia*, do Thomas Morus? Pois é, ele escreveu a história de um viajante que tinha conhecido um lugar que era perfeito e contou com muitos detalhes como era. Mas isso foi há cerca de 500 anos, quando o mundo era muito diferente, bem menos complexo do que é hoje. E as idéias de perfeição daquela época não se aplicam hoje. Você sabe que na tal Utopia tinha escravidão, que era considerada natural? Pois é, essa referência não vale muito não. Muito tempo antes disso, o Platão tentou fazer alguma coisa assim. Pois é, Platão, o filósofo. Ele tentou organizar uma sociedade ideal na ilha de Siracusa, mas foi um desastre. Ele achou que as idéias que tinha apresentado no livro *A República* pudessem ser colocadas em prática, mas não deu certo. Provavelmente porque ele achava que só os intelectuais podiam ocupar o governo. Imagine só isso nos dias de hoje, quando só se fala mal das "elites". Pois é, a conclusão daquele nosso pequeno grupo (estávamos em cinco pessoas) foi de que o caminho para a sociedade ideal não existe. Se nós quiséssemos mesmo chegar lá, teríamos de inventar o caminho.

As nossas primeiras reações a esse desconhecido começaram a aparecer. Primeiro foi a dúvida. Será que é viável tentar alguma coisa? Se tudo é desconhecido, pode ser que não seja viável, mas também pode ser que seja. Mas só vamos descobrir se tentarmos. Se a gente não tentar, não vamos descobrir. E como é que os outros com quem vamos falar sobre isso vão reagir? Vão nos chamar de loucos? De idealistas? De sonhadores? É provável que sim. Mas, e daí? As pessoas que buscaram as grandes transformações e que ajudaram a humanidade a progredir também foram chamadas de loucas, idealistas, sonhadoras. Mas não deram bola pra isso, foram em frente e conseguiram. É, mas também é verdade que algumas delas, que propuseram mudanças nas estruturas de poder, foram mortas. E quando a gente fala de sociedade ideal é disto que estamos falando. Será que estamos dispostos a morrer por um ideal? Este é o maior grau de comprometimento que se pode ter. Mas será preciso chegar até o ponto de arriscar a vida? Pode ser que não. Mas, mais uma vez, só vamos descobrir isso quando começarmos a caminhar. E se a gente começar e não conseguir ir adiante? Como vamos ficar diante de nós mesmos? Como ficará a nossa impressão sobre nós mesmos? Vamos nos perceber como fracassados? Vamos ser ridicularizados pelos outros? É, tudo isso pode acontecer. Mas pelo menos vamos poder dizer que tentamos, que não ficamos só falando mal do que está errado, sem fazer alguma coisa para mudar. E mesmo que dê tudo errado, ainda assim vamos ter aprendido muitas coisas. Vamos estar mais bem preparados para enfrentar outros desafios.

Como vocês podem ver, a conversa foi bastante franca. E dá pra notar que, para qualquer argumento contra a idéia de fazer alguma coisa, sempre vinha outro, mostrando que valia a pena. Parece que estávamos tão maravilhados com a tal sociedade ideal que nada iria fazer a gente desistir de pelo menos tentar. Então, o jeito era partir pra ação. O primeiro dos muitos obstáculos que iríamos encontrar estava, pelo menos parcialmente, superado: nossas próprias dúvidas e incertezas.

Saímos daquele boteco meio altos. Em todos os sentidos: altas aspirações, altas determinações e, não vamos negar, relativamente alto teor alcoólico. Mas eu não acho que foi isso que fez a gente ir em frente. A bebida foi só um acontecimento circunstancial. Decidimos que iríamos falar sobre estas idéias com todas as pessoas que a gente conhecia. E ver as reações delas.

As primeiras reações foram decepcionantes. Parece que ninguém estava a fim de fazer coisa alguma. As pessoas diziam que não adiantava tentar nada, porque tudo é dominado por gente que tem poder e não iriam abrir mão das vantagens e privilégios. Para mudar as coisas seria preciso mudar as leis, feitas pelos políticos. Vocês acham mesmo que eles vão querer mudar? Esta era a pergunta mais comum. E os empresários, os banqueiros, vocês acreditam que eles vão apoiar coisas que vão mexer nos lucros deles? Vocês são muito ingênuos, muita gente dizia. Além destes, encontramos muita gente que dizia que as coisas não estavam tão ruins assim, que dava pra ir tocando a vida. Essas eram as pessoas que tinham um bom padrão de vida, moravam bem, tinham carro, freqüentavam bons lugares. Parece que tinham medo de perder o que tinham, embora nunca dissessem isto. A desculpa era de que seria melhor deixar as coisas como estavam porque tudo acaba se acertando. O mais impressionante é que gente que não tinha coisa alguma, como alguns moradores de rua com quem fomos conversar, também achavam que não adiantaria nada tentar fazer alguma coisa. A vida é assim mesmo, diziam. A gente tem que passar por isso. Pra que alguns vivam bem é preciso que outros vivam mal. Não tem jeito. Não esquenta com isso não, aconselhavam.

As dificuldades seriam maiores do que a gente imaginava. Mas não podíamos perder o pique. Pelo menos não tão cedo. E continuamos. Fomos procurar professores universitários, estudiosos de sociologia, política, economia pra ver o que eles achavam. E recebemos um caminhão de críticas. Disseram que nós não conhecíamos coisa alguma da história da evolução da humanidade, dos processos sociais, dos fundamentos da economia, de como o poder funciona, da natureza humana. Quando argumentávamos que a proposta era buscar algo inédito, que nunca tinha sido estudado antes porque nunca existiu, eles diziam que estávamos sendo muito pretensiosos, pois se não tínhamos conhecimento da forma como as coisas acontecem, como podíamos propor coisas diferentes? Numa dessas conversas um jornalista estava presente e decidiu fazer uma matéria sobre "Os Sonhadores", que acabou saindo numa das principais revistas do país e também na televisão. Foi uma matéria arrasadora, mostrando que tinha gente fazendo propostas malucas e que falava com tanta convicção que só podia ser muito ignorante ou muito arrogante. Ou as duas coisas, finalizava. Tenho que confessar que nessa hora eu pensei seriamente em desistir de tudo. Os obstáculos internos apareciam de novo, agora com mais força. E vinham carregados de mais dúvidas e de cansaço. Parecia que a vontade estava se acabando.

Eu propus que a gente se reunisse em um lugar meio retirado pra conversar e decidir se valia a pena continuar ou desistir antes que algum estrago maior acontecesse conosco. Tinha uma condição: não podia ter bebida alcoólica. Talvez nossas idéias fossem malucas mesmo e tivessem sido imaginadas no embalo das caipirinhas e da cerveja. A conversa não foi fácil. Todos nós estávamos muito abatidos. Pra tentar animar um pouco o ambiente, alguém lembrou daquele discurso famoso do Martin Luther King, "Eu Tenho Um Sonho". E outro já falou que talvez o sonho continue sendo apenas isso, um sonho, pois os problemas de discriminação racial nos Estados Unidos e no mundo todo continuam. Às vezes eram disfarçados, mas lá no fundo as pessoas continuam quase que se odiando. E as guerras milenares, muitas em nome de religiões, que continuam existindo? E a concentração do poder econômico em poucas empresas planetárias e bancos gigantescos, que continua a aumentar? E as listas de bilionários, cada vez mais ricos? Como se poderia enfrentar todo esse poder? De repente, um de nós teve um estalo: nós tínhamos sido contagiados pelo discurso dos que não acreditam em coisa alguma. E isso tinha acontecido porque não estávamos vacinados contra o ceticismo. A vacina tinha de ser a criatividade, a imaginação, a ousadia de ir atrás de gente que também tem sonhos e gente que está fazendo coisas importantes apesar de todas as dificuldades. Nós precisávamos aprender e não propor. Isso trouxe algum ânimo de volta. Algum, não muito. A decisão foi continuar tentando, só que com um foco diferente.

Conseguimos lembrar de algumas pessoas que pareciam ter gostado das idéias, embora não mostrassem muito entusiasmo. Havia vários jovens, com muitas preocupações em relação ao futuro. Afinal, eles tinham muito tempo de vida e queriam que o mundo fosse melhor do que o que eles tinham encontrado. E já estavam fazendo alguma coisa para isso. Uma garota liderava um projeto que procurava dar meios de expressão para outros jovens, através de rádios comunitárias e meios de comunicação dentro de escolas. Um rapaz estava envolvido com programas de disseminação de novas tecnologias para populações marginalizadas, como nas favelas. Além deles, lembramos de algumas lideranças comunitárias que procuravam melhorar a qualidade de vida em áreas muito pobres, contando apenas com os recursos locais. Voltamos a eles e fomos perguntar o que eles achavam que seria uma sociedade ideal e, se pudessem ajudar a construir uma, como eles começariam. O que aconteceu foi muito interessante. Na primeira vez que tínhamos estado com eles, nós falamos o que tínhamos em nossas cabeças e perguntamos se eles queriam participar do movimento. A reação tinha sido fria. Mas agora, quando pedimos para eles falarem das coisas em que acreditavam, a conversa foi muito mais gostosa e produtiva. As idéias não paravam de surgir. Quase tudo o que nós tínhamos imaginado estava lá, mas de uma forma diferente, com muito mais energia, vibração, intensidade. Uma coisa importante foi que as pessoas foram lembrando de outras pessoas que poderiam ajudar. Uma dessas pessoas foi um rapaz que trabalhava em uma agência de publicidade que, além das campanhas para grandes empresas, tinha atividades de ajuda a entidades comunitárias. Através dele chegamos aos donos da agência e tivemos uma grande surpresa. Eles tinham assistido àquela matéria na televisão e tinham ficado indignados. Como deram um tratamento tão negativo a uma proposta tão positiva? Eles tinham pensado em fazer alguma coisa, mas ainda não tinham achado a melhor forma. Para eles foi um prazer nos conhecer e ter a chance de trabalhar junto. E é claro que para nós foi uma alegria sem limites. Finalmente encontrávamos alguém disposto a levar essas idéias adiante. Naquele mesmo dia já esboçamos algumas "campanhas" para mobilizar mais gente. Uma das idéias foi fazer um concurso em várias escolas para que os alunos escrevessem um trabalho sobre o que seria uma sociedade ideal e como fazer para chegar lá. Os melhores trabalhos seriam publicados em um jornal diário de grande circulação. O pessoal da agência assumiu a responsabilidade de encontrar o jornal que se dispusesse a fazer isso. Afinal, os jornais eram clientes da agência. Essa idéia, levada a algumas associações de moradores de alguns bairros onde estávamos procurando conhecer o seu trabalho, foi assumida por elas, que ficaram de procurar as escolas públicas locais e fazer acontecer. Várias pessoas da agência, que tinham filhos em idade escolar, também levaram a mesma idéia para as escolas deles. Eram escolas particulares. Resolvemos então fazer dois concursos: um entre escolas públicas e outro entre escolas particulares. A "premiação" seria a mesma, a publicação dos trabalhos, e haveria uma cerimônia conjunta para divulgar os resultados. A idéia foi se espalhando e alguns empresários se interessaram. Com o movimento de responsabilidade social crescendo, eles acharam que era hora de repensar as estratégias de suas empresas, dando mais foco num futuro melhor, nos qual todos ganhariam, inclusive elas. Estes empresários foram procurando outros e depois de pouco tempo estavam elaborando propostas de mudanças na legislação para favorecer a criação de novos negócios voltados para as populações marginalizadas, utilizando o trabalho das pessoas que viviam nessa condição. A idéia era favorecer quem estava fora do "mercado" para que pudessem evoluir e, mais adiante, serem clientes das empresas estabelecidas. Várias entidades assistenciais e ONGs também se juntaram ao movimento e passaram a divulgar iniciativas que promoviam o bem-estar e despertavam a auto-estima das pessoas. Naquelas escolas onde havia sido feito o primeiro concurso (o primeiro sim, porque depois dele muitos outros foram realizados) surgiram alguns professores idealistas que começaram a fazer trabalhos voluntários em comunidades carentes, dando orientação para as famílias sobre higiene, alimentação e também como ajudar os filhos nas tarefas escolares. Alguns jornalistas mais sensíveis a estas questões, inclusive diretores e programas jornalísticos, decidiram dar ênfase a notícias positivas, para contrabalançar o negativismo que imperava nos noticiários. E você acredita que até políticos se envolveram? Pois é, a gente descobriu que também existem políticos que querem fazer um bom trabalho, mas que sofrem pressões terríveis para não fazer o que gostariam. Quando percebem uma boa oportunidade de se juntar com quem tem espírito público, ficam muito animados. Através deles foi possível mudar muitas leis e, através disto, chegar a um governo muito mais participativo e transparente. Isto foi só o começo. Nem dá pra lembrar de tudo o que foi acontecendo. Eu lembro de uma expressão que um amigo meu usou: tudo ficou maravilhosamente fora de controle. Pra quem não acompanhou o movimento das mudanças, poderia parecer um caos. Mas havia um padrão de ordem que talvez fosse inteiramente novo. Todos com liberdade de fazer o que mais queriam, mas todos sintonizados em alguma coisa maior, o bem comum. E sempre atuando com base nos princípios éticos e morais mais elevados. Com todos estes acontecimentos, atualmente o Brasil é reconhecido mundialmente como um país onde prevalece a igualdade, a fraternidade e a harmonia. O país com o maior índice de felicidade do planeta.

Hoje, recordando tudo isso, eu sinto que, junto com aqueles amigos que estavam num boteco há alguns anos, pensando em coisas que pareciam impossíveis, nós fizemos diferença na história que vivemos. Nós fomos construtores da história, assim como todos os outros que se juntaram ao movimento depois de tantas dificuldades. A sensação é de que a vida, até aqui, valeu a pena ser vivida.

E agora? Talvez a gente precise contar esta história em outros lugares, para despertar em mais gente a confiança de que é possível alcançar uma sociedade ideal. Ela começa com um sonho. Depois, é preciso agir com paciência, persistência, determinação. O esforço é enorme, mas o resultado compensa muito.

Pra terminar, uma coisa que nos disseram, mas que a gente não sabe quem é o autor.

"Se vocês quiserem que as crianças construam barcos, não ensinem as técnicas de construção de barcos. Conversem com as crianças sobre as viagens maravilhosas que elas vão fazer nestes barcos. Aí, só de ouvir estas histórias elas vão criar e construir os melhores barcos do mundo."

A SOCIEDADE IDEAL COMO UM SISTEMA VIVO

Referência: Grupo Missão Possível

Quando olhamos para a sociedade como um sistema vivo, temos de admitir que seu ponto central é a valorização da vida. É a vida que justifica a própria existência da sociedade. Uma sociedade ideal, portanto, é aquela em que a vida encontra as melhores oportunidades para emergir, desenvolver-se e realizar todo o seu potencial. Como verificar se isso acontece de fato?

Uma forma é observar se as necessidades básicas de sobrevivência estão atendidas: todas as pessoas têm condições dignas de alimentação, vestuário, saúde, educação e habitação? Como estas necessidades estão sendo atendidas? Será por "dever" do poder público? Será por benevolência de entidades assistenciais? Ou será pela generosidade e solidariedade de todas as pessoas que formam a comunidade? Ou, melhor ainda, será porque todas encontram condições de, por si próprias e através de sua capacidade de trabalho, garantir estas condições dignas para si e suas famílias? Se esta última alternativa for a que encontramos, provavelmente estaremos diante de uma sociedade que busca o ideal. Então, será interessante ter uma descrição mais detalhada desse sistema vivo. Para que esta descrição possa provocar conversas que estimulem a criação de mais alternativas e possibilidades, ela é feita no presente, como se já existisse. É como se a visão já estivesse realizada. Começamos pelas atividades econômicas.

ECONOMIA VIVA

Tendo a preservação da vida como referencial, as atividades econômicas se organizam tendo por base a cooperação e não a competição. As empresas formam comunidades de negócios que buscam otimizar o retorno sobre os investimentos feitos na atividade produtiva, visando aplicar este retorno no aperfeiçoamento contínuo das tecnologias e dos processos. Com isso, conseguem atender a todas as demandas e até mesmo surpreender seus públicos com produtos e serviços criativos. Uma das características das comunidades de negócios é que, quando alguma das organizações que faz parte delas enfrenta dificuldades, as demais contribuem na busca das melhores soluções. Com isso não há o desperdício de recursos e as tensões presentes em processo de falência. Embora as empresas tenham amplos relacionamentos com todos os mercados, nacionais e internacionais, visando o compartilhamento de conhecimentos, sua atuação está centrada nas comunidades em que estão instaladas. As empresas são genuínos subsistemas dentro do sistema social. Suas atividades não ficam restritas à produção e comercialização. Elas fazem parte do ambiente cultural das comunidades, contribuindo com a disseminação das mais variadas formas de artes e de conhecimento científico. De certo modo, elas também são entidades educacionais.

EDUCAÇÃO VIVA

A estrutura educacional na sociedade ideal é amplamente descentralizada. As únicas matérias comuns em todos os currículos são a língua, a história do país e os valores que fundamentam a vida em sociedade. Todas as demais matérias são definidas localmente, tendo em vista as características específicas de cada comunidade e visando proporcionar o progresso local. As escolas são de pequeno porte — cada uma delas tem no máximo cento e cinqüenta alunos. Isso é feito para que todos eles possam se conhecer efetivamente e estreitarem os laços de amizade e solidariedade. Para se manterem permanentemente atualizados com todos os acontecimentos e os progressos mais recentes em seus campos de especialidade e em técnicas didáticas, os professores freqüentam programas sistemáticos de educação continuada nos Centros de Vivência Educacional. Nesses Centros eles convivem com pais, mães e avós de alunos que também recebem orientação permanente para serem parceiros no processo educacional. Como muitos executivos de empresas e de órgãos de governo freqüentam esses Centros, a integração entre as atividades das escolas, das comunidades de negócios e da administração pública é muito grande. Além da atualização técnica dos professores, esses Centros focam suas atividades em três grandes temas: responsabilidade social, valores e atitudes na sociedade e o propósito da vida.

RESPONSABILIDADE SOCIAL

O tema Responsabilidade Social está muito ligado aos conceitos de desenvolvimento sustentado. Decorrentes desses conceitos há um conjunto básico de políticas definidas através de ampla participação de todas as pessoas, inclusive as crianças. Uma delas é a política urbana. As cidades foram reconfiguradas para ter entre 80.000 e 100.000 habitantes, que é um número considerado viável para uma administração pública eficaz. Há muitos espaços verdes, desde pequeninas áreas com uma árvore ou arbusto e grama até amplos parques nos quais a vegetação e o hábitat de vários pequenos animais e aves prevalecem. O zoneamento é rigoroso e coloca as unidades de manufatura (indústrias) e centros de processamento de dados em locais bem definidos, na periferia das cidades. Nestes locais há pouca presença humana, já que as atividades são quase que totalmente automatizadas. Nas áreas mais centrais estão distribuídas de forma integrada as unidades habitacionais, as atividades administrativas das empresas, os órgãos públicos, as escolas, os centros culturais, os templos, o comércio e a prestação de serviços. Com isso as pessoas moram perto de seus locais de trabalho, de lazer e esportes, das escolas, das fontes de abastecimento e das práticas religiosas, não havendo necessidade de grandes deslocamentos. As vias de circulação reservam espaços generosos para a locomoção a pé e com bicicletas. Como conseqüência, os índices de poluição são baixíssimos, além das pessoas cultivarem hábitos saudáveis.

A política ambiental está associada às atividades de pecuária, agricultura, extrativismo e mineração. A pecuária e a agricultura são realizadas nos mesmos espaços, buscando manter vivo o ciclo de utilização de todos os tipos de alimentos. O que é detrito para uma atividade é alimento para outra, inclusive os microorganismos que fertilizam a terra, impedindo que fiquem exauridas. Não há monoculturas. Sempre se buscam alternativas de composição de culturas que possam conviver ou se sucederem, garantindo a melhor utilização dos campos, das águas e das condições geográficas. As florestas são amplas e seu manejo garante um extrativismo que não ameaça a sobrevivência das espécies. As atividades de mineração são praticadas de forma a preservar, sempre que possível, as características geográficas dos sítios. Quando isso não é possível, são feitos estudos prévios para definir como será a recuperação dos locais, visando preservar as características fundamentais do ecossistema. Um dos pontos-chave desta política ambiental é o trabalho que todas as pessoas, de qualquer especialidade e tipo de atividade, devem realizar durante uma semana por ano no campo. É a forma para que todos tenham contato direto com a natureza e possam manter viva em suas mentes a lembrança de que fazemos parte dela e é ela que garante nossa existência.

TRABALHO COM PRAZER

Em relação ao trabalho, a política adotada é de que ele é instrumento de realização das pessoas e como tal deve ser fonte de prazer. As pessoas devem ter amplas oportunidades para escolher as tarefas que lhes sejam mais gratificantes nos ramos de atividades em que se especializaram. As empresas e órgãos de governo mantêm intercâmbio permanente com as escolas visando colocar à disposição dos alunos as oportunidades de trabalho disponíveis. Os formandos podem estagiar em diferentes organizações e nos seus vários setores para encontrar o local em que podem, ao mesmo tempo, dar suas melhores contribuições e encontrar mais realização. O número de horas trabalhadas pode variar, dependendo da natureza das tarefas, mas não deve ultrapassar oito horas diárias para que as pessoas possam ter tempo com suas famílias, praticar esportes, freqüentar atividades religiosas, estudar (a educação permanente é amplamente estimulada) e dedicar-se a atividades humanitárias. Nas raras ocasiões em que há ociosidade de pessoas, em função da adoção de novas tecnologias que demandam menos trabalhadores, elas realizam trabalhos sociais, como restauração de ambientes ainda não recuperados, serviços pessoais a segmentos da população que ainda não alcançaram o melhor padrão de vida e educação de pessoas portadoras de necessidades especiais. Elas permanecem nestas atividades até o surgimento de novas oportunidades em seus campos de especialidade com a criação de novos empreendimentos. A remuneração durante este período de transição é proporcionado por um fundo mantido com contribuições de todas as comunidades de negócios.

GOVERNO

As atividades dos órgãos de governo são focadas na coordenação das políticas regionais, no controle da moeda, na proteção dos direitos e em assegurar a igualdade de oportunidades. Há um corpo fixo de funcionários admitido através de processo de seleção extremamente rigoroso, no qual são identificadas não apenas as competências técnicas como também o espírito público, o ideal de servir. Esse processo é realizado depois dos estágios que os formandos das escolas freqüentam. Periodicamente os funcionários de órgãos governamentais fazem estágios em outras organizações para conhecer o impacto de suas ações sobre as outras atividades da sociedade. Além desse corpo fixo, os órgãos de governo têm executivos eleitos pela população para cumprir mandatos fixos. Estes executivos, que trabalham em colegiado, têm mandatos de cinco anos e não podem ser reeleitos. A estrutura dos órgãos de governo é muito enxuta, demandando poucos impostos para custeá-la. Os impostos, na verdade, são muito mais um instrumento de desenvolvimento do que de custeio do governo. É através deles que são incentivadas as atividades que mais contribuem para o bem comum e desestimuladas as que se revelam pouco contributivas ou superadas.

RITOS DE PASSAGEM

Estas são as principais características da sociedade ideal. Para chegar até elas, um grupo de visionários começou a "lançar sementes" em todos os ambientes que freqüentavam. Sempre que surgia uma oportunidade eles colocavam a pergunta: como vocês acham que seria uma sociedade ideal? Depois de algum tempo, eles acrescentavam outra pergunta: como poderíamos chegar lá? Foram milhões de sementes lançadas. A maioria se perdeu, pois as pessoas não levaram as idéias adiante. Algumas poucas, entretanto, germinaram e, aos poucos, várias iniciativas de transformação começaram a acontecer. Parecia uma série de movimentos isolados, mas gradualmente eles foram se conectando até chegar a um movimento nacional para definir as características centrais da nova sociedade, feita através de amplos diálogos envolvendo todos os segmentos. Depois disso, foram realizadas cerimônias que marcavam o início de uma nova etapa nas múltiplas atividades sociais, os ritos de passagem. Alguns deles, só para exemplificar, aconteceram nas áreas da educação, da saúde, da responsabilidade ambiental e das comunidades de negócio.

Na educação aconteceu o Dia das Comunidades Educativas, quando representantes de todos os setores de atividades "invadiram" as escolas e mudaram todo o ambiente físico. As salas de aula tradicionais foram transformadas, todas as carteiras desmontadas e encaminhadas para reciclagem, paredes foram derrubadas para formar ambientes multiuso, as lousas foram retiradas e substituídas por equipamentos de multimídia. Para finalizar, todas as escolas foram pintadas com cores harmoniosas com o ambiente natural em que se situavam e foram construídos jardins e hortas em espaços da própria escola ou das imediações. Estes locais, além de produzirem alimentos e ornamentos, passaram a ser usados para aulas sobre os ciclos da natureza.

Na área da saúde foi realizado o Momento da Virada. Foi um evento que mudou a ênfase nas práticas curativas para o foco nas atividades preventivas. Em vez de buscar apenas a cura das doenças, trabalhar para preservar a saúde para que as doenças não se instalem. Nesse evento, que reuniu profissionais das áreas de saúde física, mental, social e espiritual, foram reescritos os juramentos das diversas profissões, chegando-se a uma redação única com ênfase na responsabilidade pela manutenção da vida em todos os seus aspectos.

Em relação à responsabilidade ambiental, aconteceu uma Semana do Retorno ao Lar. Durante sete dias, todas as pessoas puderam fazer excursões a reservas florestais para conhecer *in loco* os princípios fundamentais da harmonia existente na natureza. Essas visitas foram guiadas por biólogos e filósofos. Depois das visitas a campo, esses profissionais facilitaram diálogos sobre as implicações de agir no cotidiano de acordo com aqueles princípios. Foi uma forma das pessoas reconhecerem que são parte da natureza, e não exploradoras dela.

Quanto às comunidades de negócios, houve um evento chamado de Ponto de Mutação. Foi um grande encontro, realizado em múltiplos espaços pelo país todo, através de videoconferência. Nele foram apresentados e referendados os novos princípios gerais de contabilidade que passaram a registrar não apenas dados financeiros mas, com igual peso, os custos ambientais e sociais das atividades empresariais, bem como os ativos e passivos intangíveis que determinam a verdadeira saúde das organizações e sua real contribuição para o progresso social.

Todos esses eventos foram amplamente divulgados pela mídia, que demonstrou estar firmemente comprometida com a evolução da sociedade na direção da busca do ideal. Além disso, foram muito bem registrados e documentados para posterior utilização em novos rituais para lembrar esses momentos de transformação radical (pela raiz) da sociedade humana.

A SOCIEDADE IDEAL COMO UM SISTEMA QUE SUPERA PARADOXOS

Referência: Grupo Peroá

Paradoxos sociais, como a abundância de alimentos e pessoas sofrendo de inanição, ciência e tecnologia avançadíssimas e pessoas vivendo no limiar da miséria, organizações que apresentam lucros inéditos e número crescente de pessoas sem trabalho, se não são encarados e solucionados de forma eficaz, podem causar rupturas violentas. Estas podem ocorrer a partir da ação de grupos organizados politicamente para isso ou podem emergir de um estado de insatisfação que chega aos seus limites e faz surgir ações isoladas que se insuflam umas às outras e o caos se instala. É verdade que o caos é a fonte de uma nova ordem, mas caos social produz sofrimentos muito intensos e que podem ser evitados. Talvez seja necessário chegar na fronteira do caos para que a percepção da necessidade de transformação fique absolutamente evidente para muitas pessoas e, então, as mudanças ocorram. Em qualquer situação, entretanto, não é possível saber de antemão qual será a configuração do futuro. Talvez seja possível antever o caminho, mas não as características específicas do destino, apenas algumas linhas gerais de seu contorno. Afinal, a realidade atual já é tão excepcionalmente complexa que não temos condições de captar todos os seus componentes. E a realidade futura será ainda mais complexa.

Na obra *O Despertar da Terra — O Cérebro Global* (publicado pela Ed. Cultrix), Peter Russell analisa a complexidade e indica que ela pode ser considerada a partir de três características:

- diversidade: a existência de grande número de componentes de tipos muito diferentes;
- organização: os componentes estão estruturados em múltiplas formas de interação;
- conectividade: os elos físicos ou de energia que mantêm as relações entre os componentes e garantem a unidade do sistema complexo.

De acordo com os estudos de Russell, quando o número de componentes de um sistema complexo alcança uma escala de aproximadamente 10^10 (10 à décima potência, ou seja, 1 seguido de 10 zeros), surge uma nova ordem de existência. Exemplificando: uma célula, a menor estrutura viva, contém entre 10.8 (cem milhões) de átomos e 10.15 de átomos. Não se conhecem formas de vida com menos de 10.8 de átomos. O cérebro humano contém cerca de 10.11 (cem bilhões) de células; animais com 10.9 (dez bilhões) parece que não têm consciência de sua própria existência.

A partir destes dados podemos imaginar que, se quisermos evoluir para uma sociedade ideal em que os paradoxos sejam superados, será importante solidificar as conexões entre seus componentes em torno de uma visão comum. A sociedade atual é amplamente diversificada e está organizada de diferentes formas. Se considerarmos todos os seres vivos que "habitam" o país e buscarmos conectá-los entre si, certamente encontraremos uma quantidade de "células" muito superior a 10.10. Portanto, pode ser possível evoluir para uma nova ordem de existência. O ponto de partida pode ser o desconforto gerado pelos paradoxos.

PONTO DE RUPTURA

Na sociedade brasileira atual talvez estejamos chegando a um estado de insatisfação que pode proporcionar a mobilização para a busca de novos referenciais que permitam a organização da sociedade em um novo patamar, no qual prevaleçam a igualdade, a justiça e a solidariedade. A construção de um tal modelo deverá necessariamente passar pela participação de todos, sem exclusões de qualquer tipo. Provavelmente caberá a um grupo pequeno de pessoas tomar a decisão de iniciar o processo, sem receios do que poderá resultar dele. Se tanto a jornada quanto o destino são desconhecidos, é razoável supor que eles poderão ser positivos se forem buscados com base em valores nobres. Também é possível imaginar que uma ação de contágio pode ocorrer, levando números crescentes de pessoas a se engajar num movimento de transformação. Uma primeira abordagem poderá ser a realização de eventos visando fazer com que as pessoas se reconheçam como uma sociedade e não como ajuntamentos de pessoas. O sentimento de pertencer a algo maior e, de certa forma, superior, mais poderoso do que qualquer força individual, permite que as pessoas sintam que têm condições de buscar, com alta probabilidade de sucesso, mudanças significativas em suas próprias vidas e nas das pessoas que fazem parte de seus relacionamentos e com as quais elas se importam. O passo seguinte talvez seja demonstrar a necessidade de buscar soluções inéditas para os problemas existentes. Afinal, todas as tentativas de reforma do modelo existente não apenas em nada ajudaram a evolução da sociedade como têm agravado os problemas existentes. A dificuldade maior está em conseguir sair dos padrões atuais de pensamento e ser capaz de "pensar com uma cabeça diferente" para poder sair das soluções tradicionais e encontrar a genuína inovação, necessária para uma transformação radical da realidade. Um norteador para esta busca poderá ser a definição de um conjunto fundamental de valores em relação aos quais todas as idéias propostas possam ser "filtradas" para verificar sua consistência e validade para os ideais buscados. Dentre eles deverá estar a atenção ao desenvolvimento sustentável que contemple inovações com responsabilidade pelas conseqüências das ações para as futuras gerações e todas as formas de vida.

PONTO DE PARTIDA

Este trabalho, como foi dito, poderá começar com pequenos grupos de estudo que se reúnam regularmente com o objetivo de "sonhar" uma nova realidade, uma sociedade ideal. Certamente isso vai requerer grande esforço intelectual e também de busca de entendimento, já que os pontos de vista serão tantos e, de início, tão divergentes que apenas a determinação de não desistir fará com que o grupo evolua. Será preciso dedicar muito tempo para os diálogos francos, abertos, intensos, conduzidos através de intensa capacidade de ouvir. Quando estes grupos chegarem a um "produto" de seu esforço, eles deverão buscar contato com outros que estejam trabalhando o mesmo tema e também tenham conclusões para compartilhar. Neste movimento poderão se formar "comunidades" de pequenos grupos que, em etapas posteriores, irão abranger toda a sociedade. A postura fundamental deverá ser a do viés para a ação, a busca incessante do fazer acontecer. As idéias iniciais serão as sementes, que deverão ser lançadas aos milhares ou milhões, em toda parte, para que sejam garantidas as possibilidades de germinarem e produzirem frutos.

Usando uma metáfora, a primeira fase do trabalho poderia ser chamada de "fase bonsai", na qual o que acontece é bem pequeno e precisa de cuidados excepcionais para se manter vivo. Esta fase pode conter quatro etapas. Na primeira ocorre a semeadura. As idéias são lançadas por diversos meios, como a comunicação boca a boca, a divulgação pela Internet e em mídias locais e regionais. Isto servirá para atrair pessoas que se identifiquem com as idéias e estejam dispostas a trabalhar intensamente sobre elas. Com isso, vários grupos poderão ser formados para dar início aos estudos e formulação de propostas de ação. Na linha do fazer acontecer, será importante fazer pequenos pilotos das idéias desenvolvidas. Assim elas poderão ser aprimoradas em situações de baixo risco e com a convicção de que vale a pena manter a busca de algo maior, apesar das dificuldades inevitáveis.

A segunda etapa será a germinação. Vários grupos em estágios avançados de seus trabalhos buscarão outros com propostas semelhantes para o intercâmbio de idéias. Eles serão atraídos uns pelos outros através da propagação das informações sobre o que estão fazendo. Não será necessária uma coordenação central para que isso aconteça, pois a atenção dos integrantes dos grupos estará "antenada" em iniciativas semelhantes e eles irão captar as notícias a respeito de quem está fazendo trabalhos na mesma linha. Estabelecidos os contatos, será o momento de cultivá-los para que o relacionamento entre os grupos possa evoluir para a etapa seguinte. Para isso será fundamental dedicar grande atenção aos outros, praticar pequenas gentilezas (colocar-se à disposição, indicar alternativas, fornecer dados etc.) e esmerar-se no reconhecimento do valor dos trabalhos. Este reconhecimento envolve tanto os elogios à qualidade do que cada grupo informa aos demais, como as sugestões de melhoria das propostas que possam não estar bem trabalhadas ou resolvidas.

A intensidade do intercâmbio entre os grupos certamente levará à etapa da fertilização. Com as conexões estabelecidas, o compartilhamento de idéias e ações vai fortalecer o sentido de pertencer a um movimento amplo, com grandes possibilidades de efetivamente fazer a diferença na sociedade. A energia resultante deste sentimento levará os grupos a buscar o aprofundamento e aperfeiçoamento de suas propostas. Isso acontecerá pela sua aplicação em contextos mais amplos, propiciando o surgimento de inúmeras outras idéias, propostas, alternativas de soluções. E também ficarão evidentes muitos outros desafios que se encontravam latentes ou ocultos e que, depois das primeiras atividades de transformação terem ocorrido, encontrarão meios de se manifestar e vir à luz. O compartilhamento de experiências entre os grupos, a cooperação intensiva e a vibração presentes nas atividades farão deste cultivo um momento muito especial. É chegado o ponto de mutação.

SALTO

Da fase do bonsai a evolução será direta para a fase do jequitibá, árvore imensa, sólida, duradoura e que resiste às intempéries. Será um salto quântico, no qual toda a sociedade estará não apenas envolvida mas firmemente decidida a realizar todas as transformações necessárias para criar uma realidade sem paradoxos, justa, equânime, fundada no respeito incondicional a todos os seres vivos e não-vivos. Uma sociedade ideal construída por todos, para ser usufruída por todos e destinada a permitir que as futuras gerações tenham orgulho de seus ancestrais. Como será essa sociedade? Cada um de nós terá de descobrir não pela imaginação, mas pela ação.

A SOCIEDADE IDEAL COMO UM SISTEMA DE EQUILÍBRIO DE FORÇAS

Referência: Grupo Raízes e Asas

A sociedade ideal deve funcionar visando a justa distribuição de oportunidades e o acesso aos benefícios do desenvolvimento a todos os seus membros. Para que isto aconteça será necessário promover o equilíbrio nas relações entre os três campos de força predominantes nela: o Estado, o Mercado e a Filantropia. O funcionamento equilibrado destes três campos neutralizará as ações do quarto campo, o da Marginalidade.

O ponto de partida será resgatar as funções originais do Estado como responsável pela preservação da vida, da liberdade e da propriedade legitimamente adquirida, bem como promover a convivência civilizada entre as pessoas. Para tanto, sua atuação deverá se concentrar em três grandes linhas: prestar serviços que o mercado não fornece, atender aos "clientes" não-reconhecidos pelo mercado e ampliar o universo de incluídos no mercado.

O MERCADO

Os serviços que o mercado não fornece são aqueles que só têm eficácia quando prestados a todos indistintamente e independentemente da condição de pagamento dos beneficiários. O primeiro deles, aquele que deu origem ao surgimento do Estado, é a segurança, tanto interna, como a prevenção e apuração de crimes, quanto externa, no caso de agressão por parte de outras sociedades. Como desdobramento natural dos serviços voltados para a segurança estão os serviços da justiça, que também deve ser aplicada de maneira uniforme a todos os segmentos sociais, garantindo julgamentos isentos dos acusados de violação das normas sociais. A segurança não é apenas patrimonial mas também está relacionada com a saúde. Neste sentido, o Estado também deve prover serviços voltados para o controle de epidemias e endemias, cuja eficácia só pode ser obtida através de atividades que envolvam a sociedade como um todo, como é o caso das campanhas de vacinação. Nesse mesmo sentido estão as atividades de controle dos produtos para uso e consumo, aqui incluídos os utilizados na produção de alimentos e medicamentos tanto para seres humanos como para animais e vegetais com os quais as pessoas têm contato. Seguindo nesta direção, temos as atividades voltadas para a preservação do meio ambiente, que vão desde a coleta e tratamento do lixo até a recuperação de reservas florestais. Estes são alguns exemplos de serviços que o mercado não fornece e que devem ser assumidos pelo Estado. Dependendo do estágio em que a sociedade se encontra, outros podem ser incluídos.

O NÃO-MERCADO

O segundo bloco é o do atendimento aos "clientes" não-incluídos no mercado. Neste caso, a atuação do Estado será temporária, pois o objetivo final é a inclusão. Dentre as atividades necessárias durante o processo de evolução da sociedade estão o ensino subsidiado, para garantir oportunidades iguais de ascensão social a todos; os serviços de saúde subsidiados, para aqueles que ainda não alcançaram as condições de pagar por eles; a previdência social estatal, para garantir um patamar mínimo de segurança quando as pessoas se retirarem do mercado de trabalho; a moradia popular subsidiada, para garantir condições mínimas de abrigo e segurança; a alimentação subsidiada, condição básica de sobrevivência. Mais uma vez, estas são algumas das possibilidades que devem ser assumidas pelo Estado numa fase de transição para a sociedade ideal.

O terceiro conjunto de ações típicas do Estado é o voltado para a inclusão social. Aqui a ação principal não é a de prover bens ou serviços, mas de articular os demais campos de força da sociedade, direcionando esforços para projetos de desenvolvimento socioeconômico e cultural visando proporcionar autonomia às pessoas para que elas possam exercer sua liberdade de escolha e não dependam da oferta de outras, e nem mesmo do Estado, para terem uma vida digna. Umas das ações diretas subsidiárias a este processo será a construção de infra-estrutura (transporte, logística, energia, comunicações) para dar suporte a outras atividades produtivas. Em todas essas iniciativas, será fundamental o respeito às peculiaridades locais e regionais para garantir a preservação do meio ambiente e das culturas específicas.

A ação do Estado nestes três conjuntos pode ser definida como atribuições de diferentes níveis de governo. No nível federal ficarão os serviços que o mercado não fornece, visando oferecer um padrão eqüitativo a todos os integrantes da sociedade, independentemente do local que habitam. No nível municipal ficarão as iniciativas voltadas para o atendimento dos não-incluídos no mercado, pois é nos municípios que se encontram as peculiaridades de cada situação e o melhor conhecimento das necessidades locais. Os projetos de desenvolvimento, que devem levar em conta realidades regionais, em especial as características dos ecossistemas, devem ficar com os governos estaduais. Com isso o uso dos recursos necessários poderá ser otimizado. Neste sentido, não é demais lembrar a importância fundamental da responsabilidade fiscal, que deverá ser rigorosamente acompanhada por instrumentos de participação efetiva da sociedade no acompanhamento da arrecadação das receitas e de sua aplicação nos diversos projetos de iniciativa do Estado.

A atuação do Estado dentro de suas atribuições mais específicas, com destaque para o papel de articulador das ações de desenvolvimento, levará os campos do Mercado e o da Filantropia para um mesmo objetivo compartilhado, que é o da promoção do bem comum. A partir desta premissa, é importante analisar a adequação da estrutura administrativa do Estado e o papel de controle social do Mercado e da Filantropia.

MODELO DE GESTÃO

O modelo de gestão deverá ser desenhado tendo como referência o papel principal de articulação e o papel subsidiário de produção de bens e serviços. Será fundamental que este desenho defina princípios orienta-

| 245

dores das ações e evite normas e procedimentos operacionais detalhados que emperram a evolução. A estrutura organizacional deverá refletir os processos através dos quais os "produtos" do Estado serão gerados, com a clara identificação dos "donos dos processos" para efeito de acompanhamento e responsabilização*. O modelo operacional, o jeito de fazer as coisas no dia-a-dia, será amplamente aberto, proporcionando adequação às particularidades locais. Os padrões de qualidade serão definidos em termos de alinhamento aos princípios e atendimento das demandas específicas de cada comunidade, firmadas com ampla participação social. Para que isto seja possível, todas as informações relativas às atividades de governo devem ser amplamente divulgadas, usando-se as tecnologias disponíveis para que todos os segmentos da sociedade sejam alcançados.

Um ponto-chave de qualquer proposta de transformação é cuidar para que os sistemas de reconhecimento e recompensa dos atores sociais favoreçam comportamentos adequados, alinhados com o propósito maior e os princípios. Ao trabalhar o resgate do papel do Estado, portanto, é necessário sintonizar estes sistemas para que eles sejam potencializadores da transformação. Vejamos como isso pode ser trabalhado em relação a alguns dos principais atores no campo do Estado.

O principal financiador das campanhas políticas pode continuar sendo o Mercado, desde que sintonizado na busca do bem comum. Neste sistema, o financiamento de campanhas estará voltado para atender aos projetos oriundos da sociedade, novos ou em andamento. A contrapartida aos investimentos feitos será a promoção da justiça social e econômica que, alinhada à estrita observância de comportamentos éticos, proporcionará amplos retornos ao Mercado. Aqui um parêntese: tudo o que o Mercado demandar do Estado deverá ser praticado dentro das organizações empresariais. Neste sentido, a justiça social e econômica, bem como comportamentos rigorosamente éticos, devem ser a prática vigente nas organizações. Além disso, as práticas democráticas também devem fazer parte do cotidiano.

O eleitor, aquele que tem o poder de colocar ou não os candidatos nas posições de governo, é o principal agente do reconhecimento dos po-

---

* Alguns exemplos podem ser: o processo educacional e o processo de preservação da saúde.

líticos que cumprem com o mandato que receberam. O instituto da reeleição permite que aqueles que tenham bom desempenho sejam reconduzidos aos postos que ocupam ou sejam escolhidos para outras posições. Para que este papel seja efetivamente cumprido, entretanto, é necessário aproximar os políticos dos eleitores. Isto pode ser obtido através do voto distrital, no qual os contatos podem ser muito mais estreitos e a avaliação do desempenho dos representantes possa ser mais efetiva.

Os candidatos, por seu turno, estarão mais sujeitos a um acompanhamento rigoroso. Em conseqüência, sua atenção será direcionada para a viabilização das propostas e metas estabelecidas pela sociedade e para os recursos disponíveis para executá-las. Haverá necessidade de negociação permanente tendo em vista a limitação dos recursos. Assim, sua capacidade de fazer convergirem os diferentes interesses para que o melhor para o desenvolvimento social e econômico seja alcançado deverá ser exercitada plenamente. A conseqüência será a maior legitimidade de seus mandatos.

ESTRUTURA

A estrutura administrativa do Estado, por seu turno, será o instrumento de realização das propostas oriundas da sociedade, deliberadas e decididas pelos seus mandatários e apoiadas pelo Mercado. Esta estrutura, dentre outras atribuições, será responsável pela divulgação dos resultados alcançados, principalmente os referentes ao alcance das metas estipuladas. Os servidores públicos que compõem esta estrutura também serão intensamente responsabilizados pela execução das propostas, obtendo ou não o reconhecimento da sociedade. Para isso, deverão ser criados instrumentos de valorização dos servidores públicos e também de sua substituição por desempenho deficiente que possam ser acionados pelos cidadãos.

Neste jogo de correlação de forças, o campo da Filantropia muda substancialmente de natureza. Deixa de ser o campo do suprimento das necessidades não-atendidas pelo Estado nem pelo Mercado para ser o campo da mobilização social, para incentivar e garantir efetiva participação de todos os segmentos.

Sumarizando, os três principais campos de força da sociedade ideal — o Estado, o Mercado e a Filantropia — podem estar em perfeito equilíbrio quando o propósito maior da sociedade estiver muito bem definido como sendo a busca do bem comum e um conjunto sólido de princípios estiver internalizado em todos os seus agentes. A realização plena da cidadania só acontecerá através da participação, que precisa ser fortemente organizada para ser efetiva. Um dos principais instrumentos será a formação de redes de conversações e relacionamentos que possibilitem a análise crítica da realidade e a formulação de propostas sólidas para sua evolução. Estas redes começam a existir quando uma pessoa decide conversar com alguém ao seu lado a respeito destes temas.

A SOCIEDADE IDEAL COMO UM SISTEMA DE SATISFAÇÃO DE NECESSIDADES

Referência: Grupos Sinapse e Yekanama

Uma sociedade ideal é aquela em que todos os seus integrantes têm atendidas todas as suas necessidades fundamentais: sobrevivência, segurança, pertencimento, estima e auto-realização, de acordo com Abraham Maslow. Olhando de um outro ângulo, a satisfação destas necessidades pode estar associada aos ideais da Revolução Francesa — Liberdade, Igualdade e Fraternidade. A Liberdade no princípio teve sua ênfase colocada na liberdade individual, na não-sujeição do indivíduo ao poder absoluto do governante. Esta ênfase produziu distorções, inclusive dando origem ao individualismo exacerbado, mas evoluiu para a liberdade dentro da coletividade, na qual o indivíduo só existe por fazer parte do coletivo. Não há pessoas sem que haja comunidade e não há comunidade sem pessoas. A Igualdade chegou a ser vista como considerar que todas as pessoas são iguais em todos os sentidos, o que é um evidente erro. Ao querer forçar a igualdade, regimes políticos chegaram a provocar massacres sangrentos. Felizmente, a interpretação evoluiu e a igualdade passou a ser entendida como igualdade de oportunidades, dentro da qual as diferenças individuais podem se manifestar e, através da diversidade, a sociedade pode realizar todas as suas potencialidades. Como decorrência, a Justiça passa a ser exercida pela diferença, reconhecendo as características específicas de cada pessoa, sejam físicas, emocionais, históricas, culturais ou espirituais, evitando-se o tratamento homogeneizado de pessoas diferentes. A Fraternidade, por fim, é a expressão dos valores éticos e morais que dão sustentação a uma sociedade ideal: solidariedade, altruísmo, compaixão, respeito. Estes valores devem estar presentes em todas as situações reais do dia-a-dia e não apenas nos discursos em momentos de catástrofes como atualmente ocorre.

Reconhecer intelectualmente estes ideais pode ser uma tarefa até fácil. Colocá-los em prática é um exercício muito diferente e extraordinariamente demandante. Os três grandes ideais estão localizados no ponto mais alto da hierarquia de Maslow, exatamente aquele em que o próprio autor considerou que a humanidade estava mais distante da satisfação. Em outras palavras, as pessoas só vão aspirar liberdade, igualdade e fraternidade "para os outros" quando sentirem que suas necessidades anteriores estão satisfeitas, ou seja, quando se sentirem livres para fazer suas próprias escolhas, terem as mesmas oportunidades que todos os demais e receberem atenção e suporte dos outros. O desafio, então, é demonstrar às pessoas que "cuidar dos outros" é cuidar de si, pois não existem indivíduos isolados. A vida só acontece nas relações entre as pessoas e os demais seres da natureza. Mas não basta demonstrar, pois isto pode ainda ser uma atividade exclusivamente cerebral. É preciso agir para que as pessoas queiram se mobilizar para, melhorando as condições do todo social, melhorarem suas próprias condições. Essa necessidade, entretanto, poderá ser difícil de reconhecer por quem está satisfeito com suas condições de vida material. Nestes casos será necessário demonstrar que há algo que produz mais felicidade do que as posses e regalias do mundo físico.

ABRANGÊNCIA

Para que as propostas de mudança sejam implementadas elas precisam alcançar todos os segmentos sociais, considerando as variáveis sócio-econômico-culturais e também as faixas etárias. Começar apenas com as crianças, com a esperança de que elas vão criar uma nova realidade, poderá ser frustrante. Se elas não encontrarem nos ambientes que freqüentam condições apropriadas para vivenciar as idéias apresentadas, acabarão por assimilar as práticas vigentes e tudo permanecerá como está. Assim, não dá para imaginar que as mudanças efetivas ocorrerão apenas na próxima geração. É preciso que elas aconteçam de fato ainda nesta, para que seus efeitos sejam duradouros e estabeleçam novos referenciais para toda a população. Isto, sem dúvida, caberá às pessoas que assumirem a liderança do processo e derem os passos iniciais na direção das transformações desejadas. Estas lideranças precisarão atuar em pelo menos três áreas prioritariamente: educação, produção de bens e serviços e comunicação.

FORMAÇÃO CRÍTICA

Educação aqui é entendida como o conjunto de todas as situações em que as pessoas, de qualquer idade ou segmento social, têm a oportunidade de incorporar algo que não conheciam, dominavam ou buscavam antes. Não é algo ligado apenas às escolas. São todas as situações do cotidiano que, se bem trabalhadas, podem produzir a ampliação de referenciais e, portanto, de possibilidades de escolha. Líderes educadores colocam questionamentos para as pessoas com quem têm contato, de forma a estimular seu pensamento crítico, ou seja, para que busquem alargar os referenciais das situações que vivem, aprofundar o entendimento de como e por que as coisas acontecem da forma como acontecem e obter a maior clareza possível deste entendimento. Estes questionamentos são feitos através de perguntas estimulantes e provocativas, tais como: Por que você precisa destas coisas? De que outras formas você pode se satisfazer? Quem se beneficia com isto? Para que isto existe? Para que é necessário? Por que alguém mandou que isto fosse feito? Quais são as alternativas para conseguir o que você quer? De onde vem esta informação? O que lhe dá a certeza de que isto é verdadeiro? O objetivo destas perguntas é apresentar desafios, estimular a criatividade, a fantasia, a curiosidade e permitir que cada pessoa descubra que pode ter o controle de sua própria circunstância. É importante destacar que estas são perguntas abertas, que não dirigem o pensamento, não induzem respostas nem possibilitam respostas monossilábicas, do tipo sim ou não. Em todos os ambientes em que estão, os líderes educadores estão sempre fazendo perguntas como estas para todas as pessoas com quem têm contato, seja em casa, no ambiente de trabalho, nas ruas, lojas, na rodas de amigos, no clube, na igreja. Inclusive nas escolas, onde todos os que atuam, seja na atividade docente seja nas áreas administrativas, deverão ter este tipo de postura. Certamente este é um grande desafio: transformar todos os que trabalham em escolas em líderes educadores.

PRODUÇÃO

Na área de produção de bens e de serviços, o trabalho dos líderes será resgatar a justificativa para a existência das organizações que dirigem. Qualquer organização, seja ela uma empresa de capital privado, um órgão público ou uma entidade filantrópica, existe para satisfazer necessidades da sociedade. Neste sentido, qualquer organização é pública, pois atende interesses públicos. Ao resgatar este sentido, os dirigentes das organizações poderão obter uma percepção muito mais ampla sobre como deve ser o relacionamento com todos os interessados no sucesso delas (*stakeholders*), que não são apenas os acionistas, os eleitores, os clientes. Através dos bens e serviços que produzem, as organizações são instrumentos para a satisfação das necessidades fisiológicas, de segurança, de pertencimento, de estima e de auto-realização. Além disso, elas também podem contribuir de forma poderosa para o alcance dos ideais de liberdade, igualdade e fraternidade através de sua forma de ser e de agir. Como um microcosmo dentro de um sistema maior, as liberdades de pensamento, de expressão e de escolha devem fazer parte do dia-a-dia dentro das organizações. Desde que as pessoas se identifiquem com o ideal de servir à sociedade e tenham as competências necessárias para realizar as tarefas demandadas pelo trabalho a ser realizado, elas devem ser estimuladas a encontrar, dentro da organização, a área em que melhor podem contribuir. A todos os que entram na organização devem ser garantidas iguais oportunidades de desenvolvimento para que possam contribuir da forma mais produtiva e intensiva. Isto significa oferecer iguais desafios que permitam aperfeiçoamento e ascensão profissional, bem como programas de desenvolvimento para que adquiram mais conhecimentos e habilidades e possam executar trabalhos cada vez mais complexos. A fraternidade deverá ser cultivada de forma a que todos estejam permanentemente buscando contribuir com o desenvolvimento de todos os outros colaboradores e da própria organização, vista como uma entidade necessária ao progresso social. Em um ambiente com estas características, as pessoas receberão remuneração adequada para atender todas as suas necessidades fisiológicas e de segurança para si e seus familiares. A participação efetiva nas decisões atenderá as necessidades de pertencer a um grupo que tem uma missão nobre a realizar. A convivência com pessoas que vivem valores elevados fará com que as necessidades de estima sejam atendidas. Os desafios constantes e as reflexões permanentes sobre a razão de ser da organização, que deve determinar suas estratégias, serão elementos fundamentais para o preenchimento das necessidades de auto-realização. Todos estes pontos devem ser estimulados pelos dirigentes, que devem ter consciência clara de que este é o caminho mais adequado para que qualquer organização seja de fato instrumento de desenvolvimento social e de criação da sociedade ideal. Pelo impacto que quaisquer organizações têm em todas as dimensões da vida das pessoas, elas são instrumento fundamental para a transformação social. Isto se refere não apenas às grandes corporações e órgãos públicos, mas também às micro, pequenas e médias empresas de qualquer setor da economia (agrícola, industrial, comercial e de prestação de serviços) e todas as organizações da sociedade civil, formais e informais, nas quais as pessoas encontram oportunidades de trabalho.

COMUNICAÇÕES

A terceira área fundamental para o processo de transformação social é a das comunicações. O crescimento social em tamanho e em complexidade fez com que as informações passassem a ser mediadas por organizações especializadas. O desenvolvimento tecnológico amplificou muito este processo, tornando as pessoas dependentes de intermediários em quase todas as situações em que precisam se comunicar com alguém. Ao mesmo tempo, o porte dos investimentos necessários para se estabelecer uma infra-estrutura adequada fez com que esta área fosse amplamente dominada por organizações imensas, que acabam por definir o que as pessoas recebem. Mais recentemente, entretanto, novas tecnologias disponibilizadas na Internet (e a própria Internet) vêm possibilitando que as pessoas tenham liberdade não só de escolher a que querem ter acesso como também abre possibilidades infinitas para a emissão de idéias, comentários, críticas, sugestões e todo assunto que, individualmente ou em pequenos grupos, tenham interesse em divulgar. Se, por um lado, isso pode enfraquecer a "ditadura" da mídia, por outro pode provocar sérios desequilíbrios se as pessoas não usarem os instrumentos à sua disposição levando em conta ideais elevados. Como qualquer instrumento, as tecnologias de comunicações podem servir aos mais diversos fins, nobres ou abjetos. Neste sentido, torna-se necessário que a área das comunicações seja trabalhada por líderes que contribuam para torná-la um instrumento efetivo de transformação social tendo em vista a satisfação das necessidades das pessoas e também da realização dos ideais de uma sociedade que visa exclusivamente o bem comum. Isto poderá ser feito através do questionamento contínuo sobre os interesses envolvidos nas comunicações e como elas podem contribuir com a evolução da vida em sociedade. É interessante notar que movimentos como estes já estão em andamento, como o demonstram as comunidades envolvidas no desenvolvimento dos *softwares* livres. Quanto mais pessoas se envolvem numa jornada como esta, mais o espírito de colaboração e de auto-regulamentação se torna eficaz. E parece que a liderança, nestes casos, é das idéias e não de personagens carismáticos. Alguém "dá a partida", outros se juntam e, em relativamente pouco tempo, há uma enorme comunidade espalhada por todo o mundo dando o melhor de si por um ideal.

NOVA ORDEM

Como líderes genuínos podem disseminar idéias transformadoras em larga escala, por toda a sociedade? A par do trabalho persistente, do "corpo a corpo" que deve ser realizado em todos os ambientes e em todos os relacionamentos, os líderes precisam incentivar a que as pessoas participem cada vez mais na vida das comunidades em que vivem e dos sistemas de governo. A educação, o mundo do trabalho nas organizações e os meios de comunicação podem contribuir para a elevação do comprometimento das pessoas com as causas coletivas. Esta participação maior levará, a médio prazo, à própria transformação das estruturas de governo que, de um lado, poderão ser bem menores. Não haverá a necessidade do governo atuar em tantas atividades que estarão sendo cuidadas pelas pessoas e outras organizações. Por outro lado, os órgãos governamentais deverão ser bem mais eficazes na coordenação das iniciativas voltadas para a realização dos ideais de liberdade, igualdade e fraternidade. Para isso, todo um reordenamento jurídico das instituições deverá ser feito, com a elaboração de uma nova Constituição que se concentre apenas nos grandes princípios gerais a serem observados na vida em sociedade. Esta nova Constituição será elaborada por um grupo de líderes eleitos especificamente para este objetivo e a regulamentação da aplicação dos seus princípios será feita por comissões temáticas, também eleitas para esta finalidade. Tanto a Constituição quanto as regulamentações deverão ser aprovadas por plebiscitos (que poderão se valer dos meios de telecomunicações), para garantir sua legitimidade. Com isso, a democracia participativa substituirá a democracia representativa.

A SOCIEDADE IDEAL COMO UM
HOLON CONSCIENTE

Referência: Grupo Skill

H*olons*, como vimos na primeira parte deste livro, são todos completos ao mesmo tempo em que são partes dependentes de todos maiores. Quando cada todo individual não percebe sua relação de interdependência com o todo maior e age de forma isolada, isto provoca desequilíbrios e perdas no sistema como um todo. Ao fenômeno de perceber-se parte pode ser dado o nome de consciência. Quando, além de apenas perceber-se parte, a pessoa acredita que as relações entre as partes e o todo devem ser regidas por um sistema de valores que serve como referência para aprovar ou desaprovar condutas, atos e intenções próprias ou de outrem, temos a consciência moral. Ela inclui o imperativo a que cada pessoa deve se sentir submetida em relação à eliminação da pobreza, a busca da harmonia entre todos os seres em quaisquer circunstâncias, à busca de fronteiras políticas que respeitem a história dos povos e os ecossistemas, ao relacionamento econômico que privilegie o bem comum, ao enaltecimento das diferentes culturas, ao fim das discriminações e preconceitos e ao direito de participação política efetiva.

Para alguns estudiosos, como o neurocientista Antonio Damásio, a consciência é inata, faz parte do "kit de sobrevivência" do ser humano. Ele, entretanto, fala da consciência como o fenômeno de perceber a própria existência, independentemente de haver relação com outros seres. Este, talvez, seja o nível mais básico da consciência. Perceber-se em relação aos outros é um segundo nível. Sentir-se responsável pela existência do todo é outro nível ainda mais elevado. A consciência moral está neste terceiro nível. A consciência básica pode ser inata, mas as demais provavelmente são aprendidas e desenvolvidas através da própria vida em relação.

A construção de uma sociedade ideal passa, necessariamente, pelo desenvolvimento da consciência moral dentro da perspectiva dos incontáveis *holons* que a compõem. Neste texto vamos trabalhar com alguns, aqui considerados como os que têm maior poder de transformação. Atuando sobre eles com o objetivo de elevar seu nível de consciência, estaremos contribuindo com a construção da sociedade ideal.

EDUCAÇÃO PARA A CIDADANIA

O primeiro *holon* é o da educação, que ainda está fortemente carregada de conteúdos técnicos. Para que ela possa contribuir de maneira efetiva para uma ampla transformação da sociedade é necessário que esteja focada nas habilidades de relacionamento e nos valores que devem estar por trás de tais habilidades. De forma mais ampla, a educação deve buscar formar pessoas para a participação social intensa. A verdadeira cidadania se dá através da manifestação livre e intensa que deve ser exercitada desde a infância, começando em casa e, principalmente, nas escolas. A consciência de que o ser humano faz parte de um *holon* maior, que é a natureza, pode ser desenvolvida através da alfabetização ecológica, a ser desenvolvida desde a pré-escola, através do cultivo de plantas e criação de pequenos animais, seguindo pelo ensino fundamental, com as crianças conhecendo as características do ambiente físico e social em que a escola e sua casa se encontram, continuando no ensino médio, com a integração das várias disciplinas e dos saberes científicos com outras formas de obtenção do conhecimento, como a intuição e a meditação, tão importantes para a criatividade. No ensino superior, as áreas de conhecimento científico mais concretas, como as ciências ditas exatas, devem contrabalançar suas propostas com a perspectiva humanista, na qual se questionem o propósito da ciência — para que ela existe. Nas áreas ditas humanas deve ser buscado o equilíbrio entre obtenção/criação de conhecimento e sua aplicação efetiva com vistas a alcançar resultados concretos na melhoria do padrão de vida das pessoas.

Em termos amplos, a educação precisa despertar entusiasmo nas pessoas. A aventura da criação de conhecimento, voltada para o equilíbrio cada vez maior entre todos os seres da natureza, é o que deve impulsionar as pessoas na busca da aprendizagem. Para isso, todas as tecnologias disponíveis e que vierem a ser desenvolvidas deverão ser utilizadas. As experiências de sucesso comprovado, como os Telecursos, devem ser expandidos e amplamente utilizados em todos os contextos. Os programas de inclusão digital, hoje mais voltados para populações de baixa renda que vivem nas cidades, deverão ser expandidos para outros excluídos, como os idosos e os povos indígenas. Com a chegada das mídias interativas, mais oportunidades vão se apresentar para a efetiva participação das pessoas na construção e disseminação de conhecimento em todos os âmbitos.

Um ponto central na proposta de educação para a cidadania consciente é o da formação dos professores, que não poderá ser feita por especializações, mas por capacidade de liderar o processo de desenvolvimento da consciência moral. O conteúdo dos conhecimentos já está, atualmente, à disposição através de muitos meios, com destaque para a Internet. Assim, não será preciso que os professores recitem o conhecimento e avaliem os alunos pela sua capacidade de reproduzir o que foi apresentado nas salas de aula. Aos professores caberá a missão de orientar a busca do conhecimento onde ele estiver e fazer a sua crítica. Para desempenhar este papel, os professores deverão ter uma formação muito diferente da que têm hoje. Como eles também são *holons* dentro de *holons*, será fundamental terem a consciência de que sua atividade é apenas parte da formação dos alunos. Os pais deverão estar muito mais presentes no processo de educação de seus filhos. Os alunos mais avançados nos estudos deverão contribuir com a educação dos mais jovens. Os aposentados, os executivos de organizações, os empresários, os profissionais liberais, os artistas, os esportistas, todos deverão fazer parte ativa do processo.

O ESPÍRITO

A educação foca a formação da mente e do corpo. Estas são duas dimensões importantes da vida. Outra dimensão é a do espírito. É através dele que as pessoas buscam o significado da existência, que transcende o mundo material e pode ser responsável pelo sentido de felicidade e realização. As religiões podem ser instrumentos para essa busca. O leque de possibilidades de crenças é amplo. Há as religiões monoteístas, como o judaísmo, o cristianismo e o islamismo, que atualmente têm a grande maioria dos seguidores; as panteístas, como o hinduísmo; e até as não-teístas (que não prevêem a existência de um deus), como o budismo. Em todas elas o foco central é a busca da felicidade neste ou em outro plano da existência. Como *holon*, a religião existe dentro de um contexto social maior, é influenciada por ele e contribui com a configuração do contexto. Os pressupostos das religiões podem impactar o desenvolvimento da educação, da ciência, dos negócios. Em educação, a religião pode influenciar o tipo de conhecimento transmitido. Um exemplo é a origem do universo: para algumas denominações religiosas, ele foi criado por um ser superior, Deus. Para muitos cientistas, ele é produto da evolução casual das energias existentes. O mesmo se diz a respeito da origem da vida. Neste ponto há atualmente fortes divergências sobre o momento em que a vida começa. Para algumas religiões, o começo é o momento da fecundação. Para muitos cientistas, a vida começa alguns meses depois, quando já há uma formação de tecidos com alguma especialização. Estas formas diferentes de ver estão no centro das iniciativas de pesquisa sobre células-tronco e sua utilização na recuperação de tecidos e órgãos. Ciência e algumas denominações religiosas estão em campos diferentes. No campo dos negócios, também a religião pode ter impactos. São conhecidos os estudos que indicam que, dentro do cristianismo, diferentes formas de ver as conquistas materiais podem levar a resultados muito diversos. O protestantismo vê as conquistas materiais como positivas, já que podem produzir felicidade neste plano terrestre da existência. Para muitos católicos, por outro lado, as conquistas materiais nada têm a ver com o plano espiritual e, portanto, devem até ser negadas, como o fazem sacerdotes que fazem votos de pobreza. Estas diferentes formas de entender o que é felicidade levam a diferentes posturas no mundo dos negócios e diferentes formas de medir o progresso social.

Superando essas divergências e focando a busca da harmonia, é possível identificar em todas as religiões a busca de entendimento entre todos os seres da natureza como uma forma de elevação da consciência. Para isso é necessário ir além dos meios tradicionais, científicos, para obter conhecimentos mais elevados. As práticas de oração, meditação, estudo de textos sagrados, entre outras, são os meios através dos quais o ser humano pode se elevar a patamares não possíveis de serem alcançados pelo conhecimento científico. Numa sociedade ideal, portanto, a religião convive naturalmente com a ciência, cada qual dando a sua contribuição para o progresso da natureza como um todo.

OS NEGÓCIOS

O *holon* do mundo dos negócios pode ser visto de múltiplos ângulos. Um dos destaques é a questão da máxima produtividade no uso dos recursos, que é alcançada com o trabalho de pessoas satisfeitas. Essa satisfação deriva do alinhamento entre o propósito de vida das pessoas (que é influenciada por sua educação e pode ser também por suas crenças religiosas) e o propósito da organização para a qual elas trabalham. O alinhamento se dá no plano dos valores éticos e morais que, por sua vez, são demonstrados pelas decisões que os dirigentes das organizações tomam, especialmente em situações críticas. Um exemplo é a decisão de diminuir o quadro de pessoal diante de uma crise no mercado. Organizações que cultivam valores elevados procuram preparar os que serão demitidos para que tenham condições de executar outras atividades e lhes dão suporte no processo de busca de outras possibilidades de trabalho. Assim, elas não são abandonadas, mas apoiadas nesse momento difícil. O mesmo ocorre quando novas tecnologias são incorporadas aos processos de produção, demandando menos pessoas. Em vez de simplesmente demitir, as organizações buscam o seu reaproveitamento em novas atividades, muitas vezes criando novos negócios para que mais oportunidades de trabalho surjam. Além dessa preocupação, as organizações conscientes compartilham seu sucesso com as pessoas que trabalham para ela através de programas de participação nos resultados e também possuem programas de previdência privada, com vistas a proporcionar tranqüilidade futura aos seus colaboradores e suas famílias. Os cuidados dessas organizações incluem as pessoas que trabalham para seus fornecedores e clientes. As mesmas práticas que adota em relação aos seus colaboradores são demandas deles, seja no âmbito local ou no internacional.

Com estas práticas, as organizações conscientes constroem seu Capital Moral, que passa a ser um dos indicadores mais expressivos de seu sucesso, ao lado dos indicadores econômico-financeiros.

O GOVERNO

Outro *holon* fundamental para a construção da sociedade ideal é o governo. Numa sociedade ideal sua atuação será bastante restrita, já que o nível de consciência elevado de todos os participantes da sociedade será suficiente para regular os relacionamentos. De certa forma, a sociedade tomará conta de si mesma, sem a necessidade da intervenção de órgãos reguladores. Mas até chegar a esse estágio o governo terá alguns papéis fundamentais. Um deles será a regulamentação das atividades educacionais, para que elas incluam a disseminação de valores morais nobres em todos os níveis e, ao mesmo tempo, incentive a ampla participação de todas as pessoas na construção da sociedade ideal. Outro papel será o de regular as atividades econômicas para proporcionar a tomada de consciência de que os negócios devem estar a serviço do bem comum e não para criar e garantir privilégios. Isto será importantíssimo também entre os servidores do próprio governo que, em vários casos, buscam benefícios exclusivamente para si em detrimento da sociedade. Um terceiro papel crucial será relativo às políticas fiscais. De um lado, elas são instrumento de justiça social, contribuindo para uma distribuição de renda mais eqüitativa na sociedade como um todo. Do lado do financiamento das atividades do próprio governo, ele precisa ser excepcionalmente parcimonioso para não gerar distorções graves, como as pessoas tendo de trabalhar para sustentar o governo. O foco na justiça social será alcançado através de uma gestão pública amplamente transparente e participativa. Com os meios tecnológicos já existentes é possível abrir amplos canais de atuação dos cidadãos em todas as esferas de governo. Atuando desta forma, o governo será um instrumento fundamental para a construção de uma sociedade autônoma e justa.

A MÍDIA

A mobilização para que a transformação social ocorra deverá contar com ampla participação da mídia. Os meios de comunicação de massa, especialmente o rádio e a televisão, alcançam praticamente todas as pessoas em todos os recantos do país. Este alcance deve ser visto também como uma responsabilidade, pois eles veiculam modelos de comportamento e de relacionamento. A evolução das tecnologias voltadas para a interatividade ampliará as possibilidades da mídia cumprir um papel educativo muito mais amplo e profundo. Ela não se restringirá apenas à transmissão de conteúdos técnicos, mas incluirá também a disseminação de valores, dentre eles a cultura da não-violência e da não-promiscuidade nos relacionamentos. Mas talvez o papel mais nobre a ser desempenhado pela mídia seja o de agente de mobilização das pessoas para a busca de um padrão sete sigma para a sociedade. E isto provavelmente exigirá poucos investimentos. Todos os veículos têm espaços não-utilizados que acabam sendo preenchidos com anúncios sobre seus próprios produtos. Uma decisão coletiva envolvendo as principais entidades representativas dos veículos e também de seus clientes (anunciantes e agências de propaganda) poderá levar à utilização nobre de tais espaços, contribuindo para o estímulo à participação de todos os segmentos da população na construção da sociedade ideal. E, certamente, este papel mobilizador será potencializado se realizado com *holons*, tais como as igrejas, as escolas, as organizações de negócios.

Uma pessoa consciente, que se percebe como um *holon*, pode iniciar um movimento de transformação. Como você se percebe?

A SOCIEDADE IDEAL COMO UM SISTEMA DE AUTO-RECONHECIMENTO

Referência: Grupo Vila Humana

A sociedade ideal poderia ser descrita assim:

"Os homens e mulheres que habitam o mundo podem ser de diferentes raças, habitar regiões geograficamente diversas, falar um ou vários dos milhares de idiomas conhecidos, porém têm em comum algumas características:

1. Vivem em sociedade. O ser humano é social, procura sempre pertencer a um grupo, seja ele bem básico como a família e os amigos, seja mais complexo, como organizações voltadas para negócios, políticas, profissionais, religiosas ou grupos de habitantes de uma cidade ou Estado. E estes grupos sempre se relacionam com outros.

2. Vivem em sociedades regidas por padrões éticos que, de acordo com a cultura de cada povo, evoluíram historicamente, formando um código de conduta específico de cada grupo, mas com pontos essenciais em comum que se revelam cada vez que duas pessoas se encontram por qualquer motivo.

3. Precisam ter algumas necessidades básicas supridas para garantir sua sobrevivência. Alimentação é a mais básica de todas, e a ela se somam as de moradia, segurança, lazer e saúde.

4. Ao longo de suas vidas, os seres humanos procuram desenvolver habilidades para satisfazerem suas necessidades de realização através do trabalho.

5. Os seres humanos têm uma relação de dependência com e interferência no meio ambiente, usando dele para seu sustento de forma consciente.
6. Os seres humanos têm o poder de escolha, o que alguns chamam de livre-arbítrio. Apesar de receberem diferentes influências do meio em que vivem e terem de atender necessidades individuais, eles sempre podem escolher a forma de agir.
7. Os seres humanos também têm a capacidade de sentir e se emocionar. A cultura pode ser diferente, os valores e crenças também, mas as emoções permeiam todos os habitantes do planeta."

Não é uma sociedade perfeita. Ainda há muitos desafios, mas a diferença em relação a sociedades desarticuladas é que as pessoas têm uma postura de enfrentamento deles, não os aceitando como insolúveis. As pessoas que construíram esta sociedade saíram de uma visão fragmentada e individualista para uma visão de coletividade. Passaram a entender o mundo do qual fazem parte como um grande sistema onde tudo se relaciona, interage, influencia e é influenciado. Buscaram alternativas de ação dentro de si e de seu meio, transformando-se e transformando a realidade.

Nesta sociedade, os relacionamentos familiares estão fortalecidos e são essenciais para uma vida emocionalmente saudável, na qual todos são responsáveis pela harmonia do todo. A família é o primeiro espaço para que a pessoa construa, desde a infância, uma escala de valores duradoura. Esta família tem como aliados os meios de comunicação social, responsáveis, educativos, informativos, não-alienantes e que proporcionam lazer saudável que aproxima as pessoas. Juntos, família e meios de comunicação, estimulam as pessoas a se inserirem nas comunidades, agindo para superar os desafios.

Várias comunidades alcançaram o IDH — Índice de Desenvolvimento Humano — máximo e receberam o Certificado Sete Sigma. Alcançar este nível significa ter proporcionado vida longa e saudável, acesso ao conhecimento e padrão de vida digno para todos os seus habitantes, sem qualquer exceção. Na saúde, por exemplo, as doenças endêmicas não existem mais e a expectativa de vida é de 94 anos. Vida com qualidade e dignidade. No âmbito educacional, há envolvimento pleno da sociedade, utilização de tecnologias inovadoras e facilidade de acesso a cursos de todos os níveis. Com isso, rompeu-se o ciclo gerador de desigualdades, no qual a educação de má qualidade impedia o progresso social e econômico.

A população está bem qualificada para o trabalho intelectual e criativo, valoriza idéias inovadoras, abre espaço para as iniciativas individuais e das comunidades. O número de horas no trabalho remunerado é adequado às necessidades e possibilidades das pessoas e o valor pago por elas é justo. Há tempo suficiente para trabalhos voluntários, lazer e convívio com a família e os amigos, tão importantes para a qualidade de vida.

As pessoas vivem em um mundo que respeita a natureza, busca fontes alternativas de energia não-poluente, recicla e reutiliza todos os rejeitos das atividades produtivas e de consumo, estimulando a utilização de materiais orgânicos. O ser humano considera o meio ambiente preservado como a mais importante herança a ser deixada para as gerações futuras.

A violência foi abolida do cotidiano. Vive-se num mundo de paz no qual a distância entre as classes sociais é quase inexistente e todos, sem distinção de raça, cor, cultura, credo e gênero, têm acesso a todos os recursos que a capacidade humana é capaz de gerar. Há um universo de oportunidades e todos vivem num ambiente acolhedor. Tanto no campo quanto nas cidades há estrutura apropriada para a vida com qualidade. Os relacionamentos são de confiança e a evolução espiritual possibilita a convivência num clima de tolerância e amor. A verdadeira essência do ser humano, que é estar ligado a tudo de bom que é capaz de oferecer a si próprio e aos outros, traduz-se em envolvimento genuíno, aprendizagem, transparência, cooperação, motivação, visão sistêmica, liderança positiva e busca de resultados excepcionais para todos.

PASSOS PARA A TRANSFORMAÇÃO

Esta é uma visão. A transformação da sociedade para chegar a este patamar de excelência pode ser iniciada através de pequenas ações que vão se irradiando à medida em que apresentam resultados positivos. Pode-se utilizar a metáfora da pedra lançada no centro do lago que vai produzindo ondas de transformação que abarcam toda a superfície. O princípio fundamental para que este processo aconteça é o da colaboração, entendida como um fazer acontecer através do trabalho conjunto (co = junto, labor = trabalho, ação = fazer acontecer). O ponto de partida é o reconhecimento das capacidades individuais e dos recursos existentes na comunidade, ou seja, concentrar os esforços naquilo de positivo que já existe e potencializar sua utilização.

O primeiro foco de reconhecimento é o das próprias capacidades e potencialidades. Muitas vezes as pessoas não tomam a iniciativa de agir em direção a algo em que acreditam por se sentirem sem poder para fazer as transformações necessárias. Em geral isto ocorre pelo fato de pensarem em megaprojetos de mudança que necessitam de muitos recursos e, ao mesmo tempo, de um enorme contingente de trabalhadores para levar adiante um sem-número de atividades. Além disso, muitas vezes as pessoas ficam esperando um líder iluminado que vai comandá-las na direção da "terra prometida". Esta premissa precisa ser mudada para que cada um assuma a liderança de si mesmo e parta para a ação. Se houver um líder neste momento, ele deverá ser o facilitador do processo de descoberta e reconhecimento das capacidades e potencialidades individuais. Isto poderá ser feito através do método socrático de lançar perguntas às pessoas para que elas encontrem as respostas dentro de si e não "lá fora". Encontrando as respostas por si mesmas, elas não precisarão de reconhecimentos externos, pois irão se perceber como alguém de grande valor e enorme capacidade de contribuição. Esta contribuição pode estar em qualquer âmbito. Pode ser a ajuda para construir uma casa, consertar um encanamento, formar uma horta, ensinar violão, ajudar nos estudos, tomar conta de algumas crianças, limpar a pracinha, orientar a coleta seletiva do lixo, organizar uma biblioteca. Não há limites de coisas que podem ser feitas em qualquer comunidade. Reconhecer o que tem, colocar em ação e colher resultados faz com que qualquer pessoa tenha sua auto-estima elevada e sinta que tem poder.

Outro ponto a reconhecer é que qualquer comunidade tem recursos que podem ser mais bem utilizados. São escolas que ficam ociosas nos fins de semana, igrejas não utilizadas durante muitas horas do dia, instalações de clubes, entidades comunitárias, escritórios de empresas, galpões desocupados. Além destas instalações, existem muitos outros recursos, como equipamentos elétrico-eletrônicos (inclusive computadores) sub-utilizados ou mesmo sem qualquer uso por serem antigos, programas, sistemas, livros, material de escritório, equipamentos de cozinha, máquinas e ferramentas. Uma infinidade de coisas que ficam guardadas ou esquecidas e que podem ter destinação nobre. Para utilizá-los, existem numerosos grupos de jovens, de idosos, de associações de bairros, de profissionais, de lazer. Essa força humana organizada tem enorme capacidade de mobilização e de realização, desde que reconheça sua própria capacidade. Agentes de mobilização de gente e recursos podem incentivar as pessoas a se comporem em cooperativas de trabalho. Essas cooperativas podem organizar trabalhadores com competências diversas, buscar os recursos "dormentes" na comunidade e elaborar um plano de ação no qual escolhem um propósito elevado para o grupo, definem os princípios de sua atuação e agem. É fundamental, nesta etapa de constituição das cooperativas, que todas as pessoas sejam fortemente estimuladas a apresentarem seus pontos de vista e suas propostas, sejam efetivamente ouvidas e suas idéias analisadas com total transparência e verdade. As idéias mais práticas, que podem surgir de diálogos francos, respeitosos e profundos, são colocadas imediatamente em prática, definindo-se indicadores para verificar o progresso e os momentos de revisão do caminho percorrido e replanejamento, se necessário. Os resultados alcançados precisam ser disseminados como uma forma de demonstrar que a transformação é possível e, com isso, envolver mais gente. As dificuldades, problemas e barreiras enfrentadas durante a implementação das idéias podem ser fonte extraordinária de aprendizado e de reafirmação do propósito do grupo.

LIDERANÇA

Os agentes de mobilização devem assumir o papel de facilitadores desse processo e devem ser oriundos dos mais diferentes segmentos da sociedade. Capacidade de liderança pode ser encontrada em qualquer extrato social e, quanto mais uma pessoa se identifica com as demais que fazem parte de uma determinada realidade, mais ela consegue desenvolver relações de confiança, essencial para o sucesso da empreitada. Um traço fundamental desses líderes será a humildade. Ela é essencial para que a pessoa que tenha esse papel não seja tentada a impor suas idéias ao grupo nem queira se utilizar do grupo para seus objetivos pessoais. O fundamental é que o líder tenha a convicção de que está a serviço do grupo e da comunidade e que suas tarefas mais importantes são facilitar a construção de uma visão compartilhada de um futuro notável, que apaixone as pessoas, ajude a desenvolver o conhecimento coletivo e faça com que as pessoas reconheçam que podem fazer as transformações na direção que consideram a mais adequada. As pessoas são as detentoras do melhor conhecimento sobre sua realidade e, como são diretamente interessadas nas melhorias necessárias, são elas que têm o poder efetivo de mudar, pois seu comprometimento é inquestionável. É importante, também, que tais líderes tenham excepcional capacidade de articulação entre os três setores da sociedade: o governo, a iniciativa privada e a sociedade civil organizada. Todos eles podem contribuir com os processos de transformação a partir das pequenas ações localizadas em cada comunidade. Seu envolvimento, assim, pode ser de grande valia. Se não for por outra razão, para que não fiquem na defensiva e tentem dificultar o processo.

O propósito da comunidade, a visão compartilhada (que é a percepção do propósito realizado) permanentemente revisitada e ajustada aos progressos obtidos, serão o alimento da sustentabilidade dos grupos de ação. Seu sucesso irá inspirar outros grupos e, assim, as ondas de transformação irão se multiplicando e construindo a sociedade ideal a partir de pequenas iniciativas localizadas, mas que proporcionam a todas as pessoas envolvidas no processo o reconhecimento de suas próprias capacidades e sua identificação com um ideal que todos ajudam a criar.

PROVOCAÇÕES

Aqui estão alguns estímulos para a ação. Nas páginas deste livro você encontrou várias visões de uma sociedade ideal e exemplos de caminhos que podem ser utilizados para chegar até ela. São propostas, hipóteses, algumas parecendo conflitantes com outras, mas todas carregadas do "espírito da ação".

O convite aqui é para que você crie sua própria visão de sociedade ideal e seu próprio caminho para chegar até ela. Na página seguinte você encontra um instrumento que poderá ajudá-lo. Veja se você se identifica com alguma situação da lista que aparece na primeira coluna. Se sua situação não estiver lá, acrescente. Na coluna do meio, anote o maior número possível de idéias de coisas que você pode fazer, sozinho ou com outras pessoas. Quanto maior a lista, melhor. Na terceira coluna, anote várias alternativas de primeiro passo para fazer as idéias acontecerem. Assim você terá um painel de possibilidades. Agora, é escolher uma e começar.

Nós da Amana-Key gostaríamos muito de conhecer as coisas que você está fazendo ou que venha a fazer. Por isso, pedimos que você nos envie relatos destas coisas para o e-mail setesigma@amana-key.com.br. Vamos procurar compilar todos os relatos que chegarem e buscar meios para compartilhá-los com toda a rede de pessoas e grupos que estejam colaborando para a construção da sociedade ideal.

FAZER ACONTECER

SE VOCÊ É	O QUE VOCÊ PODE FAZER?	QUAL SERÁ O PRIMEIRO PASSO?
Estudante		
Executivo de empresa		
Executivo de órgão público		
Ocupante de cargo eletivo		
Líder religioso		
Líder comunitário		
Trabalhador em empresa		
Servidor público		
Profissional autônomo		
Empresário		
Empreendedor		
Trabalhador em OSCIP		
Aposentado		
Voluntário		

BIBLIOGRAFIA

Os títulos relacionados aqui foram extraídos de citações nos trabalhos dos grupos e das pesquisas feitas pelo redator. Foram incluídos apenas aqueles com indicação bibliográfica mais completa.

Arrow, Kenneth. *Social Choice and Individual Values*. Wiley, 1963.

Baker, Lynne Rudder. *Saving Belief*. Princenton University Press, 1989.

Barnes, J. A. *Class and Committees in a Norwegian Island Parish*, in "Human Relations", 7, 39-58, 1954.

Bateson, Gregory. *Mind and Nature*. Hampton Press, 2002.

——————. *Steps to an Ecology of Mind*. University of Chicago Press, 2000.

Brotto, Fábio O. Jogos Cooperativos – Projeto Cooperação, 2003.

——————. Jogos Cooperativos: O Jogo e o Esporte como um Exercício de Convivência – Projeto Cooperação, 2006.

Braithwaite, Richard B. *Theory of Games as a Tool for the Moral Philosopher*. Cambridge University Press, 1955.

Bruner, J. *Actual Minds, Possible Worlds*. Harvard University Press, 1986.

Campbell, Joseph. *O Herói de Mil Faces*. Pensamento, 1991.

Capra, Fritjof. *Conexões Ocultas*. Cultrix, 2002.

Cohen, Daniel. *Riqueza do Mundo, Pobreza das Nações*. Bertrand Brasil, 1998.

Dalai Lama. *Uma Ética para o Terceiro Milênio*. Sextante, 2000.

Drucker, Peter. *As Novas Realidades*. Thomson Pioneira, 1997.

Drucker, Peter *Inovação e Espírito Empreendedor*. Thomson Pioneira, 1998.

Dunbar, Robin. *Grooming, Gossip, and the Evolution of Language*. Harvard University Press, 1998.

Durant, Will. *A História da Filosofia*. Record, 1996

Fodor, Jerry. *The Modularity of Mind*. MIT Press, 1983.

Freyre, Gilberto. *Casa Grande e Senzala*. Global, 2006.

Gates, Bill. *A Estrada do Futuro*. Cia. das Letras, 1995.

Gauthier, David. *Morals by Agreement*. Clarendon Press, 1986.

Giddens, Anthony. *The Third Way: The Renewal of Social Democracy*. Polity Press, 1998.

Gladwell, Malcolm. *O Ponto de Desequilíbrio*. Rocco, 2002.

Gluckman, Max (editor), Forde, C. Darryl, Fortes, Meyer & Turner, Victor W. *Essays on the Ritual of Social Relations*. Manchester University Press, 1963.

Hellern, Victor, Notaker, Henry, Gaarder, Jostein. *O Livro das Religiões*. Cia. das Letras, 2005.

Hobsbawn, Eric. *On the Edge of the New Century*. Franklin Watts, 2000.

Holanda, Sérgio Buarque de. *Raízes do Brasil*. Brasiliense, 1999.

Huntington, Samuel P. *O Choque de Civilizações*. Objetiva, 1997.

Huxley, Aldous. *A Filosofia Perene*. Cultrix, 1991.

——————. *The Human Situation*. HarperCollins, 1996.

Kanitz, Stephen. *O Brasil que Dá Certo*. Makron, 1995.

Kochen, Manfred (editor). *The Small World: A Volume of Recent Research Advances Commemorating Ithiel de Sola, Stanley Milgram, Theodore Newcomb (Communication and Information Science)*. Alblex Publising Corp., 1989.

Koestler, Arthur. *The Ghost and the Machine*. Arkana, 1967.

Kuhn, Thomas. *The Structure of Scinetific Revolutions*. University of Chicago Press, 1962.

Leite, Dante Moreira. *O Caráter Nacional Brasileiro*. UNESP, 2003.

Lévy, Pierre. *A Conexão Planetária: O Mercado, o Ciberespaço, a Consciência*. Editora 34, 2003.

Lewin, Kurt. *Field Theory in Social Science*. Harper & Brothers, 1951.

Lewin, Kurt. *Resolving Social Conflict*. American Psychological Association, 1997.

Lin, Nam. *Social Capital*. Cambridge University Press, 2001.

Lovelock, J. L. & Margulis, L. *Gaia: Uma Teoria do Conhecimento*. Gaia Editora, 2000.

Maslow, Abraham H. *Motivation and Personality*. HarperCollins, 1987.

Maturana, Humberto R. & Varela, Francisco J. *A Árvore do Conhecimento*. Palas Athena, 2001.

—————————. *Autopoiesis and Cognition: The Realization of the Living*. Springer, 2001.

Meadows, D. H., Meadows, D. L., Randers, J. & Beherens, W. W. *Limits to Growth*. Universe Books, 1972.

Miller, J. G. *Living Systems*. MacGraw Hill, 1978.

Moog, Vianna. *Bandeirantes e Pioneiros*. Graphia, 2006.

Odum, Eugene P. *Ecologia*. Guanabara Koogan, 1998.

ONU. *Declaração Universal dos Direitos do Homem* – 1948.

Papert, Seymour. *A Máquina das Crianças: Repensando a Criança na Era da Informática*. ArtMed, 1994.

Peace Messenger Initiative. *Visions of a Better World*. Brahma Kumaris World Spiritual University, 1992.

Piaget, Jean. *O Nascimento da Inteligência na Criança*. Zahar, 1982.

—————————. *The Construction of Reality in the Child*. Routledge & Kegan Paul, 1955.

Popcorn, Faith. *O Relatório Popcorn*. Campus, 1993.

Prigogine, Ilya & Nicolis, Gregoire. *Exploring Complexity: An Introduction*. W. H. Freeman & Co., 1989.

Putnam, Robert D. *Bowling Alone: The Collapse and Revival of American Community*. Simon & Schuster, 2001.

Randall, W. *Restoring a Life: Adult Education and Transformative Learning* (in Aging and Biography: Explorations in Adult Development, edited by J. E. Birren et al.). Spring Publishing, 1996.

Reich, Robert B. *O Trabalho das Nações*. Educator, 1994.

Sainsbury, R. M. *Paradoxes*. Cambridge University Press, 1995.

Sehn, Amartya. *Sobre Ética e Economia*. Cia. das Letras, 1999.

Sorensen, R. *A Brief History of Paradox: Philosophy and the Labyrinths of the Mind*. Oxford University Press, 2005.

Sosa, Nicolas (coordenador). *Educación Ambiental*. Amarú, 1989.

Stich, Stephen. *From Folk Psychology to Cognitive Science: A Case Against Belief*. MIT Press, 1985.

Sun Tzu. *A Arte da Guerra*. Editora de Cultura, 1994.

Surowiecki, James. *A Sabedoria das Multidões*. Record, 2006.

Tajfel, Henry . *Human Goups and Social Categories: Studies in Social Psychology*. Cambridge University Press, 1981.

Tarnas, Richard. *A Epopéia do Pensamento Ocidental*. Bertrand Brasil, 1999.

Toffler, Alvin. *A Terceira Onda*. Record, 2000.

——————. *Powershift*. Record, 1995.

Turner, J. C., Hogg, M. A., Oaks, P. J., Reicher, S. D. & Witherell, M. S. *Rediscovering the Social Group: A Self Categorization Theory*. Blackwell, 1987.

Von Neumann, John & Morgensten, Oskar. *The Theory of Games and Economic Behavior*. Princenton University Press, 1944.

Wilber, Kan. *Sex, Ecology, Spirituality*. Shambala, 1995.

Wilber, Ken. *Eye to Eye: The Quest of the New Paradigm*. Shambala, 2001.

Wikipedia: The Free Enciclopedia – www.wikipedia.org